[美] 霍华德·加德纳　[美] 大卫
[美] 玛拉·克瑞

多元智能理论与
学前儿童能力评价

[美] 玛拉·克瑞克维斯基 /编

李季湄　方钧君 /译

PROJECT SPECTRUM:

PRESCHOOL ASSESSMENT
HANDBOOK

北京师范大学出版集团
BEIJING NORMAL UNIVERSITY PUBLISHING GROUP
北京师范大学出版社

图书在版编目(CIP)数据

  多元智能理论与学前儿童能力评价/（美）克瑞克维斯基编；李季湄，方钧君译.—北京：北京师范大学出版社，2015.6
（2022.8 重印）
  （多元智能丛书）
  ISBN 978-7-303-18910-6

  Ⅰ.①多… Ⅱ.①克… ②李… ③方… Ⅲ.①学前儿童－能力－评价 Ⅳ.①G61

  中国版本图书馆 CIP 数据核字（2015）第 079203 号

营 销 中 心 电 话 010-58802181 58805532
编 辑 部 电 话 010-58808898

DUOYUAN ZHINENG LILUN YU XUEQIAN ERTONG
NENGLI PINGJIA
出版发行：北京师范大学出版社 www.bnup.com
        北京市西城区新街口外大街 12-3 号
        邮政编码：100088
印   刷：北京溢漾印刷有限公司
经   销：全国新华书店
开   本：787 mm×1092 mm 1/16
印   张：18
字   数：260 千字
版   次：2015 年 6 月第 1 版
印   次：2022 年 8 月第 6 次印刷
定   价：36.00 元

策划编辑：叶 子 罗佩珍   责任编辑：戴 轶
美术编辑：焦 丽   装帧设计：焦 丽
责任校对：陈 民   责任印制：陈 涛

中文版序言 ZHONGWENBAN XUYAN

霍华德·加德纳   大卫·亨利·费尔德曼

很荣幸，我们和我们的同事们在多彩光谱项目中所取得的工作成果被译成中文，即将与广大的中国读者见面。在此，让我们首先对翻译者们的辛勤劳动表示感谢。

多彩光谱项目是在美国的文化背景下进行的，是对美国早期儿童教育中的一些迫切问题而做出的反应。但是，我们希望这一针对美国的问题而做出的努力同样能让中国的同行们、教师们、家长们以及决策者和孩子们获益。

我们认为，在美国，对教育成功与否的评价过分地依赖心理测试和标准化测量。而且，这种把标准化学业课程和具有同样倾向的标准化测验推向学前教育的压力正与日俱增。教育系统成了筛选机器，人们经常以一个标准评价学习，并看谁适合这个标准才让谁受教育。

多彩光谱项目力图倡导一种完全不同的方法，让教育去发掘每一个儿童的特点，适应他们的能力水平，并使他们得到最大限度的发展。这是儿童早期教育的一种重新定位，因为它强调每一个儿童独特的、与众不同的能力；重视以系统的方式，在自然的环境里观察、了解、评价儿童的学习和发展；并提倡把这种方式融入幼儿园教室里每天的日常活动中去。多彩光谱项目的经验证明，所有这些理念、思想都是可操作的。

尽管我们知道中国的情况与美国盛行的做法有着巨大的差异，但是，我们希望多彩光谱项目的工作及其指导思想能引起中国读者的兴趣。除此之外，我们还希望通过本书的中文版，进一步促进中美之间在早期儿童教育和儿童发展方面的观点、经验的交流。

译者序

多元智能丛书——《多元智能的理论与实践：让每个儿童在自己强项的基础上发展》《多元智能理论与儿童的学习活动》《多元智能理论与学前儿童能力评价》——是美国哈佛大学著名的零点工程项目的一个子项目，即多彩光谱项目研究成果的总结。

多彩光谱作为项目的名称，象征着每个儿童智能、风格、潜能所表现出的广泛的多样性。该项目从 1984 年开始，历时 9 年，它致力于将美国图佛兹大学费尔德曼教授的非普遍性发展理论和哈佛大学加德纳教授的多元智能理论运用到教育实践中去，开发一套与传统的标准化测试不同的、与多元智能理论相适应的儿童智能评估工具和发展儿童多元智能的活动系列。

《多元智能的理论与实践：让每个儿童在自己强项的基础上发展》一书阐述了多彩光谱的理论基础，同时也对实践进行了回顾与反思。

多彩光谱的理论基础是两种不同于传统的认知发展理论，即多元智能理论和非普遍性发展理论。

费尔德曼教授的非普遍性发展理论挑战了"智能发展是必然的，每个儿童无论其背景和经历如何，其智能都能得到相同的发展"的观点，扩展了发展心理学的认知发展观，使发展心理学能更好地包含一些并非自发地而必须有个体的努力和外部的支持(如某种教育)才能出现的认知变化。费尔德曼认为，人的发展范围可以由普遍领域到独特领域，在普遍性领域的发展是人人都可以达到的，而在独特性领域，就并非人人都能达到完全相同的发展，因为这需要个体特殊的条件和持续的外部支持(如教育)。多彩光谱项目观察了儿童在普遍和独特领域的智能，当然，"不是为了发现 5 岁的自然学家或诗人，不过是想了解在儿童早期，诸如对自然的不同寻常的敏感或对语言的富有表现力的运用等智能是如何展现出来的"。

加德纳教授的多元智能理论已为我国广大教育工作者所熟悉。他和费尔德曼教授一起，对已有的智能观提出了挑战。比如：为什么智商可以预测儿童在学校的学习成绩，却难以预测人在社会中是否能有所成就？跨文化研究的结果表明，智力的发展和表现都因文化而异，那么无视文化差异的智力评价标准是否合理？智力的判断是否应当考虑个人也考虑社会和文化？从个体发展史看，皮亚杰的四个发展阶段是以儿童数理—逻辑思维为关注对象的，但这些发展阶段是否也适用于儿童在非数理—逻辑思维领域里的发展？不同的知识领域使用不同的符号系统，需要不同的操作机制。例如，空间认知能力对视觉艺术是必不可少的，而声音高低的区分能力则是音乐欣赏和创作的前提之一，这些不同领域的学习是否可以相互迁移？如果答案是否定的，那么一个统一的智商是否能准确表达个人的智力？等等。在研究的基础上，加德纳提出了一个新的智力定义，即"智力是在某种社会或文化环境的价值标准下，个体用以解决问题、生产和创造成果所需的能力"。他指出，人类所有个体都至少拥有七种相对独立的智能，即语言智能、数理逻辑智能、视觉空间智能、音乐智能、身体运动智能、人际交往智能、自我认识智能等（后来增加了第八种智能，即自然认识的智能），每一种智能都有自己的符号系统和解决问题的方法。当然，正如加德纳教授所说，重要的不是七种或者八种、九种智能，而是一种多元地认识、理解和研究智能的方法。而传统智能观却认为智能是一种单一的能力。

两位教授的理论都共同关注人类智能的多元本质，都承认生物潜能和在文化环境中的学习机会之间互动的重要性，都相信人类文化不仅仅影响，而且积极地建构着个体的发展，都承认儿童智能的差异和特殊性，以及个体在不同领域中其认知能力发展的非同步性，等等。正如费尔德曼教授在《多彩光谱的起源》一文中所介绍的那样，多元智能理论和非普遍性发展理论共同构筑了多彩光谱项目活动及评估领域的理论框架。

书中描述了多彩光谱的实践——开发不同于传统测试的智能评估工具；发现并培养那些学业困难儿童的智能强项来帮助他们改善学业成绩；把教室拓展到社区，利用广大社区资源为儿童创设"共鸣"的学习环境（包括将儿童在博物馆与在教室里的学习经验联系起来；邀请适合于儿童的兴趣和智能强项的专业人士所组成的顾问团到教室帮助教学）；等等。另外，书中还列举了四个通过不同方式运用多彩光谱的实例，通过这些实例，可以领略到多彩光谱教室（学校）的典型特征。在该书的最后，由加德纳亲自执笔，对实践进行了总结和反思，提出了多彩光谱所起的桥梁作用——例如在理论与实践之间、在教师与研究者之间、在学校与社区之间、在儿童的智能强项与其需要掌握的课程学习技能之间等，都通过多彩光谱项目而将它们连接起来。

《多元智能理论与儿童的学习活动》和《多元智能理论与学前儿童能力评价》两书则在上述理论的基础上，在语言、数学、运动、音乐、科学、机械和构建、社会理解、视觉艺术八个领域分别为学前和小学低年级儿童设计和开发了比传统早期教育方案更能广泛地触及儿童认知能力和风格的活动系列和评估方法。

在《多元智能理论与儿童的学习活动》一书中，共提供了八个领域的一百多个活动，平均每一领域都有 15～20 个活动，活动中既有自由游戏，又有结构性活动；既有以儿童为主的小组活动、大组活动，又有教师指导的小组活动、大组活动。而且，在每个领域的活动前面都列出了决定成功的"关键能力"，这些关键能力均是经过实验研究、文献查阅或与专家商讨而确定的。例如，科学领域的观察技能、区分相似和不同、假设和验证、对自然现象的兴趣等；运动领域的身体控制、表现力、运动创意、律动能力等。每一个活动还列出了目标、核心要素、材料、步骤，结尾还有注意事项以及将活动多样化、修改、扩展的建议等。可以说，该书为教师了解和发展儿童的智能强项提供了操作性极强的方法和十分便捷的途径。特别值得一提的是，该书强调与家长共享有关儿童智能强项的信息和培养的方法等，因此在每一章末尾都附有"带回家的活动"，还给家长提出了和儿童一起活动的建议和必要的方法。

在《多元智能理论与学前儿童能力评价》一书中，设计了一套依据更宽阔的智能观展现儿童智能多样性的评估方法。这套方法和评估材料的特点是：它用一系列涵盖各个领域的、与儿童日常生活联系的学习活动，让儿童真实地完成任务，在此过程中来识别和培养儿童，特别是那些面临学业失败的儿童的智能和兴趣，为教师发现、确认儿童的智能强项，尤其是他们在音乐、运动、机械以及其他一些通常不被重视的领域的智能，提供充分的正面信息。例如，让儿童像电视记者一样进行采访来展现口语技能；通过写信或在班级报刊上"发表"诗来展现书面语言技能；通过玩恐龙游戏、计算上下公共汽车的人数来展现数学能力；等等。另外，该书除了关注儿童的智能特点之外，还在实验观察的基础上列出了一张"活动风格观察表"，以反映儿童在某一领域中与材料的互动方式和个性特点。当然，多彩光谱评估方法并不意欲取代智能的标准化测试，它的目的只是尽量扩展儿童智能概念的范围，提供一个在广阔领域内评价智能的实用技术，改变那种不考虑人所处的环境和文化，总是孤立地、与人所从事的实际社会活动相分离地进行评价的方法。

大量来自教师的反馈证明，本书中编录的评估方法给教和学带来了重要的变化。这种更具自然性的评估形式指出了儿童不同于他人的能力和个性化的学习方式，从而成为教育改革的有力工具。它帮助教师在更广阔的范围内，更多样化地观察、了解儿童的智能结构特征和强项，从而为调整、扩展课程，开发个别化教育方案打下了基础。"活动风格观察表"也为教师进行个别化指导提供了科学的根据。例如，如果识别出儿童在某些领域中有信心、很主动，那么就把监控降低到最小限度；而如果儿童容易分心，那么就设计能较快完成的活动。多彩光谱让儿童能够在广泛的学习体验中充分地发展自己的潜能和兴趣，特别是发现自己被传统评估工具所忽略的强项，从而获得成功感、积极的自我认同感和对学习的积极情感。

目前，我国的基础教育正在进行一场重大的改革，《幼儿园教育指导纲要（试行）》和新颁布的《3～6岁儿童学习与发展指南》也正在实施。如何改革课程、改革传统的教与学的方式，更加全面、深入地推进以儿童发展为本的素质教育，如何帮助每一个儿童实现其富有个性的发展，如何评价儿童的能力和学习效果……成为每一个教师、家长乃至全社会都共同关心的问题。不难看到，建立在多元智能理论基础上的多彩光谱的研究成果在某种程度上给了我们解答这些问题的钥匙——它所倡导的多元的、开放的、尊重文化差异和个体差异的、重视实践效果的智能观和教育理念给我们以深刻的启迪；其开发的活动和评估方法提供了大量有价值的、可操作的经验和策略。这些具体而实用的内容和方法不仅能够帮助教师更全面、更深刻地认识每个儿童的能力特征，提高发展性教学、个性化教学的技能，还能让那些在传统评估中没有优势可言的儿童得以发现自己的智能优势，重塑自尊和自信，大大减少学业失败的可能性。

多彩光谱项目的成果充分表明，对智能本质的不同理解会产生完全不同的教育观念和教育实践。那么，我们有理由相信，多彩光谱及其所依据的多元智能发展理论将给我们的教育理论和实践带来新的生机和活力，将促进我们更深入地改革传统的教育观念和教与学的方式——这正是我们翻译这套丛书的目的。

译　者

2015 年 3 月

前 言

多彩光谱项目是一项以美国图佛兹大学费尔德曼教授和哈佛大学加德纳教授的多元智能理论为基础的、历时9年的发展性研究。该研究第一阶段(1984—1988)的目标是建立一个评价学前儿童认知能力的新方法。在斯宾塞基金会的支持下，我们设计了一套课程和评价材料。这套课程和评价材料与传统的早期教育方案相比，能触及儿童更广泛的认知能力和风格。在第二阶段(1988—1989)，我们得到了威廉基金会的支持，并着手对多彩光谱项目的方法进行修订，看看能否用它来识别幼儿园和小学一年级儿童，特别是那些面临学业失败的儿童的相关智能。之后，在该基金会的支持下，我们进入了第三阶段的研究(1990—1992)，看看能否通过识别和培养那些面临学业失败儿童的智能，来改善他们的学业表现。我们让多彩光谱项目能适用于小学一年级课堂，并在梭麦威勒、马萨诸塞的公立学校中进行实验。同时，在洛克菲勒兄弟基金会的支持下，我们还将多彩光谱项目所开发的材料应用到了诸如儿童博物馆和家庭教育项目等非学校教育中。

在过去9年中，多彩光谱项目的方法被研究者和教育实践者广泛应用，它给教育工作者提供了可供选用的评价工具和丰富课程的框架。多彩光谱项目是一种有理论基础的评价方法和早期教育实践。因为它有着清楚的目标，即识别并培养儿童区别于他人的智能和兴趣，通过识别儿童在音乐、运动、机械科学和其他一些通常不被重视的领域的智能，为儿童提供一条建立自我价值感的途径，并对他们展示自己能力的努力给予肯定。

《多元智能理论与学前儿童能力评价》阐述了在第一阶段开发的多彩光谱项目学前评价方法。该评价包括15个相互独立的方法，涉及7个不同的知识领域(参见第4~5页的框图)，描述儿童在处理特定任务时的不同活动风格(见第八章)。

尽管评价标准是基于我们对4岁儿童的研究制定的，不过经相应调整后，许多活动可成功地用于小到 3 岁、大到 6 岁的儿童。该评价手册将为早期儿童教育工作者、学校教师、研究人员、教育行政人员等提供有益的帮助。

一、 理论框架

在过去十年中，许多认知和发展心理学家，包括费尔德曼和加德纳，都支持一种比传统智能观更宽广的智能观。他们认为智能不是单一的，智能结构不具普遍性，并在此基础上提出了多元智能理论，强调应重视更广泛的技能和认知能力。

1980 年，费尔德曼提出了认知发展的非普遍性理论，试图使发展心理学超越仅考虑发展中的普遍因素的状况。所谓"普遍性发展"，即在儿童发展中，所有儿童身上都会出现必然的发展，而不管其背景和经历如何。与此不同的是"非普遍性发展"，即儿童发展既不是自发的，也不是所有儿童都能完全获得一样的发展。费尔德曼认为，儿童的发展是包括从普遍性范畴到独特性范畴的认知发展的连续线，儿童个体在某个范畴可能达到很高的发展水平，但在其他范畴却未必（见下图）。

从普遍到独特的各发展范畴

● 普遍性范畴：是指潜在于人类内部的发展性的经验，如客体永恒性（即使不在视野范围之内，也知道物体仍然存在）。

● 泛文化性范畴：如语言，无须正式地教，只要有他人存在，就能自发地发展。

● 文化性范畴：是指在某种特定文化中，要求所有人都要掌握的一定水平的知识和技能。如在美国，读、写、算就是这一范畴的例子。

● 学科性范畴：是指在某个特定学科方面的专业发展，如法律或化学。

● 专门性范畴：是指学科内的某个特殊的专业领域，如专利法和有机化学就分别是法律和化学学科的特殊专业领域。

● 独特性范畴：当突破了某领域现存状况的限制时，独特的发展性成就就出现了。如双螺旋线的发现以及随之带来的对生命本质的理解的变化，就属于改变了生物学的独特的发展性成就。

在个体从新手发展到专家的过程中，普遍性范畴和非普遍性范畴都可被纳入一个大的、由具有质的差异的不同阶段或水平组成的发展连续体中（Feldman，1980，1986，1994）。在普遍性范畴中，发展起因于儿童了解世界的自发倾向。在非普遍性范畴中，发展需要特定的环境支持，这些环境因素必须是持久地、系统地引入个体的发展中（Feldman，1985，1987）。教师、学校、同伴、材料、竞争、奖励以及动机等，都必须协调配合，才能产生比较理想的发展。

和费尔德曼一样，加德纳认为，人类经过千年的进化，形成了若干种彼此不同的、相对独立的智能形式。1983 年，加德纳在他的《智能的结构》一书中提出了多元智能理论。加德纳把智能定义为解决问题或创造一种或多种文化环境认可的成果的能力。与大多数只强调语言和数理逻辑能力的智能概念相比，加德纳的多元智能还包括谱写交响乐、建造桥梁、绘画、进行政治竞选等才能。

为确认这些候补的智能，加德纳涉猎了广泛的领域，收集了大量的证据，其中涉及如"白痴"学者、奇才、自闭症儿童等"特殊"人群的认知特性；由于大脑受损而造成的认知能力障碍以及不同种族和不同文化下的认知进化等。综合考察的结果，加德纳提出了七种不同的智能：语言、数理逻辑、音乐、空间、身体运动、人际关系、自我认识智能等。加德纳并不认为自己对智能的罗列是完整无遗的，也许还有一些"智能"或"子智能"存在，他的目的不过是要建立一种多元智能观。事实上，加德纳最近又提出了第八种智能——认识自然的能力，这是自然博物学家的智能，其典型特征是对自然界的酷爱（Gardner，1998）。

按照加德纳的观点（Gardner & Hatch，1987a，1987b，1980），智能可被视为一种心理生物性的潜能或倾向。这种潜能或倾向在那些受各种文化和环境因素调控的有价值的成人活动中，可能被发现，也可能不被发现。虽然所有的人都具有各类智能，但个体因为遗传和环境的不同，其能力表现也各异。每种智能的发展轨迹、信息处理方式、解决问题的特征等在很大程度上是彼此独立的。然而，这并不是说各种智能是孤立运作的，事实上，几乎每一种文化角色或任何尖端产品的产生都需要各种技能和智能的结合。

　　多彩光谱项目是以费尔德曼和加德纳的理论为基础的，他们两人的理论具有许多共同的特征。首先，费尔德曼和加德纳都注意到了人类认知的多元本质；其次，两位理论家都承认生物潜能和在文化环境中的学习机会之间互动的重要性。他们相信，在个体发展的路径和程度方面，人类文化不仅仅影响，而且积极地发挥着建设性的作用；最后，费尔德曼和加德纳都坚持认为，人在各个领域的认知能力是不一样的，因此在评价个体的认知能力和潜力时，应为其提供不同领域的材料和信息。

多彩光谱项目活动

运动	社会
● 创造性运动智能测量 ——双周运动课程 ● 单纯运动智能测量 ——障碍活动课程	● 社会分析测量 ——教室模型活动 ● 社会角色测量 ——同伴互动检表
语言	视觉艺术
● 虚构性叙述测量 ——故事板活动 ● 描述性叙述测量 ——报告者活动	● 艺术夹 ——通过结构性活动而收集到的儿童全年艺术作品集

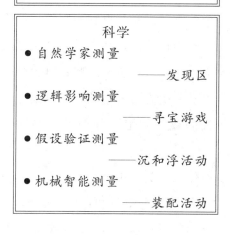

（一）多彩光谱项目的研究方法

多彩光谱项目评价活动旨在识别个体的智能，其假设是：因为认知发展是有差异的，所以每个儿童都有相对强项的领域。可是，许多早期教育工作者仍然以"普遍性发展"观点看待儿童的成长，对儿童认知能力进行的典型的非正式评价常常有诸如这样的内容："提问""做好并完成某个任务""具有符合其年龄特征的注意广度"等。而多彩光谱项目方法则提示，因为儿童在某个领域的兴趣和能力不同于其他领域，所以对这些内容的处理也应当是不一样的。

多彩光谱项目的评价方法不是靠某种测试，而是为儿童提供在各个领域活动的机会。多彩光谱项目评价所用的材料涉及儿童在社会、身体、音乐、数学、语言、机械、艺术和科学等领域的经验。一些儿童在某些领域有特长，但那些领域在传统上却不被学校认可。因此在评价过程中，我们非常注意让这些儿童有机会去找到与内容领域有意义的结合点，一旦其智能概貌呈现出来，就提供扬其所长的有针对性的教育方式，培养他们的自尊，拓展其生活经验。

需要注意的是，尽管我们试图提供某种方法来鉴别某些智能的早期标志，但是，不能说儿童在早期出现了某些标志，就一定意味着日后能够成功，而早期没有出现这些标志，将来就一定不会取得突出的成就。

不少教师直觉地理解多彩光谱评价的要旨。我们希望扩大活动范围，以便他们能够利用这些活动来引发和记录每个儿童的潜能。也有一些教师尽管在教室里采用了丰富而有变化的课程，却只限于在几个领域中去识别儿童的智能和兴趣。而我们的材料是确保能涉及更多的领域，包括一些在过去令个别教师感到棘手的领域。我们希望给教师提供一个思考的框架，以帮助他们更清楚、更系统地认识那些他们过去忽视的或不知道该如何着手的活动领域。

教师可以把多彩光谱材料视为有用、有效的工具，根据需要有选择地使用。既可以吸收多彩光谱的理念，采用它的结构，把学习和评价结合起来，扩展儿童活动的范围，也可以用个别化的活动来支持教育领域的新尝试。例如，一个熟悉艺术而对数学相对陌生的教师可以在保留他自己艺术课程的同时，采用多彩光谱的数学活动。

另外，用来识别儿童个体强项的多彩光谱体系还可以帮助教师完善日常的评价策略。例如，上面所提及的教师通过个别观察所获得的对儿童的认识，就可以采用多彩光谱的"艺术夹"方法将之记录下来。此外，相比集体或小组活动，教师在一对一的情景中、在结构性的评价活动中所获得的信息也会有质的不同。

由于教师的风格和个性的差异，他们在指导活动时往往会采用不同的方式。但不管在什么情况下，评价的结果都只能作为参考，而决不能替代教师自身的直觉和观察。另外，家访和问卷也能提供很多有关儿童的信息（参见附录 A）。

(二)多彩光谱的评价特点

针对 7 种智能，我们选择了 15 种能力来评价，如音乐创作和感知，语言的虚构性叙述和描述性叙述，身体运动领域的创造性运动和单纯运动智能等。每一种能力都有其核心的基本技能，例如在数学领域，其核心的基本技能包括计数、简单的计算和记数技能、规则的遵守和策略的形成等。通过实地观察 4 岁儿童，我们对每个领域的基本技能进行了修正，使之符合各年龄段的特征。

多彩光谱的评价方法具有四个显著的特点。

1. 在有意义的、真实的活动情境中进行评价

我们采用了成人社会"功成名就"的概念，关注那些与社会上成功人士密切相关的能力。因此，在语言领域里，我们看重儿童讲故事或描述某种经历的能力，而不是背诵大段文章的能力。不论在哪个领域，总是让儿童有物体可操作。比如，在唱歌活动中提供面团做生日蛋糕，在数学活动中提供骰子和小恐龙的棋板游戏，在社会领域活动中采用教室模型，提供儿童和教师的人偶等。

"功成名就"的人包括记者、数学家、自然学家、技师、歌手、舞蹈家、政治家等。然而，前面已提到过，不应把儿童在活动中的表现视为其未来职业的预示。"功成名就"的利用，是为了保证在活动中能够让儿童学习那些有意义的、被社会文化所认可的技能。

2. 模糊了课程和评价之间的界限

传统智能测试通常拘泥在一间小屋子里，用儿童不熟悉的、由测试者操纵的、规定时限的、标准化的方法对儿童进行评价。我们摒弃了这一方法，尽量模糊课程和评价之间的界限。多彩光谱的游戏和活动采用 4 岁儿童所熟悉且具有激发性的主题。例如，寻宝游戏和教室模型活动使每个儿童无论技能发展水平如何，都能参与到这一有意义的活动情境中。多彩光谱评价活动在儿童自己的环境中进行，就像教室里开展的其他活动一样。必要时教师给予帮助或提示，以便儿童能尽最大努力去完成任务。

当然，有些区域易于进行持续的评价，例如在视觉艺术领域，我们采用

了"艺术夹"方法。但在某些区域，任务是以结构活动的形式呈现的。在这些区域，我们要求儿童在任务结束后仍旧要把材料放在教室里，这样可获得丰富的随机信息——可以看到儿童记住了什么，在已学的基础上建构了什么。另外，把材料保留在教室里还可使评价具有连续性。教师可以观察到儿童是如何互相传授材料的使用方法，又是如何创造性地使用材料。我们希望所有多彩光谱的活动都能成为教室日常课程的一个有机组成部分。

3. 关注活动的风格特征

通过对多彩光谱活动的观察，我们很快认识到评价需要再增加一个维度，才能更准确地反映儿童在特定领域处理信息的方式。为此，我们创制了一个"活动风格观察表"，供每个活动结束后填写，专门描述儿童与材料和有意义情境之间的关系(详见第八章)。关于风格的项目有很多，诸如儿童的自信水平、坚持性、对细节的关注等。这些信息有利于教师辨别出儿童特定领域的或跨领域的活动风格。

4. 采用对各种智能一视同仁的公平测量方法

我们设计的多彩光谱的测量方法是通过每一领域的环境直接触及各种能力，而不是仅仅用语言和逻辑作为评价能力的中介。如音乐智能的评价是通过唱歌和弹奏乐器，机械能力的评价是通过拆卸、装配简单的机械来测量。有些测量工具可用于多个领域，如"教室模型"，既可用来考察语言技能，又可用来评价社会技能。此外，当儿童在一个领域的倾向性在另外的领域出现时，则要特别地加以记录，因为这些信息对于判断儿童特殊能力的强度是非常有价值的。

二、 如何使用本手册

本手册不仅阐述了多彩光谱评价系统的理论基础，还逐项描述了 15 个评价活动，可以说涵盖了有关评价活动的所有信息。然而，由于时间的限制，极少有教师能够如书中所言对儿童进行一对一的评价。因此，我们希望教师从实际需要出发，适当对我们的步骤加以改造。

评价活动始于多彩光谱研究的第一阶段。当时我们开发了大部分"一对一"活动。这期间的研究基地是爱略特·皮尔逊儿童学校（Eliot-Pearson Children's School），它是一所与图佛兹大学有着协作关系的实验学校。在1984—1986年间，我们主要是设计、实验、修改我们的评价活动；1986—1988年间，我们在该校的两个班级对 32 个 4 岁儿童和 7 个 3 岁儿童进行了正式评价实验，这些儿童主要来自中上阶层的白人家庭。与通常一周开放15 小时的半日制园所以及开放时间更长的全日制或公立学校不同的是，爱略特·皮尔逊儿童学校的课程一周只有 10 小时，这在我们的时间表上也有所反映。

关于本手册的用途，我们主要推荐三种模式，当然除此之外，还可有多种不同的用法。

1. 研究

这是我们在开发活动时所采用的模式，比较适合于研究儿童认知发展的有足够资源的教师。在三种模式中，这种模式所获得的有关儿童的信息最为详细，但劳动量也是最大的，需要一个成人与儿童游戏，另一个成人进行评价。如果没有两个人的话，教师就得对评价活动进行录像或录音，然后在活动结束后根据录音或录像进行评价。在进行评价时，要求所有儿童都参加全部的活动。多彩光谱活动简表（Adams，1993）对所有评价活动进行了整理，使全部评价能够在两个课时内完成。

2. 有选择地评价

教师不是对所有儿童都逐一进行每个领域的评价，而是有选择地对部分儿童进行特定领域的评价。当教师认为某个儿童在某个领域可能有强项，或者教师想通过相对更综合的评价来完善平日非正式的观察时，可采用这一评价模式。另外，还可在一个小组的儿童中同时进行一个活动，比如在某活动区活动时进行这类评价。

3. 观察框架

多彩光谱活动及其所产生的启示可以补充、完善活动区的活动和已有的课程。多彩光谱提供的各领域及其活动可为观察活动中的儿童提供一个观察框架，教师每天可据此记录、进行观察并将材料保存在儿童的文件夹中。这

样，该手册可以促使教师专业水平的发展，帮助教师对儿童进行特定领域的
观察。

教师不仅可以使用书面的记录，还可以运用录音、录像来记录儿童的唱
歌、讲故事、对话和其他课堂活动等，对儿童在艺术区、发现区、积木搭
建、集体活动以及戏剧游戏中的活动也都可以进行录像。教师可以鼓励儿童
通过观看录像来对自己的行为进行反思。如果可能的话，可复制录像带供家
长观看，了解儿童。

(一)手册编排格式

手册包含七个领域，一章涉及一个领域，另外还有一章是有关活动风格
的。每一章又分为几个部分，具体阐述评价活动(如"数学领域"一章分为恐
龙游戏和公共汽车游戏两个部分)。每一章一开始先总体介绍对该领域的认
识，包括简要地回顾儿童在该领域的能力是如何发展的及其相关研究，介绍
在学前阶段该领域的能力所表现的范围及其典型的活动和评价方法。接下来
就进入"何谓……活动"部分，在这部分，我们详细阐述了编制活动评价标准
的依据及该领域的关键能力。

评价活动部分细分为四个小块："目的和活动说明""材料和组织""程序
及说明""评价和初步建议"。除了障碍活动课程和发现区之外，所有的活动
都附有"初步结果"，介绍了 1986—1987 年以及 1987—1988 年进行实验的两
个实验班级的实验结果。评价的结果只是显示儿童处理材料和活动的不同方
式，并不具有全面性和规定性。在大部分领域的结尾还附有"对本领域的进
一步建议"，在这一部分，主要阐述多彩光谱研究小组对该领域活动的进一
步思考。这些思考可以被书面化、被完善，以更好地帮助教师开发各领域的
活动。

"步骤和记录"部分多提到"支架"(scaffolding)一词。所谓"支架"，是指
成人设计的旨在支持儿童参加活动而给予的帮助(Vygotskv，1978；
Wertsch，1985)。具体怎样帮助当然因领域而异。为儿童提供帮助有两个目
的：一是确定独立状态下儿童的能力；二是确定在给予了一定的帮助后，儿

童可以表现出来的能力。无论是儿童所需"支架"的多少，还是儿童在"支架"帮助下所能达到的能力，都有相当大的个体差异。如果没有"支架"支持，就可能失去一些信息，比如儿童在帮助下能做什么，这对教师应当提供什么样的任务和指导有着非常重要的意义。虽然在一些活动的评分中，会因为"支架"的提供而酌情减分（如公共汽车游戏），但在其他更多的活动中，"支架"则被视为是鼓励儿童参加活动的重要支撑，并不影响评分（如在讲故事活动中）。

至于记录和评分部分，使用者在多大程度上效仿手册，主要取决于其实施活动的原因。如果出于研究，那么每个儿童在每个活动中所进行的步骤应该保持一致，任何"支架"必须按照规定进行并加以记录；如果活动的目的只是引导儿童涉足尚未开发的领域，或者是为了确定儿童尚未发现的能力，那么活动进行的步骤完全可以更加灵活些。

（二）如何使用本书

可以先浏览所有的章节，然后选最感兴趣的领域仔细阅读。最好和一位教师、一个或几个儿童一起尝试书中的活动。要自如运用这些活动，可能需要至少一年的时间。

如果要实施结构性的评价活动，我们建议在开展活动时使用简短的"提示卡"。卡片内容包括结构形式、图表以及每项任务的关键词、指导语和提示等。如果全班儿童都参加的话，最好列一张入选表，以便让那些没有主动报名的儿童迟早也能获得活动机会。

教师完全可以在某种情况下停止评价，转而进行自己认为合适的其他活动。例如，如果某个儿童对恐龙游戏这类活动的要求完全陌生或者从来没有玩这类游戏的经验，教师就可以把活动简化，如只用一个骰子玩。再如，如果儿童即使听了提示，面对碾磨机依然不知所措的话，教师可以放弃评价，转而和儿童一起操作，帮助其积累有关物体拆卸、装配方面的经验。

（三）对得分的解释

每个领域的活动我们都确定了核心要素。在分析儿童的得分时，教师不仅要注意最后的总分，还务必要注意儿童在每一项中的得分，因为总分相同的儿童可能能力不尽相同。

例如，在恐龙游戏中，得分项包括理解规则、数数、策略、推理等，儿童显示的能力可能在策略、推理方面，而不在数数方面。因此，对教师而言，活动的总分并不是最重要的或是最本质的信息，评分只是分析的开始。

核心要素可以补充教师的课堂观察。及时增补这些通过非正式观察所获得的儿童能力方面的信息是非常重要的。一些多彩光谱活动(如社会领域和自然科学领域的活动)提供了整套观察儿童的量表，通过这些活动既可以发现儿童理解、执行指导的能力，还能大致看出他们在语言方面的能力。

对评价分数进行解释时务必要谨慎，因为这些分数仅仅建立在一个比较小的样本且样本相对类似的基础上，并不存在常模。儿童在这些活动中的表现应该被看作是他们在某特定时期某特定情境中的能力、兴趣和经验的一种反映。

教师不必把分数直接告诉家长，可通过描述性的报告将儿童在多彩光谱活动中所反映出的信息汇报给家长。

(四)以学年为单位考虑活动的安排

教师可以选择开展哪些多彩光谱活动以及按何种顺序开展。如果以年度为单位考虑这些活动的话(见附录 B 中的日程安排样表)，需要注意以下几点。

1. 所有儿童都参加某项活动，大概需要两周的时间。当然，具体的时间长度会因儿童在校时间、班级规模、师生比例以及活动性质等因素而有所不同。

2. 开学的第一个月，因为儿童要适应新的环境、新的人际关系和基本的教室规章制度等，所以样表上列出的活动只有两项，即为儿童建立艺术夹和引入发现领域。第一个结构性的活动要到十月左右才能开展。

3. 我们建议第一个结构性的活动(在秋天)采用恐龙游戏，因为这个活动能够吸引绝大部分儿童。与第二个数学游戏——公共汽车游戏相比，恐龙游戏的难度要低一点。公共汽车游戏一般在春天的中期或末期开展为宜。秋天很适合引进可持续的活动，教师可把这些活动设置成教室日常活动的一个组成部分（如创造性运动课程以及周末新闻活动）。

4. 装配活动和故事板活动等的相关材料在正式评价之前就应该介绍给儿童。这些活动往往会引发儿童一系列的活动（如自己创制故事板、教室模型，并在家里或学校里玩），这些预备的或后续的材料以及儿童凭借它们继续活动而获得的经验，都是评价的重要方面。

5. 为了保证儿童有时间建立他们的规则和友谊，我们建议在下半学年开展教室模型活动。同时，这也为教师绘制一幅精确的教室"社会图谱"（对儿童在活动中的表现进行评价时所需的参照）提供了时间。

（五）多彩光谱文件夹

教师搜集的所有信息最后将汇集为一份多彩光谱简档，它将反映教师通过多彩光谱评价活动或者通过日常的观察所获得的儿童在各领域的信息。这是对儿童智能概况的一种描述，在此基础上，教师给家庭、学校以及更广阔的社区活动提出建议。

为每个儿童创制一份大的文件夹或档案袋将有助于教师完成儿童的简档。这些文件夹或者档案袋里装有儿童的分数表、观察量表、轶事观察记录、活动风格信息、儿童的书写或绘画作品、手工作品、照片、录像带、录音带及家长问卷和访谈材料等。

简档以儿童个体为中心，一开始多描述儿童相对的强项和兴趣，因为多彩光谱评价尚没有常模，所以只有当儿童明显表现出某方面的强项时，才可以与其同龄组进行比较。虽然简档最初只是为了识别儿童的强项，但从1986—1987年参加多彩光谱项目的家长的反映来看，他们希望对儿童的能力领域有更多的了解。因此，随后的简档更多地探讨儿童在多彩光谱活动中的表现（见附录 C 的简档样本）。

关于如何写简档，现提供以下建议。

在简档的第一部分，我们选取儿童在活动中的具体表现实例，并以某领域的核心要素为参照（如儿童对描述性声音的运用，富有表现力的对话，所讲故事的摘选等），描述儿童在其强项领域的大致能力水平（如讲故事）。在可能的情况下，我们还选取课堂观察中可资证实的信息。此外，我们还进行领域的横向比较（如比较儿童在使用故事板和使用教室模型两种活动中其描述性语言的不同，比较儿童在唱歌活动和运动活动之中的表现等），注意观察儿童在某个领域的能力是否在另外的领域出现（如他是否唱出他自己编的故事，在创造性运动中，当用到故事板活动的材料时，动作是否显得更具创造性）。在简档的第一部分，我们还谈到了儿童在一学期或一学年中其兴趣、能力方面出现的所有变化。

简档的第二部分谈论儿童的活动风格——特别是儿童的活动方式在每个领域是一致的，还是根据领域的不同而有所不同。一些儿童只在自己的强项领域才表现出诸如反思性和对细节的注意等活动风格（Krechevsky & Gardner，1990）。在这一部分还谈到有关活动结构的问题，如儿童习惯于结构性的游戏，还是非结构游戏；儿童倾向于独自玩、一对一地玩，还是和许多人一起玩等。

简档的第三部分主要是对在家里或社区可以开展的活动的建议。同时，我们还建议如何把儿童的强项和弱项联系起来。例如，一个儿童在讲故事活动中显示出了强项，但是在社会方面却遭遇到困难，那么，我们就可以建议他和其他小朋友一起讲故事或者表演故事。我们非常强调要让家长参与到儿童的教育中来。需要注意的是，虽然培养儿童的强项领域可以赋予其积极的体验，但是家长和教师不能仅仅关注儿童的强项而排除其在其他领域的经验。

教师应把简档寄给家长，并寄给家长一封说明信（见附录 D）、一张简档反馈表（见附录 E）以及一些资源材料等。说明信主要阐述如何理解多彩光谱简档，提醒家长注意简档反映的是他们的孩子在当前教室情境中所表现的能力，并不代表儿童永远是这样。另外，还务必要说清楚：如果儿童在某个领域的表现没有提到，并不一定表示他在那个领域的能力很弱，只是他在那个领域里没有突出的表现而已。虽然多彩光谱活动最初设计是为了识别强项，而非用来诊断弱项，但是如果儿童在某个活动中遭遇的挫折特别明显，我们应该对之加以评注。

我们给 1987—1988 年参与多彩光谱项目的家长发送了一份多彩光谱活动的简单说明(见附录 F)和一份家长活动手册(见附录 G)。手册提供了在家庭可以进行的活动的建议，这些活动的材料十分便利可得，而且费用不高。建议的活动根据领域排序，例如，数学领域的活动包括推算和数数游戏，科学领域包括栽种种子的实验以及装配活动，艺术领域包括各种绘画作品和三维作品。最后，我们还提供了一份当地社区资源的清单，也基本上是按照领域来排序的。教师可以利用自己原有的课程，也可以利用社区资源，为自己的班级创制一份适合本班用的档案。

(六)手册反馈

诚挚欢迎来自读者和使用者的反馈意见，这将帮助我们再版时或出版其他资料时做得更好。反馈意见请使用附录中的手册评价表，或者寄信至：

零点项目(Project Zero)

哈佛大学教育学院(Harvard Graduate School of Education)

郎非罗楼 323 号(323 Longfellow Hall)

02138 马萨诸塞州，剑桥(Cambridge，MA 02138)

目
录
MULU

第一章　运动领域 YUNDONG LINGYU

——引言

身体活动是所有儿童正常发展的重要组成部分。儿童用肢体语言表达情感和想法，发展运动技能，挑战能力极限。在 0～1 岁期间，婴儿的反射逐渐发展为简单的、有目标的动作，这时他们基本能控制自己的动作达到一定的目标。随着儿童对自己身体的逐步了解和不断尝试，儿童的精细动作和大运动技能很快地发展起来。到了 2 岁时，儿童喜欢跑到自己想去的地方，喜欢爬阶梯，或从一个不高的地方跳下来等。3 岁的儿童身体活动的能力更强了，他们喜欢骑自行车，从平滑的地方滑下来，在各种建筑上攀爬等。到了 4 岁，大多数儿童渴望冒险，从不同的高度往下跳、翻筋斗、获得平衡等。

一般而言，学前环境既要强调大肌肉技能，又要强调小肌肉技能。在操场上，儿童可以跑、荡、平衡、攀爬、下滑等；在教室里，儿童可以通过操作各种小物体(如珠子)来完善精细动作技能和手眼协调能力。然而，多数幼儿园并没有为儿童安排固定场地参加运动或舞蹈。

传统上，对运动领域的评价是以运动发展的普遍性阶段为标准的，并根据此标准来评判儿童的运动技能。然而，在儿童的发展中可能存在着差距或不规律现象，这一点已被在此领域所进行的测试多次证实。一般的做法是让儿童完成一套动作，如单脚跳、双脚跳或平衡，以此来判断儿童现有的发展水平(Folio & Fewell，1974；Haines，Ames，& Gillespie，1980；McCarthy，1972)。这种做法几乎没有儿童的参与或选择，而且也未考虑到儿童运动的表现力及对动作序列的创新。虽然也有专家开发了更复杂的评价体系来描绘儿童在创造性舞蹈和活动中的发展(Laban，1960)，但这些体系往往过于技术化、精细化，教师无法在课堂上运用。

多彩光谱项目在运动领域的评价十分关注儿童的创造性运动和运动技能两个方面。我们开发了一系列运动活动，集中评价儿童的节奏感和表现力以及身体控制和身体意识能力。这个课程要求教师在一个规划的情境中对儿童进行长时间的观察。在春天，我们设计了户外障碍活动课程来评测儿童的运动智能，其中包括执行目标导向的动作的能力。在一年中，儿童会显示出各自不同的运动风格以及对美感运动、单纯运动或是戏剧运动的不同偏好。

——何谓运动活动

对各种与运动有关的角色的理解直接影响我们对运动领域的能力的界定。这些角色包括舞蹈者、运动员、哑剧演员、演员、工匠、机械师等。舞蹈者通过空间、平衡、速度和强度，还常常伴随着音乐来把握身体的位置；运动员则靠健美、力量、控制、速度和团队配合等来有效地进行各种运动；哑剧演员需要以敏锐的观察力来成功地模仿和创造出不同的情节；而机械师在操作工具和机械设备时既需要运用空间智能，又需要运用精细运动技能。

因为操作物体所需的精细运动技能在其他活动中将有所涉及（如装配活动和音乐感知活动），所以我们的运动课程主要关注大肌肉运动技能。

障碍活动课程几乎涉及任何运动都需要的技能。在活动中，儿童可以发展运动技巧，并按照错综复杂的动作顺序预测下一步将进行的动作。要成功地完成此课程，儿童需要展示其协调、灵活、速度、平衡和力量，以适应不同类型的运动挑战。

创造性运动课程强调的是运动中的创造性，类似于舞蹈，主要关注动作的节奏和表现力两个方面。伴随着音乐，儿童常常可以用他们的身体开发和想象丰富的主题，这就要求观察者要注意儿童动作的质量（他们是如何动作的），而不是动作的数量（他们所做的运动有多远和多快）。观察者还可以根据儿童运动的速率（快或慢）、性质（抒情的还是断奏的）或对身体的运用（整个身体还是身体的某个或某几个部位）来观察儿童是否有其偏好的运动风格。

运动领域的评价存在两个难题。首先，运动在本质上是转瞬即逝的——当儿童完成一个舞蹈或运动时，没有一个真实的可收集的产品。从理想的角度而言，可以尽可能地录制儿童的动作以记录儿童在活动中的表现，但我们认识到这种做法对于很多学前课堂还不太现实。比较现实的做法还是在运动课后立即填写观察表(见表 1-2 和表 1-3)。

其次，许多儿童和成人不习惯在他人面前单独地表演或舞蹈。因此，与其他领域的活动不同，运动领域活动的开展可能不应该单个进行。但同时，小组设计给儿童创造了一个较舒适的情境，却给教师评定个体儿童的表现增加了难度。

如果有录像设施，教师可以观看几遍录像带，观察不同的儿童。如果没有录像设施，教师可以在课后尽量识别出那些表现突出的儿童，然后参照观察表和动作评价标准再进行更集中的观察。

一、 创造性运动课程

(一)目的和活动说明

创造性运动课程旨在发展儿童在舞蹈和创造性运动领域的 5 种能力。

对节奏的敏感性是指儿童根据固定或变化的节奏同步运动，建立自己的节奏并加以调节以达到想要的效果的能力。

表现力是指儿童运用手势和姿势表达情感和想象以及根据乐器或音乐的情感和音调(如抒情的或是奋进的)做出反应的能力。

身体控制是指运用身体有效执行运动任务的能力，如按要求不动或保持平衡。另外还包括对身体各部位的控制能力以及完成特定动作的能力。

运动创意的产生与运动执行不同，它是舞蹈艺术的一个重要组成部分。参与此项训练的儿童面临动作问题时可能会自发提议(如提议让这个组的儿童扮成"时钟")。对于一个运动创意，儿童可能有更多的想法，如建议同学举起胳膊摆动，好比天上的云一样。动作创意的能力与运动执行技能没有必然的联系。

与音乐的配合把对节奏的敏感与表现结合在一起。一些儿童对音乐的反应比对口头语言或图像的反应更多，配合着音乐运动比根据一个图像运动更自如。无论是听到什么类型的音乐，一些儿童只能重复一种动作；而有些儿童却能够配合不同的音乐做出不同的动作，通过这一项就能识别这些儿童。

教师还需要注意三个维度：第一，身体意识，即能够识别、运用身体不同部位，并懂得各部位的不同功能，如肩膀、臀部、手指等；第二，运动记忆，即重现自己或他人动作的能力；第三，空间使用，即开发所有可用的空间，利用房间各种层面和区域运动的能力。

本课程在选用活动时避免性别限定，注意选用教师和不同性别儿童都喜欢的而且没有危险的活动。如"请你跟我这样做"（Simon Says）活动能够有效地考察一些特定的运动成分，如身体的控制、身体各部位的分解、对表现性主题和表象的反应。在评价的每一时间段中，都配有可选择的音乐，以保持各时间段的连续性，而且可以从中发现儿童是怎样根据变化的节奏调整自己的动作，以及怎样把不同音乐的不同情感表现出来的。

运动评价活动至少要包括 8～10 个儿童，每次活动持续大约 20 分钟。我们建议教师均衡地采用半结构性的活动和更自由的活动，综合考虑教师发起的和儿童发起的活动。

(二)材料和组织

运动评价适合在一个大而有界的、儿童能够自由活动的场地进行。如果找不到这样的地方，可以把教室里的桌椅挪到边上，空出一块界限清楚且安全的地方。评价之前要制定安全规则，以避免不必要的混乱妨碍测试。可给每个儿童一块自己的地方（用地毯或线标出来），以满足他们对自我空间的渴望，同时也为儿童提供了继续活动或可返回的安全地方。

推荐使用的设备包括：

1. 录音机和各种音乐磁带。如加勒比海即兴小调、伦巴、印度拉迦曲调、印度尼西亚的加麦兰、阿巴拉契亚器乐等。

2. 各种乐器。如铃铛、小手鼓、鼓、节奏棒、木琴等。

3. 刺激运动的各种有趣的物体。如微型物和奇怪的动物（如故事板上的毛茸茸的动物和有弹性的恐龙）、玩具（如上发条的玩具）、溜溜球、围巾、布片（花边、网、针织衫）等。

4. 可投掷或用于特定游戏的物体。如球、呼啦圈、沙包、镜子等。

评价时不一定非要用录像设备。如果要使用录像设备，应把它放在适宜的位置上，以便尽可能多地录下小组成员的活动。

(三)程序和说明

在学年开始后的第二个月或第三个月之前，教师可逐步引入运动课程。学年初期，可利用小组活动、音乐活动或户外活动来介绍、巩固基本的运动概念和活动，如可以开展简单的手指和手的游戏，讨论风铃或挂在外面的风向标的运动，还可谈论一些术语，如平衡和节奏的含义。向儿童解释这些概念并鼓励他们想出一个自己的例子说明每个术语，这是运动课程的一个重要组成部分。

当儿童处于适宜状态或当儿童认识到运动在不同情境中的功能时，运动课程才会最有效果。例如，让儿童注意到手握画笔在纸上留下的痕迹，就是增强儿童对自己手的力度和运动意识的方法之一。

在第一阶段，教师引导儿童到运动区，并告诉儿童在这个专门用来发展运动的"特殊"区域中他们可以做什么，向他们说明每周或每两周的计划以及安全规则。开始时，让儿童坐在自己的地毯区域内，围坐成一圈，告诉儿童他们可以决定自己是否参加或何时参加。另外，教师还可以为那些选择观看的儿童划出一个地方，要求在旁边观看的儿童要成为"安静而注意的观众"。最后告诉儿童，教师会一直倾听他们的想法，也请他们说完后听听教师的观点。

这一阶段活动的目的在于使儿童熟悉运动地点，帮助他们适应以小组为主要形式的运动。教师可以选择如下的两个活动：

1. 敲鼓或铃，或用不同节奏同时敲击鼓和铃。让穿着蓝色衣服的儿童配合着敲击声动作。然后请穿红色衣服、绿色衣服的儿童相继进行。

2. 玩几次"请你跟我这样做"游戏，如"慢慢地运动你的手""把你的身体蜷成球""像蛇一样运动"或"用各种方式运动你的手或腿"，也可询问儿童的活动建议。

一般而言，在开始这个游戏时，教师可以举例给儿童演示运动的含义，但每个动作只能演示一次或两次，只有这样，才能把成人的作用降低到最低程度，并避免儿童仅仅依赖模仿的行为活动。

创意运动课程的核心活动包括"请你跟我这样做"，镜子游戏，鼓和铃的游戏等，目的在于运动身体的不同部位，根据音乐、道具、口头描述动作（如走钢丝或在冰上走）等。在每次活动将结束时，可放音乐让儿童自由舞蹈，这既能让儿童放松，也可以为教师提供在旁边观察的机会。选择音乐时，教师要注意选择代表不同文化和种族背景的音乐，而不只是选择传统的西方音乐。音乐的速度要适中、稳定，也可以有一些变化，这样对儿童节奏的要求较为合理，例如可选择加力骚、加麦兰和秘鲁音乐等。

如果儿童在跳舞时过于兴奋，可以先关掉录音机，让他们安静一下，回顾一遍重要的规则，然后再打开录音机让儿童继续活动。教师可以和儿童制定一些规则，如当音乐停止或教师击鼓时，儿童就应停止活动等。

小组形式的活动可能会使一些儿童的个别活动受到影响，使他们很难专注于自己的运动。提供儿童个人用的方块地毯可有效地减少这种不利影响。另外，教师还可通过"请你跟我这样做"的游戏来引导儿童的活动，比如可以说："跟我做'停'"，从而让一些儿童安静下来。有的儿童在轮到自己提运动创意时，可能老是建议"四处跑"。这时教师可以这样试着让他变化一下："你还可以改变一下活动方式吗？""你能像老鼠（或大象）一样跑吗？"或者"你能像蝙蝠一样飞吗？"为便于观察，教师可以建议儿童"请尽可能地慢一点"。

另外，教师可以借助停止播放音乐、击鼓或说"静止"等，让儿童停止不动。在每次活动中，教师要尽量运用相同的信号，这样就不必总是提醒儿童这些信号是什么意思。

表1-1　活动日程

　　以下活动只是实现上述理念的一种途径，教师可根据自己的兴趣领域、风格和时间表对活动进行修正。另外和发现区的活动一样，有些活动可能不适合所有的地方。

九月

　　1. 在唱歌时间介绍手指、手和身体的运动，并询问儿童对此的看法。

续表

2. 通过歌曲和讨论识别主要的身体部位。儿童能够讨论并说明他们身体和身体部位的不同功能，如手和手指都能做什么等。

3. 举办一次介绍会，讲述运动区及其用途。

十月

1. 介绍两个基本的运动概念。

对空间的使用是指使用空间高、中、低的层面。让儿童举例说明一些生活在离地面很近或低层的东西(例如，爬行的婴儿、蘑菇、一些动物等)。儿童能用熟悉的动作，如行走，占有不同层面的空间。建议他们在高处和低处行走。

方向性是指向上、向下、在什么上面、在什么下面、围绕、穿过等。教师可以通过对比来介绍这些术语，如高、低，在什么上面、在什么下面。当儿童理解了两极后，中间微调的状态就容易理解了。在地板上用线圈起一个方块，让儿童绕着方块走、从方块中跳出或跳进。还可以开展一个音乐方块游戏，让儿童在音乐停止时"坐在方块上"或"跳出方块"。或用一个有支撑的呼啦圈或椅子来代替方块，让儿童从上面爬过去或从下面钻过去。

2. 如果班里正举办有关丰收或万圣节的班级活动，可在运动课程快结束时利用这些主题。教师可以选用新歌或相关的背景音乐来引导儿童创作舞蹈，表现农夫收割庄稼，表现当地人举办宴会。表现鬼和南瓜舞会等，可用灯光的对比来表现鬼的怪异动作以及南瓜圆圆的、敲起来砰砰响的动作。

十一月

1. 向儿童介绍运动的节奏，讨论节奏的含义。节奏是配合节拍的、可用身体来表示的一种稳定的敲击方式。让儿童想出一些根据固定节拍运动的物体，如时钟、挡风玻璃刮水器、节拍器等。还可以带一些物体来给儿童看。

2. 用"说话的鼓"或其他打击乐器帮助儿童计时。坐着时，儿童可以运动胳膊、头或身体的其他部位以配合稳定而适中的敲击声。让他们在鼓声停止时停。在活动的某段时间内，可以请儿童闭上眼睛，这样可以帮助那些跟从别人或看着教师击鼓的儿童集中注意力听节奏。

观察重点：对节奏的敏感。

3. 独木舟之旅。让儿童坐下，四周留有足够的空间。问他们是否曾经乘过独木舟或小舟。演示划桨的动作，并说明一个划手很重要的一点就是需要有很好的稳定的节奏。告诉他们当有人喊："划！划！划！"时，划手们就一起划，并保持同样的节奏。

当所有儿童的胳膊都准备好划桨时，教师开始击鼓，节奏稳定而适中。仔细观察哪些儿童根据击鼓声运动，哪些儿童根据节奏调整运动，哪些儿童二者都能做到。在降低节奏的速度或加快速度时，儿童的节奏感会表现得更明显。注意儿童是否调整划速以跟上加快的敲击声。

类似的方法还有：举行独木舟比赛，或让两个儿童分别站在假想的一棵树的两边，二人锯木头等。

观察重点：对节奏的敏感、身体控制。

4. 介绍平衡。给每个儿童一个沙包，让儿童把沙包放在身体的不同部位(如膝盖、手肘、头、肩膀)，以练习平衡。

5. 走钢丝。问儿童是否见过走钢丝。如果没有，向他们描述或演示一个走钢丝的人在细细的钢丝上是如何保持平衡的。放置单根线或把两根线分开平行放置，让儿童模仿走钢丝的动作，或用任意方式，只要待在线上就行。活动时可以放些背景音乐。

观察重点：身体控制、表情。

十二月

1. 介绍表情，激发儿童想象和讨论我们的身体是怎样帮助我们表达感情和思想的。可以为儿童例举几种情感或表象(最好运用对比)。还可以用一部有关哑剧艺术的电影展示如何运用动作来描绘情感和经历。或者放映一部舞蹈影片，让儿童描述舞蹈演员所表达的形象和情感。

2. 玩"请你跟我这样做"游戏，可运用下面的例子：

——僵直的(机器人、锡罐人)；

——松软的(布娃娃、稻草人)；

——弯曲的(蛇)；

——漂浮的物体(气球、羽毛、气泡)；

——弹性的(橡皮棒、太妃糖)；

——跳跃的(爆米花爆破、青蛙跳)；

——弹性的(蹦蹦床、弹弓)；

——不平稳的(牵线木偶)；

——平滑的(滑冰)；

——旋转的(圆盘传送带、抽陀螺)；

——上弦可动的机械玩具；

——蜡烛慢慢地燃烧。

开始游戏时，可以让儿童先表现一些较熟悉的特征或影像，在此基础上，充分发挥儿童自己的想象力。

观察重点：表情、运动创意、身体控制。

3. 引进一些具有启发性的物体或道具，反映教师与儿童曾讨论过的不同运动或影像，如有弹性的织物、气球、围巾、可怜的布娃娃或溜溜球、故事板动物等。使用这些物体演示动作，使儿童通过具体的例子理解一些词的含义，如松软和有弹性。

注意，过分地依赖道具会分散一些儿童的注意力。

观察重点：表情、运动创意。

一月

1. 继续创造性运动的开发。利用最能反映儿童经历的主题和影像开发活动。儿童可能还在谈论着假日、礼物或冬季和户外的运动，所有这一切都是可开发的丰富资源。也可以以家庭旅行和远足为素材提供活动建议。例如，可以组织爬山或去城市公园，建议儿童"做一做在深深的雪中走路的样子"，或"假想你正走在结冰的池塘上"等。如果儿童去了动物园，可让他模仿不同动物的行走。

听从儿童的建议会使教师感到轻松。比较一下在进行不同活动时的轻松感觉，也可准备一些让自己感到轻松的建议。

以下是一些可以给儿童的提议：(1)在不同的表面行走(走过深雪、从光滑的冰上滑过、在泥里跋涉、在炽热的沙地上行走、乘雪橇从山上滑下来)；(2)假装是气球越胀越大……乘着轻风飞上去……然后，没有气了，又回到了地面；(3)假装是个杂技团演员(魔术表演者、小丑、走钢丝的艺术家、蹦弹簧床的人)。

观察重点：表现、运动创意。

2. 一月里有很多天是待在室内的，正好可以开展一些室内小障碍活动课程(如果空间允许的话)，或者至少可以开展一些半结构性的活动。你可以设计一个简单的只有两三步的课程，如让儿童利用呼啦圈跳出、跳进，给儿童大球旋转，让儿童跨过横木，或提供儿童可以爬过的地道等。

如果有适当的垫席和足够的成人照看，可以开展一些简单的翻滚运动，如翻筋斗、后滚翻和侧身翻等(见障碍活动课程)。

续表

观察重点：身体控制、运动记忆。

二月

1. 镜子，镜子游戏。向儿童解释：他们是教师的镜子，要做教师所做的一切动作。教师可以慢慢地摆动一只胳膊；微微倾斜着脑袋；上身僵直着侧身弯；踮着脚挪动或做出奇怪的形状或姿势，如扭绞着胳膊或腿。观察哪个儿童可以姿势优美地做出各种动作。如果儿童喜欢这个活动，教师可以摆出一个姿势，然后恢复中间状态，让儿童重现你刚才的姿势。再难一点的话，可让两个儿童组成一对，互相模仿彼此的动作。

2. "静与动"游戏。让所有的儿童摆出"静止"的姿势。当他们准备好时，告诉他们一个接一个地慢慢地动起来，然后再慢慢地恢复原先的姿势。注意哪些儿童在计时、身体控制和表现方面与他人有所差别。儿童在回忆和恢复原先姿势方面也存在差异。

观察重点：身体控制、运动记忆。

3. "鼓和铃"游戏。敲鼓和铃，引导儿童注意二者明显的音调特性。请一个儿童扮演"鼓"，另一个扮演"铃"，注意可让男孩扮演"铃"，女孩扮演"鼓"。让儿童注意仔细听教师的敲击声，教师要交替击奏并改变速率。当教师击鼓时，让扮演"鼓"的儿童配合节奏运动，其他儿童不动；而敲击铃的时候，扮演"鼓"的儿童凝住不动，扮演"铃"的儿童活动。反之亦然。

观察重点：对节奏的敏感、表情。

三月

1. 给儿童展示各种民族舞蹈。可在小组活动时间安排故事、电影、表演等活动，说明这些舞蹈是怎样表现故事的。这些故事往往和真实事件相关，对于不同群落的人有着很大的意义。这个活动更接近于戏剧和哑剧，有助于儿童认识到运动是交流经历、情感和故事的一个重要媒介。

2. 鼓励儿童创作自己的舞蹈来表现一个重要的经历。如果儿童在创意时感到困难，可以例举一个只有三步或四步，却表现了一个故事或事件的舞蹈。也可以取儿童所熟悉的一首歌，然后用舞蹈表现出其中某段，还可以设计成"猜猜看"的游戏形式，让儿童指出教师表演的是歌或故事的哪一部分。

建议在小纸片上写下一些简短的故事台词，如："一天，一个儿童正在走着，突

续表

然，他发现一个惊奇的玩具……"另外一个情节可以是："一个儿童在一个结冰的大池塘上滑冰，正当他准备转弯时，天下起了雪……"然后让儿童把这一系列情节表演出来。

观察重点：简单的舞蹈(运动创意)、表现、运动记忆。

3. 教给小组一个简单的只有三步或四步的动作系列或舞蹈，最好伴有歌曲作为线索。两天后，请儿童到运动区或在室外活动时间给教师表演所教的舞蹈。每次可能只进行两三个儿童。另外，教师可能需要演示第一步或者开始的姿势。

接下来，可以鼓励每个儿童创造出自己的舞蹈，三四步即可。教师可以粗略地记一下步骤，然后问儿童是否记得自己或他人的舞蹈。

观察重点：运动记忆。

4. 在学期结束时，播放一段节奏变化的音乐选段，让儿童密切注意不同片段的音乐节奏，注意观察儿童在节奏敏感性方面的差异。这是一个更具挑战性的节奏练习。

观察重点：对节奏的敏感性、与音乐的配合能力。

四月

本月的活动围绕着户外障碍活动课程所着眼的基本运动技能以及儿童操作物体的技能开展(如平衡、敏捷性、运动的有效性、配合性和时控等)。

1. 在操场上设置轮胎或呼啦圈，以供儿童投掷球或沙包用。让儿童从不同的距离投掷，可以使用一只手或两只手，可以举过肩，也可以不过肩。注意儿童手眼协调的差异。

2. 开展"请你跟我这样做"游戏，配以综合性的复杂动作，如爆竹、交替胳膊和腿的动作，在腿动的时候扭转上身等。开始时教师可做些示范，然后让儿童自己活动。

观察重点：身体控制。

3. 把两个结实的气球吹大，一次请两个儿童，让他们设法使气球一直飘在空中。注意儿童手眼协调的差异。

(四)评价

在运动课程开始之前，教师应先浏览评价项目和有关规定(见表1-2)。教师可让儿童利用最初几次运动课程熟悉各活动，然后结合评价项目填写观察表，并尽可能地在每一课后立即完成表格。表 1-4 提供的是全年的汇总表。

使用观察表时，在表格提供的地方填写一日活动序列。若某个儿童在某项中表现突出，就在他的名字边记上星号，如果他表现十分突出，则在他的名字边记上双星号。在评注栏或轶事栏记下一些观察，这些观察可以引导教师对那一栏的评价进行核实。以下列举的是一些可帮助教师辨识儿童运动强项和风格的评注和事例。

律动：蒂娜能根据节奏的改变而改变她的动作。她先配合稳定的击鼓节奏运动，然后随着击鼓声的加快，她也相应加快了她的运动速度。

表现：萨姆主要对叙述性主题和表象做出反应，特别当故事板中的角色出现时，他的表现更为突出。为了表现橡皮恐龙搜寻食物的样子，他故意四肢着地，四处走动、嗅着，脑袋还不停地四处转动。

身体控制：当音乐停止时，雪莉能完全静止，并小心地保持她的姿势。

运动创意：琼提议让儿童扮演钟，并像没有膝盖的样子走路。

配合音乐：音乐响起时，伯克利的动作变得大胆而多样，他有效地利用高、中和低处的空间，摆动和扭转着胳膊，有时举向天，有时指向地。

教师评价时要记住，"配合音乐"这一项是用来描述那些当音乐响起时具有不同寻常的表现力和节奏感的儿童，这部分与"表现力"和"对节奏的敏感"两项有一些重复。

(五)初步结果(1986—1987)

1986—1987 年所收集的儿童运动"资料夹"揭示了不同的智能水平和不同的智能组合。19 个儿童中有 3 个在几个领域中表现突出，5 个在某一个领域具有强项。一个很明显的区别是：儿童或是以自己的方式开始运动，或是完全靠模仿，等待着别的儿童开始后才动作。在儿童陈述运动主意的能力中也表现出一些差异。如一些儿童仅仅重复教师的建议，而有些儿童则会提出各种运动挑战，如"假装没有胳膊肘，做运动试试"。

一些儿童对某一种运动显示出偏好，如翻筋斗、模仿芭蕾舞姿势或步伐。一些儿童对涉及音乐或乐器的活动反应最为强烈，音乐节奏不同，其参与活动的水平也不同。一些儿童喜欢快速活动，也有一些儿童喜欢慢速活动。一个女孩特别喜欢一首音乐的片尾，为了完成她舞蹈中的某个特定的姿势，她还对各音乐选段的速率和情感的差异表现出特别的敏感。

一个男孩虽然身体笨拙且不能根据节奏的变化调整动作，但"请你跟我这样做"游戏激起了他快速而新奇的动作创意。有些儿童能够有效地控制身体并且自信而灵活地进行运动，但他们不想改变自己的反应并且不愿挖掘不同的运动。显然，一些开放式的活动比结构性的形式更抑制了这些儿童的表现力。一个儿童在运动中发现，当他发出声音或跟着音乐唱时，他的动作更容易跟上节奏。

我们在教室的观察清楚地表明，对于一些儿童而言，运动是最基本的表现形式。比如，一个在某些活动如积木、戏剧游戏中表现不自在或不自信的儿童在运动课程中发现了自己的能力，体验到支配感，这一感觉常常能帮助他自信地进入其他的领域。

表1-2 创造性运动评价标准

对节奏的敏感：配合(由乐器或音乐带播放的)固定和变化的节奏同步动作或自我调节节奏的能力。

儿童努力随着节拍而动作，而不是对节拍的变化无意识或无察觉。儿童通过动作能建立自己的节奏并进行相应的调节以达到所需的效果。教师需注意观察儿童是否使用身体的某一部位，比如，甩动胳膊，或者是否同步地运动整个身体。

目标活动：独木舟之旅，配合打击乐器的节拍动作，鼓和铃，随着音乐自由跳舞。

表现力：通过动作引发情感和表象的能力，活动可以由口头描述的情景、道具或音乐等引发。

儿童自然地运用手势和身体姿态表现自己，对不同的口头描述或不同的乐器(例如，鼓和铃)所表现的情感、音调特质反应灵敏。儿童的动作因音乐的变化而变化，用自己的动作表现音乐的特质。

续表

目标活动：走钢丝，"请你跟我这样做"游戏，根据口头描述、表象和道具而动作，鼓和铃，简单的舞蹈，随着音乐自由舞蹈。

身体控制：活动身体或有效利用身体某个部位以获得想要的效果的能力。比如，凝住不动，保持平衡，由凝住不动到开始活动起来等。

儿童能够有效地规划、排列、执行动作，而且动作并不是随意或不连贯的。能够精确地执行成人或其他儿童提议的动作。注意观察儿童是否在需要时身体能凝住不动。还要注意身体意识(对身体不同部位如臀部和肩膀的识别和运用能力，以及理解各部位功能的能力)和动作记忆(重现自己和他人动作的能力)。

目标活动：障碍活动课程，独木舟之旅，凝住不动和开始活动，"请你跟我这样做"游戏，镜子、镜子，使用球、沙包和气球。

动作创意：新奇的动作创意能力或对动作创意的扩展运用的能力。如，建议同伴举起双臂摆动表示天空中的云朵。评价动作创意时，不必要求动作完美，而是看儿童是否能立刻用新颖的方式表现动作构思和表象。

目标活动："请你跟我这样做"游戏，简单舞蹈。

配合音乐动作：根据不同的音乐做出不同动作的能力(综合体现了儿童节奏的敏感性和表现力)。

注意儿童是根据音乐的节奏、音乐的风格还是根据二者做出动作。注意其对空间的利用，看儿童是否能利用不同高度的空间自如地挖掘可利用的空间并简洁流畅地动作。注意观察儿童是否能用身体比他人领先占有共用空间或尝试用身体占领空间，如翻转、旋转等。

目标活动：随着音乐自由跳舞，和着乐器节拍动作。

表 1-3　创造性动作观察表

活动序列＿＿＿＿＿＿＿

日期＿＿＿＿＿＿＿　　观察者＿＿＿＿＿＿＿

儿童（年龄）	对节奏的敏感	表现力	身体控制	动作创意	配合音乐动作	评注和观察

注：可用星号（＊）标注，其中＊表示突出的例子，＊＊表示十分突出的例子。

表 1-4 创造性动作汇总表

儿童 _____　　年龄 _____　　观察者 _____　　时限 _____

日期	活动序列	对节奏的敏感	表现力	身体控制	动作创意	配合音乐动作	评注和观察

注：可用星号（＊）标注，其中＊表示突出的例子，＊＊表示十分突出的例子。

二、　障碍活动课程

(一)目的和活动说明

户外障碍活动课程的主要目的是发展儿童的运动能力。通过此课程，教师可以评价儿童的"运动胜任度"，或在完成不同运动任务中的动作表现质量。

观察的项目有：力量、敏捷、速度和平衡。根据《儿童运动的发展》的描述，对目标技能界定如下：

力量是指儿童"表现出某种最大的爆发力的能力"。力量是力与速度的结合。在障碍活动课程中，主要从跳远和跨栏两项进行评价。

敏捷是指"连续向不同方向运动时，尽可能快地从一处运动到另一处的能力"。它包括对身体位置和运动方向的快速而准确的转换能力。可以从障碍跑和跨栏两项对敏捷性做出评价。

速度是指"在最短的时间里从一处运动到相隔一定距离的另一处的能力"。速度既包括反应时间，也包括运动时间。本课程的最后一项——"最后冲刺"，主要用于进行此项评价。

平衡是指"在静态和动态情境中在引力的作用下保持平衡的能力"，包括对身体位置所做的微小改变的能力。静态平衡主要指在一个固定的位置运动身体；而动态平衡则是指身体在运动中的平衡。可通过平衡木和斜坡跳来评价儿童的动态平衡能力。

这里对运动技能的罗列并不是完整无遗的，然而课程如果过于复杂将会难以实施和评价，特别是面对一大群儿童更是如此。因此，我们力求使课程充满乐趣，使儿童易于参与。为此，在简化的障碍活动课程中，我们组织了这四个目标技能及它们相应的站点。这样，课程囊括了运动的基本元素，但不需要精细的运动设备。每个儿童完成此课程的时间大约为 10 分钟。

对于每一个障碍活动课程站点，我们选择了一个我们认为可准确代表其中一个目标技能的活动。当然，教师也可自由安排自己的课程，另设一套站点来评价各种技能。虽然每个站点涉及的技能可能不止一个，但为了评价方便，我们在每个站点只集中考察一两个技能领域。同时，教师也可以用叙述的形式把自己观察到的各种情况记录在观察表中的评注部分。

对儿童运动能力的评价最好能在有意义的情境中进行。许多技能（如平衡、敏捷、协调、优美等）在创造性运动领域中或单纯运动领域中都能被观察到，然而儿童在前一个领域中比在后一个领域中更自在、更善于表现。

通过多彩光谱项目的障碍活动课程，教师可以观察到儿童是怎样应付各种挑战的，诸如对不同站点之间的转换如何适应。另外，我们建议教师除了组织障碍活动课程之外，还要注意观察儿童在结构化不强的情境中的表现，如在操场上、在游乐场所或在游戏时的表现等（观察样表参见表 1-10）。

图 1-1　多彩光谱项目的障碍活动站点示意图

(二)材料和组织

多彩光谱项目的障碍活动课程有 6 个基本站点，比较简单，但对幼儿园儿童亦具一定的挑战性。课程的站点、设备可增补或替代。

最好在操场上开展障碍活动课程，如果没有操场，可用体育室或拨出一个房间进行活动。出于安全的考虑，组织此活动时，最好有两个成人在场——一个负责照看儿童，另一个进行观察和评价。这样不仅可以加速活动的进程，还可保证所有的儿童都能接受正确的示范。可以连续几天或几周的某个时间给一些儿童开展此课程；还可合并班级，由两个教师分担照看、评价以及与等候的儿童游戏的责任。为保证安全，教师在课程进行之前要给儿童讲述规则，保证各站点之间有足够的空间并定期检查设备以保证设备的稳固和安全等。

如果有录像设备，可录下儿童在整个课程中的表现，这将有助于教师进行评价。特别是当现场只有一个教师时，更需要录像（录像机可放在三脚架上）。

障碍活动课程场地的安排可参照图 1-2，也可以对之进行改造以适应设备和场地的要求。为避免混淆或冲突，场地最好是圆形、方形或马蹄形的。八字形的场地可能会造成混淆，而直线形的场地则可能留有太多的空间让儿童闲逛。最简单的形状为圆形，从每一个站点可以直接到下一个站点，最终又回到最初的站点。如果最后一站是冲刺的话，马蹄形的场地也许是最有效率的。

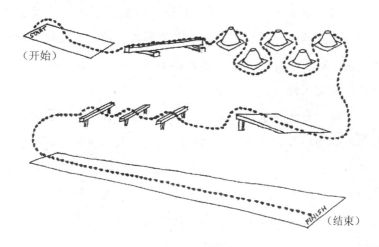

（开始）

（结束）

图 1-2　障碍活动场地示意图

可能要经过几次尝试才能达到最理想的活动布局。各站点之间要有足够的空间，但又不要大到让儿童遗漏或混淆站点的顺序。

就有关设备而言，用于跳远的皮尺固定在地上或地板上。平衡木可用带子、缎带、地板上所画的粉笔线或狭长的废弃木片充当。标塔可以是任何安全的、大家都认识的物品，如堆积的积木、轮胎或椅子。可以用一块宽木板，一端抬高，固定在一个物体上，另一端也固定充当斜坡。跨栏的障碍栏可用积木、绸带或竹棍来充当。

(三)程序及说明

教师在春天引进障碍活动课程，活动最好是在操场上进行。等儿童对操场布局和设备比较适应后，可组织其练习要评价的目标技能。一旦儿童对活动熟悉后，就可以开始进行非正式的操场观察。

与创造性运动课程一样，只有当儿童理解活动的价值时，障碍活动课程才最为有效。除本课程外，教师可增补一些户外运动、游戏或组织其他的活动，也可以通过不同的设备所提供的运动难度来丰富活动内容。

在向儿童介绍整个障碍活动课程前，我们建议教师先介绍个别的几个部分或几个活动，这样可以使儿童在评价之前获得相关技能领域的一些经验和自信。在评价中，把儿童分成小组，每组不超过 6 人。

教师可采用如下指导语："今天我们要进行障碍活动，这就是我们的活动场地。在障碍活动中，我们可以用不同的形式运动，可以跑、跳、在平衡木上保持平衡。记住，这不是一个比赛，在某些地段，你要尽量地快，而在另一些地段，你可以慢慢地来。小心一点，开开心心地玩!"

活动开始时，教师应示范障碍活动，让儿童观看，在每个站点慢慢地仔细演示想达到的动作并解释在每个站点应该做什么。为检查理解情况，让儿童对每个站点的指令做出应答反应。如果只有一个成人的话，最好根据不同小组儿童的不同发展水平将这个过程示范一次或两次，然后引导儿童穿过场地，一次一个站点地练习。如果儿童在某个站点还需要再次示范，教师要把这额外的提示记录在观察表上。

在进行一次较正式的评价时，教师要考虑到一个事实：一些儿童在教师示范完毕后，立即开始进行活动，而另外一些儿童则得等候。自然，后一组儿童将获益于观看先活动的儿童。为避免这一现象，正式评价时，每组儿童人数最好不超过 3 个。还可以让所有儿童都进行两次，只在第二次时进行评价或使用他们的最好成绩。

教师对每个站点清楚而准确的示范是关键。儿童可能想以自己的方式处理材料和设备，比如，他们可能不是从障碍栏跳过去，而是从下面爬过去或跨过去。在不做评价时，可以并应该鼓励儿童以自己的方式进行活动（只要能保证安全）。然而从评价的准确性及安全考虑，示范准确的动作就显得非常重要。如果儿童确实变换了活动，无论是身体的还是言语的，都应记录在观察表中。

表 1-5　障碍活动站点

下面描述的是多彩光谱项目的障碍活动站点。这些站点在此被设置成马蹄状，但是在实际应用中教师也可以用别的布局代替。

站点 1：跳远

障碍课程首先从跳远开始，这是因为跳远需要最多的讲解和示范。

让儿童静静地站在起跳点，讲解并示范起跳前应该如何蹲伏，告诉儿童双脚在跳前和跳后都要并拢，并且要用胳膊和躯干向前带动身体。起跳时膝盖应该弯曲，跳的过程中也要一直保持这个姿势。

示范如何向后摆臂产生势能，然后再向前摆臂。特别要强调跳远的目标是水平方向的运动距离而不是垂直方向的运动距离。

考查的主要目标是力量。

站点 2：平衡木

跑步之后儿童可能会因为疲劳或兴奋而不能集中于平衡，因此我们把平衡木设为第二站。

给儿童示范必要的平衡技巧，告诉儿童要小步慢慢地走过平衡木。特别需要强调并示范的是换脚，走的时候要向前看，并要运用身体的不同部分来保持平衡。如果平衡木的高度增加，教师可以给儿童一些保护。

考查的主要目标是平衡性。

站点 3：障碍跑

障碍跑的时候，儿童首先应该做好跑前准备。这一站设了一排共五个障碍(我们用的是电线杆)。

要求儿童以最快的速度跑，同时尽可能在不碰触杆子的情况下靠近杆子。首先要给儿童做一个成功的示范：脸向前方，通过适宜的摆臂(既不拘谨也不夸张)靠近杆子轻地地绕着跑。要尽力提膝，脚尖着地。强调障碍跑的目标是尽可能快速地跑，同时尽可能靠近杆子。

让儿童在小心翼翼的平衡木活动之后稍微放松一下，再进行障碍跑。

考查的主要目标是灵活性。

站点 4：踏跳

　　踏跳是障碍跑和跨栏之间的一个过渡环节。由于大多数儿童都喜欢从高处往下跳，而且都能跳成功，因此把踏跳安排在障碍活动课程的中间很合适。在这里，教师应当从整体上注意每个儿童在障碍活动课程中采取的方式，包括他对每一站出现的挑战所做的反应。

　　如果必要，可以在地上放一个垫子供儿童落地时用。让儿童跑上一个宽的斜坡（可以是一块支高的平板，最高处距地面两英尺左右），接着起跳，着地时要双脚并拢，膝盖弯曲。这项活动强调的目标是双脚同时着地，不摇晃也没跌倒。要示范如何使用胳膊保持平衡。

　　考查的主要目标是平衡性。

站点 5：跨栏

　　跨栏其实也就是障碍跳。障碍跳由三四个障碍组成，障碍可以是塑料杆或竹竿，距离地面半英尺或者一英尺。竹竿应该是活动的，儿童跳的时候如果碰到了杆子，杆子就很容易地掉下来，这样可确保儿童跳时的安全。

　　向儿童讲解这一站的活动包括助跑和跨越，不允许触碰杆子。杆子之间的距离大约为三英尺远，留出足够的距离供儿童着地助跑，并为跨越下一个障碍做准备。

　　因为儿童很可能会以他们自己的方式跨过杆子，所以正确的示范对这一站的活动尤其重要。示范跨栏这一活动，也可以再示范第三站的障碍跑，以及如何跑着跳跃每一个障碍。如果有的儿童有些迟疑或者不愿意跳，教师可以问他是否愿意以别的方式跳。

　　考查的主要目标是力量和灵活性。

站点 6：最后冲刺

　　在最后一站，相对较长的冲刺给儿童一种课程结束的感觉。让儿童以最快的速度跑向大约 20 码远的栅栏或终点线。为确保儿童不会跑出安全区域，要尽量设计得让儿童不可能跑到场地外面去。示范如何大跨步快速跑：要轻快地跑，身体稍稍向前倾，胳膊和双腿协调用力，要提膝以推动脚尖向前运动。

　　考查的主要目标是速度。

表 1-6 附加站点

还有一种供参考和选用的活动，由三个站点组成：平衡木的另外一种走法，"跳房子"游戏和丢沙包游戏。这一活动可以按照下面的步骤进行。

站点 1：平衡木Ⅱ

让儿童向后或者侧身走过一个平衡木（或者是画在地上的一条线）。示范侧身走的时候，说明要脚心用力；示范向后走时，要让儿童看清楚如何在一条直线上向后换脚。儿童走的时候要告诉他们不要向后看，脸要朝着起点。向后走和侧身走要比向前走难得多，因此必须跟随着儿童，必要的时候帮儿童一把。

考查的主要目标是平衡性。

站点 2：跳房子

在路边或操场上画一个跳房子格。在格子中画一些一个或两个脚的轮廓印，告诉儿童这表示在格子里可以走几步。示范的时候要强调用胳膊和躯干来控制平衡，强调要在格子的线里跳。也可以根据需要采取其他单脚跳的游戏。

考查的主要目标是灵活性。

站点 3：丢沙包

给儿童三个沙包，要他们朝两个桶或者两条线上扔，每次扔一个。你可以示范两种不同的目标：距离和准确性。按不同的距离放桶，以提供不同的难度水平。

考查的主要目标是力量和手眼协调。

(四)评价

在每个站点的正确示范是进行准确评价的基本保证。在正式评价之前，教师要参阅障碍活动课程评价表(表 1-7)，以熟悉评价标准。

在儿童活动时，使用障碍活动课程观察表(表 1-8)进行评价。在表的右边可对每个站点进行叙述性的评注，用星号表示突出的能力。备注部分的评注应包括对儿童在各站点之间转换情况的描述，其总体的方法及运动的质量，如儿童的动作是否流畅而有效，他迟疑还是自信，其动作看上去是有意计划的，还是随意进行的等。如果可能的话，小结儿童在课程中的整体表现。

使用障碍活动课程汇总表（表1-9）对全班的情况进行汇总。这个表格还可以用来反映整个课程的目标技能，如平衡、速度，而非个别的站点。

在操场观察中，先观察儿童的游戏，注意观察他们被什么活动所吸引，注意他们表现了哪些技能。表1-10提供的是一个非正式的操场观察样表。教师可以围绕设备或各个活动进行观察，着重观察每个活动诱发的特定技能。

另外，更概括性的观察项目包括位置的移动（如单脚跳、跳跃、下滑）、稳定性（如扭转、摇摆、伸展）以及操作（如扔、接、踢）等。另外还有一些需要考虑的技能，如手眼协调或眼脚协调、时间计算、运动记忆以及运动策略等。

(五)初步建议

多彩光谱项目障碍活动课程主要针对有限的一些运动技能，而教师们可能还想考察一些其他技能，如身体意识、身体控制、灵活性、对空间的利用、协调（身体的、手眼的、眼脚的）、动作的优美、时间计算等。教师可以把能够引发这些技能的活动整合在其他障碍活动课程中，还可以在操场上提供相关的活动。许多运动游戏和活动——特别是那些涉及球的游戏和活动——都综合利用到这些技能。教师们还可以在一年中轮换开展各种障碍活动课程。可以让儿童参与设计活动的进程，如做一点简单的变化，包括改变或重新排列各站点、增加背景音乐等。准备一块翻滚垫子非常有用，儿童可用它来翻筋斗、跳跃或做任何其他自选的动作。还可以让儿童匍匐爬过呼啦圈、轮胎或木桶等。平衡木上的各种挑战包括：让儿童踮着脚走或在迈出下一步之前先把脚放低，靠近平衡木，也可以通过增高或降低斜坡来展示平衡。

在操场上，秋千和攀高体操游戏为儿童展示力量和练习协调提供了好机会(如在秋千上为荡得更高，需要胳膊和腿的运动和协调；在攀高体操游戏中能升高自己)。还有一些常见的操场运动也同样如此，如攀登、拉、推、滑、扔、踢、躲闪回避、悬垂、飞跑、单脚跳、翻筋斗等。另外，准备空气垫或其他柔软厚实的东西，让儿童可以从一定的距离或高度往下面跳的游戏等多种多样的平衡活动也很受儿童欢迎，如踮着脚站立、单脚立、在弹簧床上面跳(需要成人的密切注视)、在运动中保持物体的平衡(如滚轮胎，把沙包放在胳膊上走，不让沙包掉下来)等。

表 1-7　障碍活动课程评价标准

1. 跳远

　　1——身体没有为跳的动作做好准备；未使用胳膊推进身体向前；起跳时身体不够低；双脚不能并拢；跨步，而不是跳；跳得不远。

　　2——完成跳远动作，但起跳准备不够；跳前蹲伏动作夸张或无效；跳时失去平衡，落地时两腿叉开，或者两种动作都出现；使用胳膊推进身体的动作无效；跳程中等。

　　3——成功地发力跳；用胳膊和躯干推进身体；跳前及跳后双脚均并拢；跳的水平距离长。

2. 平衡木

　　1——很难保持平衡；常常从平衡木上滑落；需要抓着成人的手；动作迟疑而带试探性的；可能只是拖着脚步移动；身体僵直状。

　　2——保持平衡有点难；采用试探性的方法，但是能用策略来重新获得平衡；为避免跌倒，可能从平衡木上滑落、摇晃；交替双脚或者拖着脚步移动，或者两种情况都出现。

　　3——前进中可以保持平衡；走直线而不犹豫；眼睛看着前方；交替地使用双脚；身体相对放松。

3. 障碍跑

　　1——在障碍物前迟疑；不能设法靠近障碍物或碰倒、撞倒障碍物，抑或两种情况都出现；不能控制四肢；变换方向时笨拙而缓慢。

2——以中等速度绕过障碍物，略微迟疑；尽量想靠近障碍物，但可能碰倒、撞倒障碍物；四肢有时失控。

3——绕过障碍物时速度快而不迟疑；靠近障碍物时未碰倒、撞倒障碍物；四肢紧靠身体；能够快速而精确地转换身体位置和运动方向。

4. 从高处跳

1——不能成功地从斜坡上跳下来；不是双脚同时跳离或落地；迟疑或踉跄；保持平衡时夸大胳膊的动作；在落地时失去平衡，蹲伏或用双手挂地以使自己平稳；出现以上动作中一部分或全部。

2——成功地从斜坡上跳，但两腿可能叉开；跳前几乎不迟疑；一只脚拖在另一只脚后面；落地时可能失去平衡。

3——成功地从斜坡上跳，跳离或落地时双脚并拢；跳前不迟疑；使用胳膊控制平衡；落地时不摇晃或跌倒。

5. 跨栏

1——不能成功地跨栏；出错或绊倒；为获得平稳，同时或分别出现下蹲或以手挂地的动作；有很大迟疑；可能走过障碍栏完成任务。

2——几乎能成功地跨越障碍栏，但动作粗率；有时在跨跳前可能出现较长时间的迟疑。

3——成功地跨过栏；每次跨跳前很少迟疑；跑跳动作较好；身体预备和时控协调。

6. 最后冲刺

1——奔跑时胳膊或腿或两者都失去控制；身体各部位不能同步；步伐跨度短而不均匀。

2——步伐跨度中等，速率中等；奔跑时胳膊或腿或者两者有些不协调地摇摆；身体各部位配合不大好。

3——跑步步伐长而规则，速率较快；对胳膊和脚的控制很好；协调配合，交换运用身体各部位。

续表

附加站点（供选用）

1. 平衡木Ⅱ

　　A. 侧身

　　　　1——很难保持平衡；不断地摔跤；需要握住成人的手；迟疑不决；小步拖
　　　　　　着脚走过平衡木。

　　　　2——保持平衡有点困难，但不断努力获得平衡；采用试探性方法且摇摆不
　　　　　　定；走过平衡木的步距中等。

　　　　3——侧身运动时能保持平衡并不太迟疑；大步而自信地走过平衡木。

　　B. 后退竞走

　　　　1——不能后退竞走，只能拖着脚走；不依靠成人就不能待在平衡木上；完
　　　　　　全属于试探性、摇摆不定的。

　　　　2——常跌绊并失去平衡；摇晃，常依赖成人的手取得平衡；不断地寻探
　　　　　　身后。

　　　　3——能后退走，很少跌绊或向后看；一般平稳而少迟疑。

2. 跳房子

　　　　1——不能把单腿跳和双腿跳结合起来；不能跳进房子里；不是跳而是走。

　　　　2——双腿跳时用单腿，反之亦然；有时在房子外面；有时跌绊。

　　　　3——恰当地单腿跳或双腿跳；不跌绊；在房子里。

3. 扔沙包

　　　　1——不能把沙包扔向第一个目标。

　　　　2——不能达到更远的目标，但是显示出足够的力量把大部分的沙包扔在两
　　　　　　个目标之间或扔进第一个目标。

　　　　3——把 2～3 个沙包扔进或扔过更远的目标。

表 1-8　障碍活动课程观察表

儿童＿＿＿＿＿＿　　　年龄＿＿＿＿＿＿　　　日期＿＿＿＿＿＿　　　观察者＿＿＿＿＿

站点	侧重点	技能水平	评注
1. 跳远	力量		
2. 平衡木	平衡		
3. 障碍跑	敏捷		
4. 从高处跳	平衡		
5. 跨栏	力量/敏捷		
6. 最后冲刺	速度		
总体评注：			

注：可用星号（＊）表示特别的能力。

表 1-9　障碍活动课程汇总表

儿童(年龄)	跳远	平衡木	障碍跑	从高处跳	跨栏	最后冲刺	总计	评注和观察

注：可用星号（＊）表示特别的能力。

表 1-10 操场观察表

日期_____   观察者_____

儿童(年龄)	活动	平衡	力量	敏捷	速度	总计	评注和观察

注：可用星号(＊)表示特别的能力。

第二章　语言领域 YUYAN LINGYU

——引言

在任何社会中，语言都被排在重要的位置，受到高度重视。在每个领域，语言都有其独特的重要性。大多数儿童在人生的最初几年里学会了说话：从婴儿时期的牙牙学语到 1 岁时已会说单个的词；到 2 岁时，已会组成简单的词组；到 3 岁时，大多数儿童已经掌握了一定的词汇量以及基本的语法和句法；到 4~5 岁时，儿童就越来越接近成人的语言模式了。在语言发展的过程中，儿童词汇的个体差异出现得较早。一些儿童喜欢运用语言标识、描述物体的特性，而一些儿童则喜欢用语言来表达感情、愿望，更多地用语言进行交往(Nelson，1973，1975)。我们观察了一些学前儿童，发现他们有的偏好用语言描述材料的性能及其工作原理，有的则喜欢与成人、同伴谈论有关人及其活动的话题。

大多数 4 岁儿童已表现出较强的语言表达能力，他们可以使用比喻性的语言创造韵律，可以用简短的故事来描述自己的经历，甚至还可以按听众的年龄不同而调整自己的语言(Shatz & Gelman，1973)。学前教育给儿童提供了各种使用语言技能的机会(Heath，1982)。在集体讨论中，儿童可以谈论他们自己或者教室里的各种物体、活动，写作角、戏剧游戏区、读书角等都为儿童提供了发展其语言技能的场所。儿童在教室里总是在不停地讲话，语言发展是学前教育的核心组成部分。

传统上，语言学家把语言领域分为四个组成部分：语义学(词的意思)、音韵学(语音系统)、句法(词语组织的规则)和语言应用学(语言的运用)。过去，研究者总是孤立地考察句子语法，而很少在丰富的社会情境中考察语言能力。但是近来许多从教育角度出发的研究者开始认为，考察语言水平要在讲述中进行，而不要只盯着句子结构，并认为在讲述中考察语言水平可能更具启迪性（Snow，1991；Wolf，1985；Wolf & Hicks，1989）。同样，我们感兴趣的也是儿童语言的讲述特征。我们的评价包括某些特定的标准，如词汇的丰富、句子结构的类型，还包括更广范围的标准，如叙述的结构性、主题的一致性等。

测评学前儿童语言技能的许多标准化测试都采用一种传统的方法，即单独测试某一语言成分，如韦克斯勒量表中的"学前和初级智力水平测试"（Wechsler，1967）和麦卡锡量表中的"儿童能力水平测试"（McCarthy，1972）对词汇（提问一般物体的名称和概念）、语言记忆（记忆单词系列、重复句子，或者复述简短的故事）以及语言流利度（需要在 20 秒内就某个给定的专题说出尽可能多的词汇）等进行测评。另外一些测试则关注如"理解""相似""信息"等语言成分（见 Wechsler，1967；McCarthy，1972）。

与此不同的是，多彩光谱项目不是孤立地测评诸如语法、词汇等语言成分的，而是对"谈话"进行评价。如讲述一个故事，解释某个程序，或在某个特定的、实际的、有意义的任务实践中运用语言工具等。

——何谓语言活动

成人的各种角色影响着我们在语言领域的评价，这些角色包括故事讲述者、诗人、演讲者等，也包括那些在工作中以语言为主要工具的角色（如新闻记者、广播员、历史学家）。但是，在语言的使用上，不同职业是各有侧重的。如诗人偏向于推敲语义、语音，斟酌每个单词和词组；而历史学家却强调思想的交流（Mukarovsky，1964）。对后者来说，使用精确的语言非常重要，因为唯有精确的语言才能准确地表达意思。在儿童期，语言发展的目标是能有效地使用语言去完成与学业相关的任务，如解决某个科学问题、编一个故事、向教师谈论某个数学或艺术项目等。

我们设计了故事板活动和报告活动两套语言活动。它们不仅体现出语言的实用性、实际性、描述性，同时还体现了语言的表现性和美感。故事板活动用来发现那些具有自由发挥能力的儿童，他们能够将这种能力迁移到其从事的任何任务中，诸如现场编故事、运用典型的故事格式的语言等。报告活动的语言能力包括描述其某个经历的精确性、一致性，但这一能力可能是独立的。通过非正式的课堂观察表明，这一活动可用来识别儿童描述其经历时的顺序性、细节的精确性和恰当性以及描述事实时所涉及的其他相关技能。

我们的活动只考察口语所涉及的能力，书面语言可能涉及另一套技能（Olson，1977）。一般认为口语不像书面语那样需要前后、上下文紧密联系。尽管在相对自发的活动，如故事板活动中儿童发掘出来的能力确实显露出小说家或剧作家的萌芽状态，但我们不具备必要的纵向材料来证实这种联系。一个有计划性、反思性的儿童可能一直到较晚的时候，即直到他有了自己的思考材料并审慎地组织思维时，才表现出语言能力，这种可能是完全存在的。

非正式的课堂观察是语言活动的补充，可以支持我们评价的结果。一些儿童对双关语和韵律突出的词表现出特殊的兴趣，而另一些儿童则热衷于逻辑争论和探讨，或者探求词语的含义以及新词的解释。这些语言技能的自发表现也是非常重要的。

一、　故事板活动

（一）目的和活动说明

故事板活动为儿童编故事提供了一个具体而开放的框架。儿童在听了故事的范例后，再使用故事板讲一个故事。所谓故事板，就是一块放置有玩偶和场景的木板或盒子盖。有了故事板，儿童不仅仅是叙述者，也是参与者（Britton，1982）。故事板活动与儿童没有任何道具时编故事有所不同，因为儿童讲述时不必依赖短时记忆，故事板上的图像会提醒儿童所发生的事。比起拘泥于无文字的图画书，儿童在这项活动中更易编造出独特的、创造性的故事来。

进行了多次故事板活动后，教师便能够从此项活动中观察到儿童的纵向发展。一个有讲故事天赋的儿童在其故事的形式和连贯性方面都表现出超前的发展，显示出处理材料的独特风格和方法。

儿童在讲述故事时，很少能够像成人一样，有一个包含开头、中间和结尾的完整结构，然而从他们描述的短小的故事中，却反映出各种语言技能。我们可以评价儿童是怎样把连续事件联系在一起的，对曾经提到过的人物、地点或物体，儿童是怎样做进一步的描述，以及怎样保持与所叙的事件相互吻合的。通过故事板活动，我们既可以考察儿童对地点、时间和因果关系的表述能力，又可以考察诸如人物创造、对话和戏剧情节等大家熟知的讲述故事所必须包含的各种成分。

儿童的个体差异往往出现在介绍故事中的新因素的时候。有的儿童会考虑到角色的想法，并编造角色之间的关系。有的儿童只是对故事板上的东西和教室里的事情发生反应（如"他现在站起来了"或者"桶被打翻了"），有的儿童却能再进一步想象并提出一个角色的线索，包括角色行动的动机、鲜明的情绪和场景等。例如，"第二天早上……"（超越时间）或"在彩虹的另一端住着一个小男孩……"（超越空间）等。

一些儿童可能会在活动中表现出某些表演因素，如采用富有表现性的声音和语调，有效地控制时间等。但是，这些并不是评价最重要的。当教室里只安排故事板活动时，可让儿童三两人一组，用故事板来讲故事，或者接续教师已开了头的故事。还可以鼓励儿童使用类似于此活动中的材料创造自己的故事板。

（二）材料及组织

评价的材料包括一个配有优质麦克风的小收录机，一块故事板，可以引发不同理解的板上景观以及玩偶和道具等。故事板是一块 21 英寸×28 英寸的矩形板，表面是柔软的黑色塑料。景观包括一个山洞和拱圈，由一种无须烧烤就可变硬的黏土做成。景观要足够大，至少能容纳板上的一些玩偶。山洞外侧还刻有阶梯。板中心粘有一块不规则的绿色塑料，代表草。几片淡紫色毛毡碎片和一片圆形的蓝色塑料（可由此联想到水）散布在四周，以供儿童重新安排。三棵树取自于松树或灌木的枝杈，插于橡皮泥球上。一套 10 根高约 2 英寸的紫色木棍组成半圆形，立于故事板的一角，而在另一角有一个木制三角形。故事板上还有一个空的贝壳，它可以当作住宅或交通工具，或做其他用途。

玩偶包括：一个小的橡皮国王，在国王的袍子上画上一根矛，放在山洞里；一条紫色的巨龙大张着口，卧于拱圈前；一两个可活动的玩具人，可当作男孩或女孩；一只乌龟趴在蓝色塑料片边；一只长有2根触角的毛茸茸的小动物；一只类似于章鱼的黑色橡皮动物，只有一只菱形的眼睛；一根做清洁用的黑色管子被弯成蛇形。道具包括：一个小珠宝盒，盒子带有挂钩，以便儿童能一按就开，里面放有3～4件珠宝（小的彩色塑料珠）；一个小的红色金属桶以及几个小贝壳。珠宝盒被置于由紫色木棍组成的半圆内，桶和贝壳放在蓝色塑料片边。

教师可以在故事板附近放置一个盒子，里面装有做配件用的玩偶和道具。盒子里的东西不让儿童看见，以免因为可用材料太多而对他形成干扰。在儿童讲故事需要帮助时或有能力引用更多的角色时，再提供这些配件材料。我们使用的盒子里有一系列农场的动物——山羊、公鸡、猪和母鸡；各种颜色的毛茸茸的动物，一只母熊，背上依偎着一只小熊崽；一个塑料小手提箱；一些橡皮泥草莓；一小块橡皮泥供儿童自由发挥。

活动中所选用材料的质量非常关键。所选用的材料应该是坚固结实、多彩、吸引人的，相比于其他材料应更具幻想性和模糊性。如果教师不想采用我们使用的玩偶、道具，那务必要保证有一个住宅（大到能容纳玩偶）；有人、有动物，有无确定名称可自由想象的动物；在故事板上要有界限分明的区域；另外，还要有各种景观（树、贝壳、拱圈）。尽量提供能像珠宝盒这样提示故事大意的道具。最好不要提供超人或其他过于熟悉的人物，以免落入俗套。可以挑选几个相貌相似的人物，因为有时含蓄而不明的家庭关系有助于激发故事。清洁管特别具有激发意义，因为它可以被看作是一缕烟、一根绳或其他。我们不赞成总是使用黏土，虽然黏土可以有许多创造性的使用——可以被当作雪、流沙、披巾、煎饼，但同时它也容易分散儿童的注意力。

教师要有意识地限制故事板上的物体数，这一点很重要。因为儿童面对过多的材料时容易产生压抑或注意力分散。当然，教师还可以为不同文化背景的儿童创造不同的玩偶。

把故事板放在教室里一个安静的角落中，最好远离其他活动区，这样教师将不致因为其他儿童声音的干扰而听不见儿童讲的故事。请儿童坐在故事板前的地板上，背对着班上其他同学，把录音机尽可能地靠近他。如果时间允许的话，每个儿童可进行几次，看看故事的主要情节是怎样发展的。

图 2-1 故事板示意图

(三)程序及说明

在评价前的几个星期，用一种不同于儿童所习惯的、略微正式的方式，向他们介绍讲故事的概念。可以在小组活动时间里，读故事给他们听，在使用叙述性语言的同时，通过不同声音的运用来表示不同的人物。还可以给他们一个只有几个图像的非常简单的故事板，让他们用故事板讲故事。然后，在小组时间里正式介绍故事板活动，告诉儿童，"教室里有一块特殊的故事板，你们可以用来讲故事，一次一个人讲"，把故事板拿出来给儿童看看，"故事中你可以使用到这些角色"，举起龙或其他动物给儿童看。

一旦儿童就座于故事板前，老师便可以像这样介绍活动："这是一块故事板，你可以用其中任何一个动物编你自己的故事，讲故事时可以用不同的声音，讲讲这些人和动物正在做什么。你可以赋予它们声音，让它们讲话……"

可给儿童示范，比如，"有一天，彼得决定去散步，突然，他看到一只奇怪的动物。（声音放低）'你在这儿干什么？这是我的家。'那只动物说。（正常声音）'我不知道这是你的家。'彼得回答，'我想去看看海龟先生，他喜欢有客人。'于是彼得走开，去看海龟先生去了"。

教师应提示儿童："想想看，你想在故事中用哪些东西。如果有些东西是你不想要的，我们可以把它们拿开。"给儿童时间，以便让他能挑选出自己想要的东西，然后打开录音机。

如果儿童犹豫不决，可以与他一起观看材料。可以指着国王和装满珠宝的珠宝盒，提示他可以在故事中使用这些东西。或者直接问他："你想用什么开始你的故事？"如果儿童未发出声音，可以告诉他要发出声来讲故事："讲故事时，你要用自己的嗓音。"或者，可以告诉他讲出来教师才能听见。还可以建议他讲出来，这样就可以把他的故事保存在磁带上了。如果儿童声音还是很低，就用合作者的身份，柔声建议，这样可能帮助他讲出故事来。

如果儿童还需要进一步的帮助，可以给他看看盒子中另外一些材料，询问他是否需要其中的一些。还可以提供一串故事想法，这样他可以在其中选取他最喜欢的。可以这样建议："你可以讲一个熊妈妈和熊宝宝找草莓的故事，这儿是草莓。"（一边说，一边指象征性的玩偶和道具）"或者你可以讲一个女孩或男孩在农场上放养动物的故事；或者几个小朋友一道寻找丢失的珠宝的故事；或者彼得在外星球上遇见了一位神奇的巫师，瞧，这是彼得，这是巫师，这些是外星球上的生物。"可多给儿童些提示，不过，大多数儿童不需要如此多的提示和帮助。

一旦儿童开始讲述故事，教师就要尽可能地置身于幕后，只通过眼神的交流和简短的感叹词表示出听者的兴趣。当他讲述完毕时，询问他是否想听一听磁带上自己讲的故事。每次录音后，在故事观察表上记录相关的观察信息，如儿童的表情或者对道具的运用及其他的评论等。

如果时间允许再进行一次录音的话，可如下再一次地介绍故事板："现在请记住，你可以用不同的声音讲述这些人和动物正在做什么，看看这里是否有你故事所需要的道具，我们可以把你不需要的拿开。"这一步骤可以使儿童重新关注这一活动，此时可能不再需要举例。

(四)评价

此活动的评价主要是依据对儿童故事板活动录音的书面记录，将录音转为书面记录的人可以不亲临现场。评价指南包括给那些参与该活动的成人和录音者的指导(表 2-1)、录音整理表(表 2-2)、评价标准(表 2-3)以及一份观察表和汇总表(表 2-4 和表 2-5)。未亲自参与活动的评价者应参看录音材料，以获得整体印象。

在评价由录音整理的讲述记录时，首先要阅读评价指导和例子(表 2-3)，然后使用观察表(表 2-4)上的类别对每个儿童的讲述进行评价。评价应基于儿童讲述的主要部分，同时要考虑他的整个讲述。比如，在评价"讲述结构的特性"时，如果儿童在故事讲述开端时遇到困难，就不必从第一句开始评价，而是从儿童真正开始讲述后才进行评定。表中"表现性"一项既可以由执行活动的成人，也可以由录音整理者来评价。"基本语言功能"一项未列为评价项，总分为 24 分。

(五)初步结果(1986—1987)

儿童所讲述的故事反映出描述能力的极大差异。在差的一端，有些儿童不能把故事用语言表达出来，而是依赖于四处挪动玩偶和道具。还有些儿童讲述故事时需借助成人的提问：

成人：蜘蛛现在在做什么？

儿童：这个家伙捉住了它。

成人：噢，现在发生了什么？

儿童：它正在把珠宝运到它自己的土地上，运到它自己的家。

成人：然后怎样了？

儿童：它猛击恐龙，因为它不能把它送到监狱。

而在好的一端，有几个儿童的叙述上下文紧密联系，还运用了描述性语言、富于表现性的对话以及复杂的句子结构，如下例所示。

儿童：曾经有个山洞，山洞后住着一个孤独的怪物，山洞里住着一个国王。在彩虹的另一端住着一个小男孩。一天，小男孩坐在他喜爱的树下，一只乌龟爬过来。突然，乌龟穿过彩虹，我的意思是爬到了彩虹下面。他转过身来，原来是个人。"你好。"（高声）"嗨，让我们穿过彩虹吧。"（低声）"让我们跳过去，跳上去。"（高声）"我要随身带上这只桶，我可能会在你的土地上发现一些珠宝。"

在大多数的叙述中，儿童描述自己对道具的操纵，故事很少体现出主题上的一致，角色、道具和动作间的衔接也很牵强。

儿童：彼得和国王去散步，他们带着一只恐龙，那儿有一只山羊，山羊跑着越过它。这是由同样的材料做的，和那一只一样。因为它是硬的，所以山羊踢它。看，是橡皮的，于是他们带回家，于是他们去散步，看到这些东西，一个是心，一个是贝壳。他们把大贝壳带回家。

他们甚至搬不动它。在那里面有什么？于是他们把这个大贝壳带回家，他们把它放在大墙里。于是当他们做完这些时，他们把所有的都拿回家。于是他们走进这个模糊的——于是他们走上大墙，于是他们跳到另一边，这样跳到另一边。山羊就站在中间，于是乌龟到这边，这个毛乎乎的东西就在墙的后面。

然而，有几个儿童却能够虚构一个叙述性的问题和构建一个与人物、道具和通常行为相联系的故事线索。一些儿童能运用对话叙述，能用不同的声音来表现不同的角色。

儿童：第二天早晨……（高声，儿童的声音）"嘿，我的宝物跑了！哦，爸爸，我的宝物跑了！"（低声）"我想我知道龙在什么地方。啊，来这儿，儿子，快看！"（儿童的声音）"哦呀，我们怎么能拿到它呢？"（父亲的声音）"有办法了，他再过半小时就会醒了。"（儿童的声音）"OK，来呀。"（声音效果和儿童的声音）"哦，哦，我们拿到了，拿到宝物了。你过去的钻石！现在，我要你、我们一起来打开珠宝，哇……你相信这不是魔术吧。"（父亲的声音）"我信心百倍！"（声音效果和儿童的声音）"我要在这儿睡觉了。""哦，不行！在你睡觉的地方去睡。"（儿童的声音）"但是这儿太舒服了！"（父亲的声音）"OK！那就在这儿睡吧。"

与语言能力的水平无关，大多数儿童都对探索故事板情景很感兴趣，而且很喜欢玩那些人物和道具。不过，有的儿童被想象吸引，喜欢虚构，而有的儿童却主要使用现实生活的主题。

表 2-1 故事板录音指南

活动器材

下列材料可供儿童在故事板活动中使用。

1. 景观：有阶梯的黏土山洞；黏土拱圈；树；彩色毛毡和塑料碎片——一片绿色(象征着草)，一片蓝色(象征着水)；木制三角形支架，刻有心的标志；可移动的紫色小木棍排成半圆形；可当作住宅的大贝壳。

2. 角色：国王；敞开肚子的龙；乌龟；1～2 个活动人(性别模糊)；毛茸茸的小动物；黑色的蜘蛛状的独眼动物；弯成蛇状的做清洁用的黑色管子。

3. 道具：装有珠宝的珠宝盒、红色桶、黏土草莓(任选)。

4. 配件：山羊、公鸡、毛茸茸的动物、猪、母鸡、熊妈妈和熊宝宝、手提箱、黏土块。

指导语

成人可如下指导儿童参加活动。

这是一个故事板，你可以用板上的任何动物讲一个故事，你可以假扮不同的声音讲讲这些人和动物正在做什么。你可以赋予它们声音，使它们可以讲话……就像这样："有一天，彼得决定去散步，突然，他看到一只奇怪的动物。(声音放低)'你在这儿干什么？这是我的家，'那只动物说。(正常声音)'我不知道这是你的家。'彼得回答：'我想去看看海龟先生，他喜欢有客人。'于是彼得走开，去看海龟先生去了。"想想看，你想在故事中用到哪些东西。如果有些东西是你不想要的，我们可以把它们拿开。

录音的建议

尽量录下所有听到的词，即使是儿童说错了或是修订着自己的故事，也要录下来。但不必录组织过程中成人与儿童间的话语，从儿童讲述故事时开始录。运用你的最佳判断分析句子的组成结构，有时句子的结构很明显，比如，故事中的角色突然改变声音，语调突然下降或者出现停顿。不必过分担心儿童所说的是否是完整的句子。在你认为难于理解的地方画道实线，在你不确信的某个单词后标上问号表示不肯定。

表 2-2　故事板活动录音整理表

儿　　童_____　　　　日　　期_____

录　　音_____　　　　观 察 者_____

故事长度_____　　　　转 录 者_____

　　　　　　　　　　　　　　　　　　　　　　转录时间_____

<table>
<tr><td>

故事

</td></tr>
</table>

表 2-3 故事板评价标准

活动中儿童的基本语言功能

_____讲故事:

"有一天男孩慢慢长大了,于是他去找国王。他看到了这些死人,他看到了他的爸爸。"

_____与成人的互动:

"你知道的,我家里有一个这样的。"

_____探究:

"这是什么材料? 黏土为什么是软的?"

_____描述:

"这条龙肚子上有条大口……这个家伙只有一只眼睛。"

_____辨别或分类:

"这是一只蜘蛛。"

"我要把所有的动物放在一起。"

讲述结构的特性

1——儿童的故事仅仅描述对道具的操纵动作;用最一般的词指代事件、物体、人物(例如,未指明角色或未分派角色,未指明象征玩偶之间的关系)。

"他们跳过了陷阱……然后他们走,他们来到了这里……这只乌龟把这些撞倒了,这些东西跑出来了……他们把这都扔掉,这是……"

2——故事的发展主要是由道具引起;儿童给道具命名或分派角色或既命名又分派了角色;人物之间的关系提及但尚未建立;偶尔插入人物的心理活动和动机。

"他想要走……到国王和王后的城堡,因为他想得到那些珠宝。哦,这边的山洞有两个毛茸茸的小东西。他们发现这儿有个珠宝妖怪……国王正在睡觉,所以他们想要悄悄地走。"

3——儿童提出讲述的问题,即推动故事情节发展的问题(如好人与坏人或正义与邪恶的对立);能分清几个不同的角色并为他们建立关系;详细描述角色的认知、情感、身体状态。

(儿童运用不同的声音代表国王、安德鲁和凯文。)

国王:晚上好,安德鲁,凯文——我看我的骑士打不过那只罪恶的龙。

安德鲁:是的,陛下,但我们能。

国王:……(他一直)困扰我们数千年了,我想你们最好能杀死他。

安德鲁：好的，我们立刻就杀死他。

凯文：但是我害怕，安德鲁，我怕那条可恶的龙。

安德鲁：不要害怕，凯文，把它交给我吧。

（儿童用自己的声音）"于是安德鲁和凯文离开城堡去找那条可恶的龙，它正躺在山洞里睡觉。"

主题贴切（案例见表尾）

1——一个想法到另一个想法之间的转换不清楚；儿童注意力分散（常常受故事板上的材料的影响）；故事线索断开而不衔接。

2——故事线索含糊且只能维持一小段（如几句连续的话）；儿童简单地用彼此矛盾的线索编成零散的故事。

3——连续超过四句话保持故事线索的一致性和相对连续性；把事件联系起来，并最终构成故事线索；很少偏离故事的发展。

如果故事特别长，请加注星号。

叙述语气的运用

1——儿童很少采用叙述语气详细地解释他故事的意思。

"然后他来到了这里，他拿到了盒子，他把它拿到了这儿。"

2——儿童采用叙述语气，偶尔详细地解释故事中所发生的事。

"然后妖怪过来了——他像这样走，因为他没有腿……他以为这是水流，所以他游泳。"

3——儿童常常采用叙述语气，详细地向听众解释、说明或加注故事细节；加以评判、对比性的评论，使用明喻或暗喻，或者对故事发表评论；或者几种情况兼而有之。

"夜里两个猎人正在休息，他们睡得不熟——但是他们一动也不动，看上去像塑像一样。他们确信一切没问题……他们要收拾那个坏人并训练那条龙。"

对话的使用

1——故事中没有或很少对话。

2——故事中有对话出现，但角色之间的对话模糊而简短。

"你好，乌龟先生。""你好，蛇先生，今天好吗？"

续表

"我很好——你今天很可爱。"

3——故事中大量出现对话，并且对话可持续几句；角色之间的对话富有意义，包含思想、情感和信息。

（儿童运用不同的声音代表凯文和安德鲁。）

凯文：我害怕，安德鲁，我害怕。

安德鲁：不要害怕，凯文，把它交给我吧。

凯文：但是做这件事你还不够强大，这儿——拿去一罐菠菜和椰菜，吃下去，这样你就会比他强大。

安德鲁：好主意，凯文。你也吃一罐，然后我们都会比那条龙强大了，因为他吃的是淤泥。

凯文：好的，现在强大的激光已准备好，可以直射心脏，我们可以击败那条坏龙了。

安德鲁：噢！我们走！

时间标记的使用

1——儿童在说明故事过程中仅仅使用简单的时序连词(当时、然后、现在)。

2——有时使用较复杂的时间标记，如用逻辑连词来表明事件之间的时间关系(从前、后来、直到……为止、一会儿、其次)，并使用时间副词说明事件发生的时间(夜晚，第二天早晨，很多年以前)。

3——儿童连续使用第二栏中所列的比较复杂的时间标记。

表现性

此栏不是指构成故事的声音效果而是指用于烘托故事的声音效果。

1——故事中未使用或很少使用语调；用单一的语调呈现故事，而未根据角色不同而运用不同的语气或声音效果。

……"于是，他发现了花，然后他蹑手蹑脚地走进山洞，他发现了珠宝……于是他把珠宝拿走了，回到家，他把它放在箱子里。"

2——儿童偶尔使用声音效果，或其他形式的表达(角色语气、加强语气、唱歌)，或者二者兼用。

"国王又过来了，他跌倒在流沙里。哎呀！……于是他们尖叫，啊，啊，呀，呀！"

3——儿童不断地使用声音效果；生动的角色语气；高度表现力的叙述。

"然后蛇过来了，嘶嘶嘶……然后蜘蛛过来了，哦！我大叫（高声），凯文！什么事，安德鲁……（高声）去抓住这个家伙！（声音放低）哈，哈，哈。（柔声）好的，凯文，我们走。"（唱着歌）

词汇水平

1——主要使用简单的语言，很少使用形容词。

"他到那边去了。"

"她吃了这些东西。"

2——儿童使用水平1的词汇，但有时运用描述性的和表现性的语言；使用一些形容词。

"然后国王跑到了他的小山洞。"

"乌龟吃了3颗草莓。"

3——儿童运用大量词汇，包括形容词和副词；使用描述性的、情感性的词汇。

"国王爬进了漆黑、可怕的山洞。"

"然后神奇的乌龟狼吞虎咽地吃完了草莓。"

句子结构

1——儿童讲述时使用简单、不连贯、并列的句子或句子成分。

"他们想要吃这个，然后他们想要吃花，然后他们离开了，然后他们正在走路。"

"他正在走路。他看见了一棵树，树倒下来了。"

2——儿童使用水平1的句子，但讲述中出现介词性词组和复合句。

"这个人看到一个毛茸茸的东西，把它带回家。"

"国王把他和珠宝盒送回到他的山洞里。"

3——儿童使用大量的句子结构，不仅包括水平1的句子，还出现状语从句、定语从句、分词短语或者几者综合使用。

状语从句："克维恩在这儿有罐橄榄，我有罐菠菜，这样我们两个都比他更强壮，因为他吃的全是黏土。"

"如果你好的话，我就让你待在这儿。"

定语从句："假设这是国王为恐龙设的陷阱。"

"恐龙的力量不可能越过我现在造的砖墙。"

续表

分词短语："他看见这个动物了，它看上去很生气，大张着嘴。"
"有个珠子，吊着尾巴。"

主题连贯性评分标准的例子

水平 1

儿童：我不知道从什么地方开始。

成人：第一件事随便你做什么，怎么开始都行……

儿童：(很轻的声音)"你好。""你是谁?""我是章鱼。"

成人：很好。再大点声就更好了。他问："你是谁?"你说："我是章鱼。"然后他又说什么了呢?

儿童：我不知道该说什么。

成人：好的。你要想一会吗?

儿童：(听不清。儿童讲的大部分都很难听清楚。)好了。我想这样开始。"哇! 看这个金子……它怎么到这里来了……""你好，国王。""你好，海龟(疑问语气)。""嗨，海龟!""哇! 金子。哈哈。我们捡金子吧……海龟，回头见!""你是谁?""我是(_____)，我要吃掉你。"(问成人)这些好玩的小东西是什么? 他们就像，就像外星动物(指着有白色和绿色软毛的怪物)。

成人：哦，呵呵。

儿童：他们从太空掉(?)下来的? 所以……"他在哪里? 噢，他在这儿。你好，国王。""你好，你好，你好，外星人。"我不知道我该做什么。

成人：你不知道你该做什么? (给出三种建议)

儿童：我觉得那是一个好主意。

成人：哪一个?

儿童：人们想找金子的那一个。

(成人指着那个怪物开始讲故事。)

儿童："那边有一个章鱼。"他……代表黑色(?)。"我找到它了。""什么?""噢，他找到它了。"狐狸先生……和章鱼先生(低声地)"他们找到金子了。"(对成人说)"我不知道接下来该做什么了。"

水平 2

成人：你能告诉我发生什么事情了吗? ……

儿童：他拿着这个(＿＿＿＿)在这里……然后他拿起这个小提箱，又把它放下，现在他想要一个水桶。然后他要去装水，然后要把它灌到这个洞里，然后龙在水里喷水花想把火扑灭。然后国王来了，得到(?)一个宝物箱，他想打开它……但是打不开，因此他就把它放回去了。然后他看见了那个外星动物，外星动物说："你是谁?"他说："我是一个小动物。"然后他弄明白(＿＿＿＿)跳过海龟的池塘就进到(＿＿＿＿)里面去了，然后国王看见一条蛇，他就到了这儿。然后国王到了河边看到一个人在那里，海龟也在河里来玩(?)进进出出，玩得很开心，(＿＿＿＿)国王径直走进去……小女孩也来帮助国王。国王来到了房子里进了山洞。怪物过去常常住在外面(后来另一个怪物住在这里)。然后那个小女孩看见了珠宝，她就拿了一些珠宝，她想拿走，然而她看见，看见她的一个朋友，她站住了(?)然后这个朋友就向这边走来，蛇出来了，向这边过来，到了这里(?)出去了。那是(＿＿＿＿)然后她拿起提箱从那边走到这里，然后拿着提箱站在那儿，但是她举起了手，侧举着，然后她来到了这里站着，直到她的朋友回来(把怪物转了一圈)。

水平 3

儿童：……然后士兵就钻进了他们的木车开车走了，国王没有跟上他们。他说，(高声地)"等等，等等，停下来，等等"。因此他们就停下来，国王跳进车里，然后他们就一起开车走了。"呜……(模仿车的声音)。"他们停下来装了一些珠宝。国王拿起一颗珠子放在王冠上，然后把珠宝放在车里，把更多的珠宝放在车里，然后把它们放在王冠里，然后他们就丢下他们跑了……(?)国王说，(高声地)"等等，等等我"。他跳了起来！"金子(?)。"他们把所有的金子放在一个提箱里然后决定把所有的衣服拿出来(?)然后去旅行。

成人：哦，哈哈。

儿童：但是还没有完！怪物不小心闯进了城堡，士兵边向窗户外看边说话，然后闭上嘴巴，然后他就走了，所有的人都出来了……现在所有的珠宝都属于国王，国王把所有的东西包括珠宝，从山洞里拿出来带回家……他把掉在地上的所有珠宝都捡起来，把它们放到山洞里，他把一些珠宝留给熊，为了让熊能看见，他把珠宝放到森林里，因为他很喜欢熊，非常非常喜欢……他盖好箱子朝城堡走去，但这时出来一个凶恶的怪物，它开始追赶大家，它的脚印留在了雪地里。嘿，我得到它了——这可能是一些落下来的雪花(拿着黏土)。

表 2-4 故事板观察表

儿童＿＿＿＿＿＿＿＿＿＿＿＿   年 龄＿＿＿＿＿＿＿＿＿＿＿＿

日期＿＿＿＿＿＿＿＿＿＿＿＿   观察者＿＿＿＿＿＿＿＿＿＿＿＿

尽可能如下评价：

    对道具的操纵——如：儿童被道具控制，热衷于创设情境，而非讲故事。

    对材料的改造、活动——如：儿童把土制拱圈当作彩虹，或使用配件道具盒当船。

    来自不同领域的技能——如：儿童唱着歌，或者数着故事板上的物体。

    对以上几点以及其他观察信息做记录时，要尽可能详细，以便评分者能从整体上把握儿童讲故事时的身体动态。

基本语言功能	语言技能	评注
＿＿＿＿讲故事	讲述结构的特性□	
＿＿＿＿与成人的互动	主题贴切□	
＿＿＿＿探究	叙述语气的使用□	
＿＿＿＿描述	对话的使用□	
＿＿＿＿辨别或分类	时间标记的使用□	
	表现性□	
	词汇水平□	
	句子结构□	
	总分□	

评分者＿＿＿＿＿＿＿＿＿＿   日 期＿＿＿＿＿＿＿＿＿＿

表 2-5　故事板汇总表

日期：_____

儿童(年龄)	讲述结构的特性	主题贴切	叙述语气的使用	对话的使用	时间标记的使用	表现性	词汇水平	句子结构	总分	评注和观察

二、 报告活动

　　报告活动旨在识别、评价故事板活动未能引发的语言技能。虽然都评价叙述能力，但这两种活动分别代表着叙述的不同方面：讲故事和做报告。报告活动着重于儿童：(1)准确地报告内容；(2)对报告细节有所选择；(3)识别和阐述序列关系或因果关系。通过本活动还可看出儿童的注意力水平：他是叙述主要事件，讲述宽泛的印象；还是有限地关注一两个片段的细节。此外，报告活动也比较关注儿童掌握词汇的复杂性和句子结构等。

　　和故事板活动一样，报告活动在有意义的情境中考察儿童的语言能力。评价包括两个活动：影片报告和周末新闻。在影片报告中，儿童观看一段简短的影片或录像，然后讲述在影片或录像中从头到尾发生的所有事件。

　　影片作为一个强有力的刺激，可以引发儿童使用过去时态的报告语言和总结技能。需注意的是，教师务必使影片尽量少有甚至没有叙述性的口语，这样评价者就能了解儿童是怎样创作、讲述事件的，而不是对台词的重复。

　　给所有儿童观看相同的影片，这单一而可控的刺激易于让评价者评价报告影片内容的精确性。除了考察儿童对过去时态的使用和对材料的总结能力之外，评价者还能从中看出儿童是否考虑到成人未看过这部影片（只在活动的某些部分有效）。最后，评价者可考察儿童的语言是否符合影片的内容（如使用孵、小鸡、喙等词，而不是出来、鸟、嘴之类的词）。

第二个活动是周末新闻，这一活动正成为教室内课程的一部分。在每周或每两周的星期一，请儿童讲述在周末发生的事。他们可能讲述人际交往，也可能描绘所发生的事件和进行的活动。儿童的讲述可能包括各种基于现实而又带幻想的事情。之所以采用这种讲述新闻的形式，是因为通过这一情境和组织形式，教师能在一段时期收集到大量的儿童报告语言的样本和资料。

通过周末新闻活动，儿童可以回忆、反思他们的所作所为，同时对时间的理解也更深刻（如哪一天是昨天，哪一天是星期六）。教师随着对评价标准中各种分析的熟悉，对儿童讲述的认识也会加强。他们可以看到儿童要强调的是哪一事件，儿童能报告几个事件，叙述时间顺序是否正确，以及在保持一贯的偏好时引进新话题的能力等。

教师可能发现有些儿童适应在大集体中一个接一个地报告，而有些儿童可能更适应在小组时间里报告。虽然周末话题可以提供丰富的信息，但还可以谈及其他的话题，如在学校、节日、假日和野外旅途中所发生的事。

第一部分 电影报告

(一)材料和组织

认真地选择适合于此活动的电影或录像。电影内容虽然可能不同，但须符合以下标准。

1. 内容是儿童不熟悉的。

2. 非叙述性的，最好有背景音乐。

3. 简短，最好不长于 8 分钟。

4. 如果可能的话，影片的发展或情节由一系列清晰的事件构成。

主题可以包括自然事件，如海狸筑坝。为避免引发故事板活动所包含的想象成分，要尽量摈弃虚构的内容。某些影片如《小鸡，小鸡，小鸡》《为姑妈而笑》《红气球》等符合以上部分标准，但并不符合全部标准。如果时间和资源允许的话，可根据以上条件自行设计录像。

在电影活动之前的数星期，让儿童了解报告的概念。可以和儿童谈论他们在集体活动"信息共享"时所做的事，强调说明所谓报告，就是要讲述所发生的重要的事。如果儿童熟悉"芝麻街"这些美国著名的儿童电视节目，你可以请他们描述新闻记者所做的事。

影片可在教室里或某视听室里放映。儿童在进入"剧院"时最好有门票和小杯的爆米花。尽可能把儿童安排成小组形式观看，小组规模不要太大，这样就可以在同一天对他们进行采访。采访在教室里一个相对隐秘、安静的地方个别进行，用磁带录下儿童的报告，以供评价之用。

(二)程序及说明

可这样向儿童介绍影片："今天，我们将要看一部关于……的电影。看完后，我们要假扮成报告者(像记者)，所以大家要尽量地记住影片内容。"不要告诉儿童影片的题目，看看他们是否能自己起个题目。按顺序记下影片中的各事件，对采访或评价会有所帮助。

影片放映完毕后，对儿童进行个别采访。给每个儿童的指导语是："现在我们是新闻记者，我们要讲述影片中所发生的事。我开头，你接续。我所看到的第一件事是……(例如，《小鸡，小鸡，小鸡》影片中一只公鸡喔喔叫；《红气球》影片中一个小男孩发现了一只气球)。现在你是记者，告诉我你在这之后看到了什么。接着你又看到了什么呢？"

如果儿童迟疑不开口，可进一步地鼓励："告诉我从头至尾发生了什么？""告诉我还发生了什么？""还发生了什么呀？""又发生了什么事呀？"在报告结束时，请儿童给影片起个好名字。儿童可能非常喜欢听见磁带上有自己的声音，可放给他们听听。

由于接受采访的时间有先后，可以为这些受到延迟影响的儿童重新放映一部影片，或者再次放映同一部影片。

（三）评价

如果时间允许，可整理儿童的报告磁带，也可直接听磁带进行评价。可运用表 2-8 的标准记录每个儿童的得分，并将之填写在表 2-9 的观察表内。使用表 2-10 对全班情况进行汇总。

（四）初步结果（1985—1987）

儿童观看影片《小鸡，小鸡，小鸡》并根据影片做报告，所做报告在类型和复杂程度方面有很大差异，特别是在以下几个领域的差异非常大：内容的准确程度、识别主要事件和区分"一般"和"个别"的能力；细节的丰富和充分；报告在多大程度上避免幻想修饰等。另外儿童在进入活动时的难易和所需提示的多少也有所差异。

至少有两个因素影响儿童对内容进行有效的报告。一是儿童的想象力。儿童带着极大的热情描述一只追逐猫的狗或一只正爬树的小猫，说他还看到一只秃鹰、一头逃跑的公牛、一只鸵鸟、一条正在叫的小狗、为制熏肉而被杀的猪，而这些都不是影片中的。虽然报告的细节丰富而充分，但是并不准确。第二个因素是儿童报告不主动，远离采访者的问题范围。有一个儿童极少自发地报告，且所做的报告中几乎没有什么细节的叙述。他依赖成人的提示激发回忆，报告宽泛粗略。在他的叙述中，影片里有只小猫咪、小鸡和猪，"他们在一起四处玩"。与前一个儿童不同的是，他的报告虽然准确，但细节缺乏深度，也不够丰富。

儿童在语言的色彩和准确性方面也表现出差异。有个儿童非常依赖声音效果和手势，并以此替代语言。儿童对雏鸡的描述是最为详细而准确的——那是影片中最为显著的，甚至也许是异乎寻常的部分。儿童所用的语言的确切性差异很大：有的用最笼统的语言，如一个儿童把动物说成是农场上的"东西"；有的用确切些的语言，如一个儿童这样描述小鸡："当它出来时，看上去有毛。它看上去不像它的妈妈，它不像已孵出的幼鸡，它长有绒毛。"还有一个儿童说："它流汗，湿湿的，没有羽毛。"还有一些儿童争论说，它看上去像"一只肥硕的鼻涕虫""一条小蝌蚪""一只蜘蛛""有毛的、有绒毛的"

"难看的"等。

只有几个儿童对影片的整体框架（即小鸡出壳的镜头闪回）有所意识。一个儿童说："他们一直在放映它是怎样出来的。"另一个儿童说："每隔一段时间，他们就放映它在孵化，最后，小鸡唧唧叫。"还有一个儿童说："我们看见一只小幼鸡从壳里出来。他们放映了好几次。"但是大多数儿童都没能根据镜头的顺序揭示出小鸡出生的情节。

一个儿童对影片的内容进行了人为的安排，他在报告的开头说他有"四件事情要讲"。虽然他的报告并没有对每一件事进行清楚的陈述，但他还是坚持自己所陈述的结构。在报告结束时，他还努力回忆他想陈述的"四件事"。

有几个儿童对影片的内容做出推测，当然这些推测常常带有离题的想象成分。一个儿童尤其能够并愿意推测不同事件后面的原因："我没有看见农夫的头，我只看见他的腿，我想他是来给鸡喂食的。"当他报告小鸡"在猪圈的泥土中打滚"时（一个虚构的细节），他说："我猜它们的妈妈看到这些，一定不喜欢。"另一个儿童说："这是关于农场的……你知道丢了什么？一只绵羊。"给影片想一个题目对于一些儿童来说有些困难。一个儿童只能说"一本书"，还有一些题目如农场的乐趣、神奇的农场、农场的动物、小鸡电影等。

有几个儿童根据自己的兴趣和长处变更了任务。例如，一个男孩利用农场场景自己编造笑话和幽默故事，还有一个儿童虚构了一只吓坏了小鸡的耳环的故事，另外一个儿童则对影片投影机的操作表现出了很大的兴趣。

第二部分　周末新闻

(一)材料和组织

作为电影报告的补充活动，周末新闻可以用多种方式进行。教师可在每个星期一腾出写字桌，供儿童讲述他们的新闻；也可以把班级分成几个小组，每一小组分别在不同的活动区活动。当某个儿童讲述新闻时，其他的儿童可以进行自己的活动，如积木、准备材料、和面泥等，直到轮到他报告时为止。这种组织形式可让教师一次应付一个儿童，对其他的儿童则稍稍留心即可。

教师可记下儿童的新闻并将之给家长看。众多新闻综合在一起，就可以办成一个班级新闻报纸了。儿童往往喜欢挑选不同颜色的记号笔，供教师在记录他们的新闻时使用。可让儿童为他们的新闻报告配上画。有的儿童讲述过快，为整理成书面记录时做到准确，教师需要准备磁带录音。

(二)程序及说明

在此活动开始之前，要使儿童明白周末的含义。在集体活动时间，和儿童谈论他们和教师在周末的活动，通知家长周末新闻活动的有关事宜，请他们帮助儿童收集新闻。在星期五提醒儿童记着收集新闻，以便星期一做报告。还可以拨出一段小组活动时间，专门为新闻报告选一个题目。

活动的形式可因教师的选择或教室结构而异。可以每周一次或每两周一次；可以全班参加，也可部分儿童进行。教师可以用比较自由的方式提示儿童开始："和我谈谈你周末的事吧。"接着，教师可以继续提示："星期五你放学回家，然后上床睡觉。星期六早晨起床后，你做了什么？"如果想要记录提示的次数，可以在提示语上(如"还有吗？""那儿，你看或做了什么？")加注星号。如果儿童有兴趣，可以在小组时间播放儿童讲述新闻的磁带。

(三)评价

此活动最好采取非正式、整体的评价法。如果时间允许，一年中可以选出几天，用来录音、整理儿童的报告，使评价更具结构性。表 2-11 所列的标准及规定旨在为思考、评价儿童的报告能力提供一个框架。如果教师需要一个更有结构的评价，可以使用表 2-12 提供的评价表。

每个儿童需要选择 6～10 份报告用于此活动的评价。报告不足 6 份的儿童不能参加评价，如果报告超过 10 份，选择最好的 10 份用于评价。可在表 2-13 提供的汇总表上记录下儿童的得分。

(四)初步结果(1987—1988)

周末新闻报告反映了儿童一系列的报告能力，一些儿童在没有或少有成人的提示下，能够详细而连贯地对他们的活动进行描述。

儿童：我和武士到博物馆去了，我看见了许多武士和旗帜，我爸爸对头盔和武士也很感兴趣，我爸爸给他们拍照，但是还剩下一些，因为相机坏了，所以爸爸没有用它。里面还有一张，但相机坏了……然后他想到其余武士所在的地方，那儿有希腊的盔甲和罗马的盔甲，它们曾经是真的，但现在不是真的了，它们死了，但他们把碎片放在一起……然后他后来下楼去看城堡，然后上楼看其他的武士。他们有像防护手套一样的东西。还有一些可以动的东西，这样你就能触摸这个家伙。我还看见一个尖脚的盔甲。

许多儿童只有在成人的提示之下才能做细节描述，句子结构和词汇的复杂性差异很大，从简单的句子，到句段，到更复杂的、以定语从句和状语从句为特征的句子。典型的对话如：

成人：这个周末你做什么了？

儿童：昨天我待在家里，因为我生病了。

成人：你在家里的时候，做了什么特别的事情吗？

儿童：我们玩怪物游戏，它并不真的可怕。

成人：那是什么？

儿童：有一个小矩形，你可以带上它们，首先到达的人赢，我和妈妈玩，爸爸在工作，事实上，爸爸总是整天工作。

成人：还有什么别的吗？

儿童：我们到一个朋友的学校，带了两个朋友回家。

成人：你和你的小朋友做了什么呢？

儿童：我们玩，我们观看了芝麻街。昨天晚上，是"圣诞芝麻"，你看了吗？大鸟在一个地方，人们找不到它……妖怪吃了圣诞树上的叶子！

即使在教师的提示之下，许多儿童也只能对自己周末的活动进行简短的描述，而且使用的是简单的句子、基本的词汇和连词。

儿童：我去游泳，到了公园，去荡秋千，到奶奶那儿——我的奶奶到我家来了。（译者注：此段话中，没有时态的变化，甚至没有时态动词错误）。

成人：你和你奶奶做什么了？

儿童：我们玩滑槽和梯子游戏，就这些。

偶尔，也有儿童编造活动或对活动进行组合，或报告其他时间所发生的活动。

儿童：我到迪士尼世界去了两次！那天之后，我去了加州，我看到了米老鼠和……我捉了一只黑熊。

成人：你还做了什么？

儿童：我骑上颠倒的过山车，车上有座位安全带，你得抓得紧紧的，一定要紧紧的！

有时，在儿童的报告中，教师可发现他在其他领域的强项和兴趣。例如，一个儿童在描述游戏时，决定用假声唱歌。还有一个对科学感兴趣的儿童详细地解释怎样进行一个复杂的录像游戏。

在一年中，小组中的 20 名儿童至少都参加过一次这样的活动。有 4 个儿童非常热心，他们每个星期或每两个星期就汇报一次新闻。一些儿童要么不能、要么就是不愿报告他们的周末新闻，当被问到时，他们往往回答说没做什么事或者说不记得了。有 3 个儿童的周末新闻报告只有一次或两次。需要注意的是，对于一些儿童来说，小组活动是更宽松的报告新闻的形式。

(五)进一步的建议

教师可以开展以下活动来丰富儿童在语言领域的经验。

● 通过不同类型的讲述任务来考察儿童的语言技能。例如，要求儿童讲一个独立的故事，而不是看图说话，儿童的个体差异就会显现出来。一些儿童可以在几种选择中自由地转换。还可以在教室的某个区域设置听说室、录音工作室，里面放有一个大的录音机、空白磁带、无字的书等。儿童可以讲述自己编的故事或自己所熟悉的故事，并把它们录下来，这样其他的儿童就可以听磁带。

● 与儿童做韵律和比喻方面的游戏。可先给儿童讲个关于一个小女孩的故事，她每听到一些词，总是要找到与之相匹配的押韵词。为引发比喻，可让儿童给一系列真实但无名称的物体或形状取名。

● 给儿童提供一把剪刀和一些有丰富插图的杂志，让他们找出一幅插图，并根据插图讲述一个故事。让儿童剪下所要的插图并把它粘在制图纸上。在儿童所选的插图下面写下他们的故事。《国家地理》等杂志提供了丰富而迷人的插图，也可使用儿童自己的艺术集进行此活动。

● 建立一个木偶剧院，设置一些刺激性的角色，如海盗、婴儿、小丑等。使用木偶激发儿童使用现在时态进行对话。先给儿童演示第一幕，再由儿童接续活动。

开展以上活动时，要注意以下问题。

1. 你能辨别谁对谁做了什么吗？有故事情节吗？是谁身上发生的事？你能分辨每一个角色吗？

2. 内容新奇吗？描述详细吗？或二者兼而有之？对事件的描述是"厚"（丰满而详尽），还是"薄"（简单，没有多少修饰）？

3. 儿童表达的语气是否有变化？语速和语调是否有变化？例如，到达紧张的地方，是否放慢语速？

4. 儿童叙述的顺序与事件发生的顺序是否吻合？儿童能否辨别出不合顺序的事物？他参照的是时间顺序还是因果顺序？他的时间线索是否清楚？

5. 儿童使用单一的时态，还是使用其他时态（过去、现在、进行）表示对比？

6. 儿童描述时，能否选择恰当的词汇（如用抢而不是拿）？是否能使用比喻性语言？

7. 儿童能使用几种声音？是运用叙述性对话，还是营造场景（如为观众、听众建立情境）？

表 2-6 《小鸡，小鸡，小鸡》影片中事件的序列

一、醒来
我们听见公鸡的"喔喔"叫声； 每个动物都伸展肢体：小鸡、马、奶牛。

续表

二、喂食

农民的脚迈进鸡笼；

我们听见他呼唤："小鸡、小鸡、小鸡"；

我们看见农民的手把稻谷撒在地上；

母鸡跳出巢。

＊＊我们第一次看到巢里的鸡蛋；

＊＊一个鸡蛋有条小裂缝；

小鸡吃着地上的谷子；

马走到鸡吃食的地方；

马开始吃谷子；

一只红黑相间的虫从小鸡身边爬过；

两只小鸡为虫子而战；

一只小鸡赢了，一口吞下虫子；

＊＊重新回到有鸡蛋的巢；

壳如今已破了一部分，我们可以看到里面湿湿的、毛茸茸的东西。

三、历险

小鸡穿过一排排稻谷——田野看上去仿佛是稻谷的海洋；

小鸡离开一排排稻谷，发现自己来到了牛群；

奶牛嗅着小鸡；

小鸡从奶牛边踱开，来到猪圈；

大大的、满身是泥的猪正在吃食；

猪看见小鸡，开始嗅着它；

小鸡疯狂地跑开，躲在妈妈的翅膀下；

我们看见母鸡在泥洼边；

小鸡在泥地里脚步的动作与音乐和声音效果一致；

我们看见小鸡饮水，再次听到声音效果；

＊＊回到有鸡蛋的巢，鸡蛋剧烈地颤动着，张得越来越开；

危险——一只猫蹲坐在那儿，盯着小鸡，头顶上有只鹰在盘旋；

母鸡疾步跑，把小鸡聚拢在一起；

公鸡把猫赶走了；

猫哀号着跑开。

四、出生

　　＊＊从鸡家族到鸡蛋的镜头频率增加；

　　＊＊我们看见鸡雏努力冲破鸡蛋；

　　＊＊最终，鸡雏冲破了鸡蛋；

　　＊＊鸡雏浑身湿湿的，大睁着眼睛，喘着粗气；

　　＊＊鸡雏不断地吱吱叫着，影片结束。

　　注：＊＊表现贯穿影片的雏鸡出生镜头。

表 2-7　电影报告采访：有关影片《小鸡，小鸡，小鸡》的问题

---

1. 我们现在是新闻记者，我们要讲述影片中所发生的重要事情。我开头，你接续。我所看到的第一件事是一只公鸡"喔喔"叫。现在你是记者了，你在这之后看到了什么？接着你又看到了什么？

---

2. 在农场上你还看见了哪些动物？

---

3. 那些动物在做什么呢？

---

4. 新生的鸡雏是什么样子？它与其他小鸡有多少相似？有什么不同？

---

5. 你认为这段影片的名字应是什么？

表 2-8 电影报告评价标准

参与活动及需提示的状况

　　0——很少或无报告行为；被提问或受提示时也很少报告；经常说的是"我不记得了"或"我不知道"，或者根本不想参加活动。

　　1——只在提示下才出现报告行为。

　　2——主要在提示或提问下出现报告行为，也有自发报告行为。

　　3——没有或在少量提示之下，就会报告影片中出现的事件。

　　注意，只有当出现足够的报告行为时，评价才可继续进行。

内容的准确性

　　0——无效，因为儿童不是讲述影片中所发生的事，而是讲述自己的故事。

　　"有一只孔雀……和一只秃头鹰……一只公鸡说：'我是谷场的国王。'"

　　"当我和爸爸、妈妈到农场时……我的爸爸和猪说：'嗨，猪，吃得怎么样？'"

　　1——只记住影片中极少的主要事件或角色。

　　"我记得看到一只猫和一只鸡。"

　　"有一匹马、一些猪和一些鸡。"

　　2——儿童记得影片中的一些事件、角色或主要事件和角色。

　　"我最讨厌的东西是……泥巴。我看见一只小雏鸡在泥巴里……我看到一只公鸡喔喔叫……下面就是鸡在生蛋。"

　　3——儿童记得影片中的大多数或几乎全部的主要事件、角色或事件和角色。

　　"猪在猪圈里，一只小鸡飞过来，然后猪看到了小鸡，小鸡跑开了……我还看见一只鸡在孵化……每隔一段时间，他们就放映鸡孵化，最后小鸡吱吱叫。"

　　☆——儿童能按顺序识别影片中的一些主要事件、角色或者事件和角色。

结构、主题感

　　0——无效，因为儿童不是讲述影片中所发生的事，而是讲述自己的故事。

　　"有麻雀，不同颜色的麻雀，小鸟、小山羊、小猫咪……还有其他的猫、老虎、狮子……"

　　1——儿童极少关注影片的主题；关注是局限的，不能把各零碎的事件概括为影片的主题。

　　"我记得看见一只小鸡……我记得看见了，但也许没有看见，我记得看见一头牛。"

　　"我知道有……一只鸭子……就一只鸭子。"

2——能揭示影片框架的有限的某个方面；多少能够建立影片的主题，但描述贫乏。

"(有)牛在到处跑……农民进来给动物喂食。"

3——较广范围内关注影片中各个零碎的事件，并将之概括为一个基本或多次出现的主题；对影片的框架有些了解。

"下面一件事情就是我们看到小鸡从蛋壳里出来……他们在不同的时间放映它。"

"我还看到一只鸡在孵化……每隔一段时间他们就放映它在孵化，最后小鸡吱吱叫。"

词汇的复杂性、详细程度

1——对影片中事件的描述空洞而不详细；使用简单的语言而几乎不使用形容词。

"有一个农场。"

"有一只鸡和一些奶牛。"

2——对影片中事件的描述有时详细；对影片中的某些事件的某些细节描述详细，而忽视其他；使用一些清楚而详细、具有表现力的词汇。

"(有)牛在到处跑。"

"(新生的小鸡)看上去颜色不同，声音也小一些。"

3——对影片中的事件往往做详细的描述；使用多种词汇；语言常常是清楚而详细的，并具有表现力。

"我们还看见农民的鞋子，他在走，我们没有看见他的整个身体。"

"鸡蛋里有一种你看不见的液体，小鸡身上有这种液体。"

句子结构

1——使用简单的句子或段落。

"小鸡是湿的。"

"鸡在到处跑。"

2——使用水平1的句子，但也使用介词性词组、复合句或二者同时使用。

"狗在追赶着猫，但猫爬上了树。"

3——使用各种句子结构，包括水平1和水平2的句子结构，也包括状语从句、定语从句、分词短语，几者混合或同时使用。

定语从句："当它出来的时候，好像有毛。"

定语从句："鸡蛋里有一种你看不见的液体。"

分词短语："我们看见一只小鸡从蛋壳里出来。"

表 2-9 电影报告观察表

儿童＿＿＿＿＿＿＿   年　龄＿＿＿＿＿＿＿

日期＿＿＿＿＿＿＿   观察者＿＿＿＿＿＿＿

技能类别	得分	评注和观察
参与活动及需提示的状况		
内容的准确性		
结构性、主题感		
词汇的复杂性、详细程度		
句子结构		
总分		

表 2-10　电影报告汇总表

儿童 (年龄)	参与活动 及需提示 的状况	内容的准 确性	结构性、 主题感	词汇的复 杂性、详 细程度	句子结构	总分	评注和观察

表 2-11　周末新闻评分标准

参与活动及需提示的状况

　　0——很少或无报告行为；被提问或受提示时也很少报告；经常说的是"我不记得了"或"我不知道"，或者根本不想参加活动。

　　1——只在提示下才出现报告行为。

　　2——主要在提示或提问下出现报告行为，也有自发报告行为。

　　3——没有或在少量提示之下，就会报告影片中出现的事件。

　　注意，只有当足够的报告行为出现时，评分才继续进行。

讲述的连贯性

　　1——句与句之间极少联系；一个意群到另一个意群之间的过渡不清楚；报告主要由各不同、不相关的子项组成。

　　2——句与句之间有些关系，但意思常常并不直接联系。

　　3——报告连贯且联系紧密。

主要事件的扩展

　　1——描述空洞且不详细。

　　"我和爸爸出去了。"

　　"我去马戏团了。"

　　2——有时对描述加以修饰；对某些经历的某些特定细节加以细述。

　　"我到操场上，我到滑梯上，我到栅栏边，甚至我到滑梯上，树有各种颜色。"

　　3——描述往往较详细；对重要的事件加以详细阐述。

　　"一天我去玩，那个地方叫作……很好玩。有一个女士叫作……我的姐姐知道怎样在钢琴上把它演奏出来，我知道怎样唱出来……她是这样的(开始唱)。"

词汇的复杂性、详细程度

　　1——使用最普通的措辞，语言简单，几乎不使用形容词。

　　"我去游泳，到了公园，荡秋千，去找我的奶奶。"

2——使用水平 1 的语言，但也出现一些清楚而详细、具有表现力的词汇。

"我的奶奶和她的最好的朋友来了。我们玩得很愉快。当她们出去走走时，她让我和她们一起去……出去走走的意思是出去到商店里去买点东西。"

3——使用多种词汇；语言常常是清楚而详细的，并具有表现力。

"他们有戴着各种头盔的武士，他们是真正的武士。我有皮带、剑、面罩和羽饰。羽饰就是羽毛。一个真正的武士……刺我，像这样(向头上)和这样(朝肩膀上)。"

事件关系及连词的使用

1——主要使用简单的接续连词(接续连词的使用表明报告结构的接续性，如和、然后、因此等词)。

2——大部分为水平 1 的连词，但还出现一些有(时间和接续)差别的连词(时间连词表明事件之间的时间关系，如直到……才、首先、最后)。

3——使用多种连词(接续连词、时间连词、因果或逻辑连词)，从简单的到有明显区别的，但不一定是反复、一致地使用(如因为、自从、除了、甚至、当……时、从前、之后、最后、第二天)。

句子结构

1——使用简单的句子或段落。

"我感冒了。"

"他们从火上跳过去。"

2——使用水平 1 的句子，但也使用介词性词组、复合句或二者同时使用。

"丹尼到我家来玩武士游戏。"

"我到爸爸家，我们坐在火炉边。"

3——使用各种句子结构，包括水平 1 和水平 2 的句子结构，还包括状语从句、定语从句、分词短语，几者混合或同时使用。

状语从句："当我们回到家时，姐姐给我们做了苹果汁。"

定语从句："我看到一个化装成狼的男人。"

分词短语："有一个男人跳上跳下。"

续表

案例："讲述的连贯性"的评价等级

水平 1

　　"当我恶作剧时，妈妈不得不提着包，因为它太重了，夏天我到爸爸的池子那儿，那就是。"

　　"我整天待在家里，因为我病了。上学前我吃了几片药。在我骑自行车后，我进来，来到家里，我看迈克·约翰逊的电影，然后我来，我到处跳舞。我把我的椅子撞倒了，我在迈克·约翰逊的电影中看见圆点花布料，然后我回到家。"

　　"我到马戏团。我做了一些稻草人，然后我……看电视。"

水平 2

　　"我到纽约，到北卡路里那的迪士尼乐园，我在那儿看到克里斯琴。纽约很没意思，因为那儿没有林间道路。"

　　"周末，我到佛蒙特。我待在我的公寓里。当我们回到家，我姐姐给我们做了苹果汁。当我从佛蒙特回来，在到家之前，我刷了牙，我没有做其他事情。"

水平 3

　　"我的一个大蟋蟀死了。我把它放在家里。我想它跳上来，然后跳下去，所以它死了。我还有一只小蟋蟀。"

　　"这个周末，我将到一个新的海滩。那儿有许多玩具和好玩的东西。他们有很多棉花糖，我想是免费的。我想他们当然还有食物和饮料。他们有旋转木马和一个大观览车上上下下。我不能等，因为最后几天我在家什么事也没做。我以前乘过大观览车，你知道的。"

表 2-12　周末新闻观察表

儿　童_____　　　年　龄_____　　　日　期_____

观察者_____　　　报告号_____

技能类别	得分	评注和观察
参与活动需提示的状况		
讲述的连贯性		
对主要事件的扩展		
词汇的复杂性、详细程度		
事件关系、连词的使用		
句子结构		
总分		

表 2-13 周末新闻小结表

儿童（年龄）	报告号	参与活动及需提示的状况	讲述的连贯性	主要事件的扩展	词汇的复杂性、详细程度	事件关系、连词的使用	句子结构	总分	评注和观察

第三章　数学领域 SHUXUE LINGYU

——引言

在西方文化中，数学非常受重视，社会的每一个角落都进行着数学运算的教学和示范。人们是从客观世界和对物体的操作中开始理解数学的，之后数学才越来越抽象并逐渐从真实世界的指代中分离出来。学前儿童的逻辑数学能力范围很广，包括数数和加减计算技能（数量上增加或减少的能力）以及记录、组织某个符号系统中的数字信息的能力。几乎每个学前儿童都通过各种形式熟悉数字，如年龄、电话号码、饼干数等。在皮亚杰著作的基础上，大量文献都描述了数学能力是普遍发展的，并具有阶段性（Case, 1985；Gelman & Gallistel, 1986），然而却很少有文献提及可以用什么来区别一个儿童不同于他人的能力。多彩光谱数学活动旨在掌握在学前教室里每日可见的个体差异的范围。

数学问题是限定的、一般性的并有着清楚的正或误的答案。在《学前和小学等级智能测试》（WPPSI）中，数学部分的典型问题有"如果一个苹果值2美分，那么2个苹果值多少钱？"（Wechsler, 1967）等类似的题目。虽然这种方法比较简单易行，并可用来预测学业成功，但也存在不利因素。因为这些测试一般不是在儿童所熟悉的教室环境中进行，而是由一个陌生的成人依赖一次简单的会面进行。而且这些测试包含很大的语言成分（即使所测试的对象领域是数学），问题情境常常是假设的，也没有具体的物体供儿童操作。

如果从概念上理解数学领域，有两点是很重要的。首先，4岁儿童的数学逻辑能力与其学习数数可能有也可能没有关系。数数是一种专门的技能，范围有限。大量早期的数学研究集中在数数和早期计算技能上，如果要设计引言中所提出的与指南相一致的评价工具的话，这些研究是没有什么特别的用处的。其次，逻辑与数学或逻辑与语言的区别尚不完全清楚。这些能力是在一个连续体中相互关联呢，还是并不是连续的呢？儿童不利用语言技能，也可能洞察逻辑结构和因果原则。研究显示，有数学天赋的儿童常常能够凭借直觉解决问题，而并不理解正确答案之所以正确的原因（Consuegra，1986）。这些智能之间的潜在关系仍然有待阐明。

数数从某个社会情境中开始，在这个社会情境中，儿童在操作物体和数字时学习辨识小数目。大多数儿童到 4 岁半时就懂得一一对应（对所数的每一件物体给予连续的、特定的一个数字名称的原则），但是如果数错了或不知下一个数字是什么时，也不会为此烦恼。当然，不擅长数数可能反映了不够努力或执行不够准确，而不能说是因为理解上的缺乏。4 岁的儿童虽然不能总是数对，但确实懂得一些关于数字系统怎样运作的知识并能做出不是基于特定数数体验的推断。例如，多彩光谱教室里有个儿童手里握有 6 支记号笔，他用拇指把它们分为一半，说："我知道我有 6 支笔，因为这儿有 3 支，那儿有 3 支，3 支加 3 支等于 6 支。"这样的推断不是纯粹的机械的技能，然而所涉及的推理可能只应用于数字系统，而不能用来揭示更普遍的逻辑能力。

大多数儿童能通过增加一个或两个单位来调整小数目，然而加上一个数的能力不同于背出下一个数字的能力。实际上，有资料显示加法技能有助于组织儿童数数技能的发展，也还有证据显示数目守恒独立于数数能力（Waiters，1982）。由于对推理的解释能力在推理技能本身之后发展，任何旨在评价数字概念的任务都必须限制语言表达成分。

——何谓数学活动

为探求儿童思考数字的各种方式，在相关研究与观察的基础上，我们开发了两个数学活动：恐龙游戏和公共汽车游戏。在数学领域中有强项的儿童乐于与数字打交道，对任何涉及数字的信息反应敏锐。当问他学校有多少个儿童时，他就开始了计算："如果平常有 24 个人，而今天有 2 个不在的话，那么，好办——今天到了 22 个。"这样的儿童喜欢考虑数字，自发主动地在脑中计算，或者花 20 分钟玩数字卡片游戏。恐龙游戏对这些儿童特别具有吸引力。在玩恐龙游戏的过程中，他们力图想出赢的策略。

在设计数学评价活动时，我们也是集中关注与社会中重要而有价值的成人角色，如会计、计算机程序员和数学家等所取得的成就相关的能力。与此领域相关的技能包括：找到计算的捷径、解决问题、做出合理的估算、注意数字间的关系、快速的理解和归纳、发明和使用符号等。我们所观察的一个 4 岁儿童能根据相关信息——他妈妈的年龄，正确地估计实验员的年龄。一些儿童还显示出对数学美感的敏锐，比如注意到对称和模式。教师应在笔记本上记录下这些与数学有关的表现。

一、 恐龙游戏

(一)目的和活动描述

恐龙游戏旨在评价儿童对数概念的理解、计数技能、使用运算规则和运算技巧的能力，同时还评价儿童对符号意义的理解以及把符号转化为运算的能力。评价主要通过一个棋板游戏进行。在游戏中，两只塑料恐龙竞相赛跑，都想努力躲开画在棋板上的一只恐龙，恐龙移动的方向和格数由游戏者通过掷骰子来决定。可以让儿童用自己的语言表达他们对游戏规则和技巧的理解。

这一活动通过可移动的棋子把对数字、规则和技巧的评价内隐于棋板游戏中，使概念具体化，并促使儿童主动积极地游戏。任务的指导语言要简单，应为 4 岁儿童所熟悉，可以用"两只小恐龙要逃离棋板上这条饥饿的大恐龙之口"来开始。要尽量避免使用正式的数学语言，以免引起儿童困惑。有关学前儿童算术能力的研究(1981)发现，有一个 4 岁的儿童，当被问到 1 加 2 等于几时，回答说他不会，因为他"还没有上学"。研究者指出，这主要是因为指导语有问题。与此不同的是，恐龙游戏中所要解决的问题具体、积极，而且相对独立于语言表达技能。

教师应努力让每个儿童都有机会玩恐龙游戏，使它成为日常教室里的一个活动，并由此激发游戏者就数字和数规则展开讨论。教师要注意哪些儿童经常到此游戏，观察儿童是怎样自己玩这个游戏的：他们是记住规则，还是自己创造规则，或者把规则教给其他儿童？在以后某个时间，教师也可以安排一个游戏创造区，提供骰子和纸，让儿童发明他们自己的游戏。

(二)材料及组织

棋板是一块 27 英寸×31 英寸的泡沫芯板，板上粘有一个雕刻的恐龙(形状似梁龙)图案(见图 3-1)。恐龙身上有一条 35 个空格组成的路径，从恐龙的头向下延伸，经过脊背一直到尾巴尖。距离头部 14 格里写着开始(START)的字样。骰子为 4 个 1/2 立方英寸的木块。第一个立方体的六面分别标有 1 个圆点、2 个圆点、3 个圆点(每种点数各有两面)，此为数字骰子。第二个立方体有三面标有加号，另三面标有减号(减号须像字母 I 平置一样，以免与 1 混淆)，此为"3＋/3－"骰子或方向骰子。第三个立方体五面为加号，一面为减号("5＋/1－")；而第四个一面为加号，五面为减号("1＋/5－")。两只塑料小恐龙可以在棋板上移动。一次活动只测评一个儿童，观察者或参与儿童游戏的成人，均可以在观察表上填写儿童的反应(见表 3-1，记录儿童个体及班级整体的情况)。

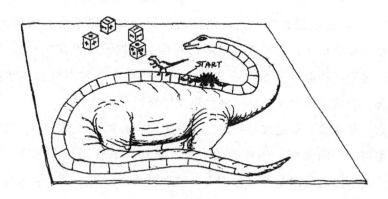

图 3-1　恐龙游戏材料示意图

(三)程序及说明

教师可以这样介绍恐龙游戏："今天我们要在教室里玩一个新的游戏，

叫作恐龙游戏。一次只能有一个小朋友和＿＿＿＿＿＿（成人名）玩。你的恐龙将
和＿＿＿＿＿＿（成人名）的恐龙赛跑。你可通过掷骰子决定你的恐龙走几格。"介
绍之后，儿童在活动中可选择此游戏，这就使那些渴望尝试的儿童能及早地
开始，如此也能看出儿童对此领域的兴趣。一份等候名单可帮助儿童记住什
么时间轮到自己。

让儿童和教师并排坐在棋板前，请他选择一个塑料恐龙，另一个则是你
的棋子。把两只恐龙放在开始的位置，对儿童说："这两只恐龙将赛跑，因
为它们要躲开梁龙（强调一下，所谓躲开就是离开）。让我们看看哪只恐龙先
挨近尾巴尖上（指着梁龙的尾巴末端）。这两枚骰子将告诉我们恐龙怎么移
动。这一个（拿出数字骰子）是指恐龙能走几格，这一个（拿出'3＋/3－'骰
子）是指向前进还是向后退，这个符号（指着加号）代表向前进，而这个符号
（指着减号）代表向后退（强调说明朝尾巴方向是向前，因为要躲开梁龙的
口）。你掷这两个骰子，看看你的恐龙怎么移动。比如你的骰子是这样（'＋
3'），你的恐龙就可以向前移动 3 格，像这样。"

强调说明恐龙一次只能移动 1 格，教师可口中数着"1、2、3"，再把恐
龙移动"－3"（后退 3 格），每移一步，大声地数出来。询问儿童如果他的恐
龙得到"＋2"，他该怎么办，允许他移动他的恐龙。如果他不知如何移动，
给他演示正确的步骤，同时大声地数出几步。再把骰子设在"－2"，让儿童
重复这一过程。注意，在游戏正式开始后，移动棋子时不要大声地数。记
住，使每一步移动都发出声音，并使恐龙始终面对尾巴方向。

如果一些儿童不知道加号和减号这两个词，教师可以用"叉"和"线"分别
指代，也可以询问儿童，用他们的语言来表达。不管用什么方法，重要的
是，要让儿童明白这两个符号分别表示前进或后退。如果游戏中儿童询问符
号的意思，提醒他加号表示前进，而减号表示后退。

观察者要置身于儿童身后，避免分散儿童的注意力。教师先开始，以便
儿童学会怎样掷骰子。轮到儿童时，告诉他，每只手拿一个骰子，然后同时
掷。从方向（向前或向后）和计数两个方面观察儿童反应的准确性，并记录在
观察表里（表 3-1）。为记录儿童在移动棋子时的方向准确性，请在"正确"或

"错误"的栏中记录下儿童所掷骰子的方向（＋或－）；与此相似，在"正确"或"错误"的栏中记录下儿童所掷骰子的点数，并记录儿童计数的准确性。

如果儿童数错，只要可能，记下他实际所移动的格数。一些儿童在遇到后退时，希望少退几步，如果是儿童故意数错，在评论栏备注，评价时忽略不计，这种做法有助于了解儿童所犯错误中是否有些固定模式（如不太愿意后退）。如果儿童在经过教师的恐龙所占据的一格或起点格时，直接跳过去而忽略不数，然而却准确地数出他所移动了几步，可以给他记分。如果儿童的恐龙在接近尾端时，所掷的骰子数多于所剩的格数，那么只要儿童能正确地数出所剩的格数，都给他记分。

双方轮换继续进行。不要纠正儿童的错误。如果儿童不太记得恐龙所走的方向，可以提示他本游戏的目标。教师可以在移动棋时提示："看，你的恐龙走在我的前面"，这样可以强化儿童对向前动的理解。请在观察表的评注栏记下所给出的提示。

出于测评的考虑，每个儿童须进行 11 个回合。但如果儿童不能掌握这个游戏，如他只是拿着恐龙在棋板上漫无目的地滑动，则不必要求做 11 次。如果儿童的恐龙到了梁龙的口中（即靠梁龙头部的第一格），而这时教师尚未走完，则把它挪回到开始的位置。如果教师的恐龙到了梁龙的口中，则须停在那儿，等到骰子出现"＋"时，方可挪动。如果其中一只恐龙到达了尾端，教师可以把这枚恐龙棋子退回 10 格，即退到尾巴开始处。

在第 11 个回合后，向儿童介绍"5＋/1－"和"1＋/5－"两枚骰子："这儿有两枚新骰子，你可以选择其中一枚用来代替你手中正在使用的那枚骰子。在选择前，请先看清楚每枚骰子的各面。"在观察表中规定的空格处记录儿童所选用的骰子，询问他选用的理由并对其回答做记录。如果儿童回答："因为我喜欢它"或"因为上面有许多叉"，教师可以用中性的问题询问，比如："为什么喜欢它呢？"或者"那是什么意思？"让儿童进一步回答。每人进行 3 轮，儿童用他所选的骰子，而教师则用"1＋/5－"的骰子——不管这是不是儿童所选择的。教师使用"1＋/5－"骰子，可以有助于儿童最终获胜。在第 12、13、14 个回合的空格处记录儿童的移动。

在 14 个回合后，把"5＋/1－"和"1＋/5－"两枚骰子拿开，给儿童点数骰子和"3＋/3－"的骰子："这一次，不是掷骰子，而是摆骰子。你可以任意地摆骰子，使你的恐龙走得最好，帮助它获胜。"记录下儿童的选择，询问他这么做的理由并做记录，同样的，可以进一步恰当地探询，接着让儿童移动他的恐龙，告诉儿童："现在，你可以任意地摆骰子，让我的恐龙走得最糟，使它输。"记下他的选择，询问他这么做的理由并做记录，然后，依法移动教师的恐龙。

这时，教师可以告诉儿童："现在我们换个方式玩。我拿这枚骰子'3＋/3－'，你拿这枚（点数骰子）。现在轮到你的恐龙走，我把骰子这面朝上（＋），现在你的骰子怎样放才能帮助你的恐龙赢呢？你可以依法移动你的恐龙。好，轮到我的恐龙走了，我把骰子这面朝上（－），你的骰子怎样放才能让我的恐龙输呢？"教师记录儿童的选择，并依法移动自己的恐龙。轮到儿童的恐龙走时，把教师的骰子减号面向上；而轮到教师的恐龙走时，把骰子的加号面朝上，依法进行。

最后一轮，让儿童把骰子放成他所希望的样子，看看谁赢（几乎每次都是儿童赢）。

线索提示卡的使用有助于对答卷的回忆。答卷的一致性非常重要，因为它可以确保儿童表现的变化不是因为教师话语中的变化而引起的。

（四）评价

活动完毕，使用表 3-2 进行评价，评价办法见表中说明。把每个儿童的测评结果填写在表中的各栏，所得分数记录在每一项顶端的小格内。在"移动的方向"和"计数"标题下，如果儿童全部正确，就在"全对"栏记"√"；如果存在错误，则在"错误数"栏内记下错误数。注意，第 12～14 个回合只是因为游戏流程所需，不做评价要求。

在"骰子的选择"标题下，填写儿童所选择的骰子"5＋/1－"或"1＋/5－"。如果儿童选择"5＋/1－"骰子，则在"是"与"否"栏记"√"，以分别表示儿童是否能明确地解释其选择的理由。如果儿童的解释是"这骰子上有更多的前进"之类的回答，则表明儿童理解了；而如果儿童回答"因为它很轻"或"因为我喜欢它"，则不能得分。在"移动的选择"栏下，记下儿童所选择的符号和点数（如"＋3"）。注意，对儿童是否能讲出最好和最坏移动法的理由，不做评价要求，以防止不恰当地过度强调语言表达能力。在"点数骰子"部分，记下儿童所选择的点数，在最后一栏记下儿童的总分，总分最高可达22分。

在评价儿童分数时，不仅要关注儿童的总分，同时也要注意各项的得分，这点非常重要。因为得分相同的儿童，其智商很可能有所差异。儿童在不同方面的得分反映了其对规则、计数和技巧的理解以及对原因的阐述能力。

如果儿童得分为0，可能是因为他不懂此游戏的结构。出现这种情况，同伴或教师可将游戏再给他教一次。

(五)初步结果(1986—1987)

恐龙游戏的一个显著特点表现在儿童对此所投入的精力和热情。以恐龙为主题不管是对于男孩还是女孩都具有激发作用，无论其技能水平的高低，他们都喜欢玩这个游戏。游戏中的竞争因素更激发了一些儿童，而另一些儿童则更喜欢游戏中的戏剧成分。

1986—1987年度的实验班级中出现了各种情况：有拿着恐龙在棋板上到处漫游的儿童，有每掷一次骰子只动一步（而不管骰子上的点数）的儿童，也有完全理解游戏规则和策略的儿童。儿童的得分要么来源于对规则的理解，要么来源于数点，而较少的儿童是出于对二者的完全理解而得分。对于儿童而言，正确地数点比向正确的方向移动棋子要难。然而，不太会正确数点的儿童在活动的第二部分仍然能选择恰当的策略移动。这说明，限于数数技能的评价可能会低估儿童对数字的理解。

在骰子的选择那一部分，20个儿童中有一半能够做出正确的选择；但其中只有一半能解释其选择的理由。正如上所提到的，类似于"因为这个骰子都是'＋'"之类的回答可以得分，不可以得分的回答如"因为我想要"等。

一个选择了"5－"骰子的男孩的解释是"那些（减号）始终是直着走的，而如果是加号，你将朝不同的方向走"。这类的回答也不能得分。但从中也可看出，这个男孩从表面上理解了这两个符号，显示了他对视觉线索的依赖和强调，他的这个特点在其他领域的活动中也有所表现。

在选择移动的策略问题过程中，当方向骰子是"＋"而不是"－"时，儿童更易于为自己和成人的移动方法做出正确的选择。许多儿童为成人的恐龙选择"－1"，而为自己的恐龙选择"－3"，这可能是因为他们以为一个小的数目总是比一个大数要小，与此同时也反映出他们并没有考虑到方向的问题。

表 3-1　恐龙游戏观察表

儿童_____　　年龄_____　　日期_____　　观察者_____

移动方向			数数		评注和观察
回合	正确	错误	正确	错误	
1					
2					
3					
4					
5					
6					
7					
8					
9					
10					
11					

骰子的选择：哪种？_____为什么？_____

移动方向			数数		评注和观察
回合	正确	错误	正确	错误	
12					
13					
14					

移动方法的选择

　　最好的移动方法？＿＿＿＿＿＿为什么？＿＿＿＿＿＿＿＿＿＿＿＿＿＿＿＿＿＿

　　最坏的移动方法？＿＿＿＿＿＿为什么？＿＿＿＿＿＿＿＿＿＿＿＿＿＿＿＿＿＿

评注和观察

点数骰子的选择	"3＋/3－" 骰子	儿童点数 骰子的选择	评注和观察
儿童的恐龙	＋		
成人的恐龙	－		
儿童的恐龙	＋		
成人的恐龙	－		

表 3-2　恐龙游戏汇总表

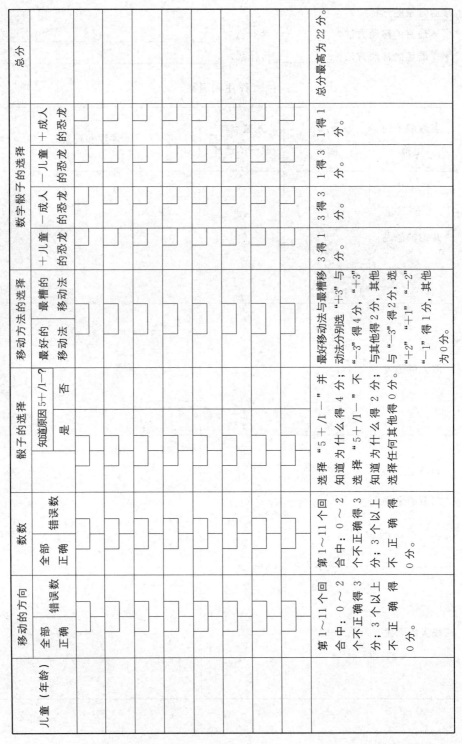

儿童（年龄）	移动的方向		数数		骰子的选择		移动方法的选择		数字骰子的选择				总分
	全部正确	错误数	全部正确	错误数	知道原因 5＋八一？ 是	否	最好的移动法	最糟的移动法	＋儿童的恐龙	一成人的恐龙	一儿童的恐龙	＋成人的恐龙	
	第1~11个回合中：0～2个不正确得3分；3个以上不正确得0分。		第1~11个回合中：0～2个不正确得3分；3个以上不正确得0分。		选择"5＋八一"并知道为什么得4分；选择"5＋八一"不知道为什么得2分；选择任何其他得0分。		最好移动法与最糟移动法分别选"－3"得4分，"＋3"与其他得2分，选"－3""＋2"得2分，"＋2""＋1""－2"得1分，"－1"与其他为0分。		＋儿童的恐龙 3得1分。	一成人的恐龙 3得3分。	一儿童的恐龙 1得3分。	＋成人的恐龙 1得1分。	总分最高为22分。

二、 公共汽车游戏

(一)目的和活动描述

公共汽车游戏旨在评价儿童心算的能力、对一个或多个变数记录及组织数字信息的能力。游戏的第一部分包括四次行程，每个行程中乘客上上下下，以此来评价儿童不使用木棒进行加减的能力，考察儿童是否能用分立的步骤进行心算，也考察儿童是否能在脑中保存一个连续的记录。第二部分评价符号技能。儿童借助木棒记录登上汽车的乘客数目。与此相关的研究表明，儿童能够掌握小数目(Gelman & Gallistel，1986；Hughes，1981)。

儿童能够操作木棒，木棒为儿童提供了一个现成的符号系统。大多数儿童对此活动所要求的量的判断没有体验，因此，评价部分要判断儿童能否自己弄清木棒的使用方法，以便能得到准确的答案。

一些儿童比其他儿童更注意用木棒来计数的适当性，他们对木棒的最终数目记录的意义更为关注。这些儿童能聪明而创造性地解决问题，但尚不能完全把握自己所发明的技巧。因为这个时期是儿童数数能力迅速发展的时期，儿童表现出的戏剧性的差异正是这种不同发展水平的反映。

尽管如此，即使处于同一发展水平的儿童，也存在明显的个体差异。与答案的准确性相比较，本评价更强调对数概念的理解。从随机收集的儿童的得分模式中可显示出儿童的理解水平。

评价结束后，此活动可在教室继续进行。可请一个儿童担任"站长"；另一个扮演"售票员"，游戏时可用可不用木棒。

(二)材料及组织

公共汽车游戏的材料包括：一辆公共汽车，一块游戏板，每套 10 根(一套为绿色，一套为蓝色，配有容器)的木棒两套，以及纸板做的乘客。公共汽车在一块 20 英寸×33 英寸泡沫板上行驶(见图 3-2)。沿着板的三边用彩色制图纸铺设一条路，并布置湖、树和其他景观。景观可用干净的胶纸蒙起来，以使板更耐用。板可折叠，易于搬运或收藏。

图 3-2 公共汽车游戏材料示意图

路边一共有 4 个站，各站的高度为 3～4 英寸，用黏土固定，粘在板上。第一站是个大的木头环，称之为环站，位于长为 33 英寸的路的中间。第二站为松果站，位于此路的尽头。第三站是羽毛站，用一根孔雀羽毛所制，位于长为 20 英寸的路的尽头，而第四站贝壳站，则由一个大扇形贝壳所制，位于第三条边的中间。在第三条边的尽头，就是总站，是用一个蓝色的纸盒做的，上面有门、窗的图案，屋顶可移动。

汽车由一个 7 英寸×9 英寸×4 英寸的纸盒制成。两边的窗户涂成不透明的灰色，这样从外面就看不见里面的乘客。车子的两边还装饰有食物广告，在车的前部画了一个司机和计程器。在车身的一边开了两道门供乘客上车，另外在后部有一扇红色的安全门供乘客下车。每次行程开始，汽车须被置于路的开端，面对环站。

一共有 10 个成人和 6 个儿童，身高范围为 2～4 英寸——由硬纸板制成并附于小木头上。每个人物都有着自己的身份：成人中包括一个留长发的嬉皮士，一个提着许多购物袋的女人，一个建筑工人；儿童中包括一个抱着玩具的小孩，一个拿书的学生，一个拿着篮球、穿着运动鞋的男孩。赋予每个人物个人特征可以增加本活动的吸引力。当然，教师也可以自己设计不同的人物。

(三)程序及说明

评价要在一个或两个时段内进行，一次评价一个儿童。游戏可以在地板上进行，让儿童背对着班级其他儿童，如果可能，观察者坐在儿童的身后，但要能把木棒尽收眼底，从而记录儿童的动作。或者由与儿童游戏的成人记录下儿童的反应，以供日后评价之用。

在小组活动时间向儿童介绍此游戏："今天，我们要在教室里玩一个新的游戏，游戏的名字叫公共汽车游戏。你们可以玩两次，但两次的玩法不同。一次一个人，和_____（成人名）玩。你扮演售票员，记录沿途所上的乘客数。"儿童可在小组时间先做准备。

第一时段包含4次行程，乘客只为成人，不用木棒，旨在评价儿童的心算能力。让儿童坐在教师身边，告诉儿童："这是公共汽车游戏，这辆汽车要经过所有公共汽车站去接站台上的人（沿线移动汽车）。它去的第一站是环站，然后到松果站，再到羽毛站，接着它该到哪一站呢？（贝壳站）你是售票员，售票员要记住车上的人数，因为当汽车到达总站时（指着总站），站长想知道你的汽车上有多少乘客。"

"你可以把汽车上的人数记在脑子里，在每一站站长都会打电话询问汽车上的人数，所以你需要记住有多少人上了车（沿线移动汽车，到达环站，在站台上放2个人，每一站台所放的人数见表3-3）。现在我们到达环站，这些人要上车。"等到儿童注意到站台上的人时，再将乘客放进汽车，务必使儿童看不见车内的人。在介绍时，教师要训练自己在汽车到达每一站台时，说"这些人……"而不要讲出具体的数目。在观察表的站台1的空白处记录儿童的反应（见表3-4）。

在第二站松果站放置1个人，然后把车开到那儿，把人放进车内，对着假电话问："_____（儿童名）售票员，现在你的车上有多少人？"如果儿童回答"2个"，提示他："一共有多少人？"如果儿童仍然不知多少，可重复行程。如果儿童仍旧不确定，说"让我想想"，请打开车门，和他一起数一数。把这一系列事件记录在指导栏里，继续使用观察表记录儿童的反应以及对他表现的评注，如儿童是使用手数还是在脑子里默数。

接着说："所以现在车上有3人，哦，汽车到达羽毛站，在羽毛站，有这些人上车（1个），站长又问'_____（儿童名）售票员，现在你的车上有

多少人?'"不要再给予任何的帮助,并且不要提到任何的数目,让儿童自己
回答。

第二次行程的指导语是:"现在汽车又要行驶了,这次有上车的人,也
有下车的人。你要把人数记在脑子里,这样在每一站,你就可以告诉站长车
上有多少人了。"与先前一样,移动汽车经过各站,但是在第二站后就不可再
给儿童任何提示了。

第三次行程的指导语是:"这一次,人们只上不下,但是站长没有时间,
所以不能在每一站台都给你打电话,只能等到行程即将结束时才能给你打电
话。所以要一直记着车上的人数,直到总站。"沿着路前进,直到总站才询问
累计人数。记录下这次行程儿童所需的帮助。

第四次行程的指导语是:"这一次,有上车的人,而且还有下车的人,
在行程即将结束时站长将问你车上的人数,所以要一直记着车上的人数,直
到总站。"记录下儿童在最后两次行程中所采用的策略,诸如数指头、喃喃自
语,或在每个站台大声地说出数目等。在儿童似乎不能保持连续的数目记忆
时,可偶尔提示"别忘了记在脑子里"之类的话。

本时段结束时,可以说:"我还有几个问题想要问问。"把 4 个人放到车
上,问儿童:"现在车上有几人?"然后问车上有多少头、鼻子、下巴,接着
问车上有多少只手,如果儿童立刻回答是"4",鼓励他再想想看,再问有多
少只脚。如果儿童对这些问题的回答正确,可以在车上再加放一个人,问儿
童:"现在,车上有多少只脚了?"再问手的数目,最后是头。记录儿童的反
应和他使用的可察觉到的策略。

在所有儿童进行完第一轮后,在集体活动时间再一次介绍此游戏:"你
们可以再次进行公共汽车游戏,但这次游戏有点不同。"

第二时段也包括 4 次行程,可使用木棒计数。考察儿童记录和组织数目
信息的能力以及记录几个变量的能力。这样介绍第五次行程:"你又当售票
员了,但这次有点不同,为帮助你记住车上的人数,你可以使用这些绿色的
木棒",把装有 10 根木棒的容器递给儿童,"你将负责管理汽车和乘客"。

然后,汽车在板上开始了第五次行程(见表 3-3),本次行程只有成人乘

客。把车沿路移到环站，在站台上放 2 个人。

"现在汽车到了环站，这些人要上车。"等到儿童拿出木棒计数时再把人放上车。记着说"这几个人上车……"而不是"2 个人上车……"让儿童自己把数目与木棒联系起来。注意，要保证儿童看不见车上的人，这就迫使儿童必须依赖木棒计数。在观察表（表 3-5）的"第一站"的空白处记录儿童使用木棒的情况。观察儿童在每一站使用木棒的情况，记录他取出的木棒数，同时用描述性的语言评注相关的信息，如儿童是否根据地点把木棒分开。

如果儿童在第一站没有取出 2 根木棒，则帮助他："你能用木棒来帮你记着有几个人上车了吗？"如果儿童还是不知所措，重复说一遍："你怎样表示上车的人数呢？"如果还需要帮助，就接着说："你能取出一些木棒吗？"在松果站如果还有必要的话，同样如此帮助儿童。但如果儿童仍然不会使用木棒，则说明他可能尚未发展到进行此游戏的阶段，可以停止进行游戏。在观察表上标注给予帮助的情况。

接着在松果站放置 1 个人，把车移到站台。"汽车到达松果站，这几个人上车了。"如果儿童忘记使用木棒，就提示他："你怎么办呢？"此提示不被记录为支持。把那个人放进车里。在羽毛站，2 个人上车，而在贝壳站又上了 1 人。把车开到每一站，把人放置在站台上，等儿童数出木棒，再把人放进车内。

最后，车子开到总站，你说："现在站长出来了，'_____（儿童名）售票员，请告诉我车上现在有多少人？'"如果儿童说他不知道或乱猜，就问他："你想想看呢？"接着提示他："用你的木棒帮助你找到答案，好吗？"

注意记录儿童是自动地，还是在提示之下借助于木棒计总数的。如果木棒总数与儿童所猜的数目不同，问他坚持哪个数。记录儿童的最终计数，再让儿童从车内取出乘客，排成队数一数。如果儿童计数错误，不要说他错了，可以这样说："车上好像有很多人"或"看看有多少人可以装上车"或"人数比你想象的要多！"让儿童把木棒放回到容器中，把汽车等物收回。

第六次行程的指导语如下："现在公共汽车又要出发了。这次乘客有的上，有的下。好，汽车到达环站，看看在环站有几个人要上车。"步骤和第五次行程一样，乘客为成人，乘客数见表 3-3。在第二、第四站，乘客设定为下车。在松果站时说："松果站的情况有点不一样，在松果站，乘客要下车。"

如果儿童不知道拿走一根木棒，那只能给予他一次帮助，说："一个人下车了，怎样用你的木棒来表示呢？"记录下儿童的动作及所提供的帮助。当汽车到达总站时，说："现在汽车到达总站，站长问，'_____（儿童名）售票员，你的车上有多少人啊？'"重复第五次行程中的程序及说明，如果儿童不感兴趣，就不必在每次行程后都倒空汽车数乘客。

第七次行程的指导语如下："现在公共汽车又要出发了。但是这次上车的有大人，也有小孩。当汽车到达总站时，站长想知道车上有多少大人和小孩。你可以用这两种颜色的木棒帮你记住汽车上有几个大人，几个小孩。"

把装有蓝棒的盒子递给儿童，有关数目见表 3-3。为方便起见，把大人和小孩分别排队。当汽车到达环站，把大人和小孩都放在站台上，说："这几个大人和这几个小孩要上车。"在儿童取出木棒后，再把人放进车内。在观察表上记录儿童所使用木棒的颜色。如果儿童不知道怎样用两种色棒表示，或者只是从盒子里胡乱地抽取，则给予一次帮助："现在，请记住车上有几个大人，有几个小孩。"之后不能再给予任何帮助。

随后三站的活动方法和记录同上。在贝壳站，说："这几个大人要上车，没有小孩上车。"车到达总站时，安排站长询问车上有几个大人和小孩，以及车上共有多少人。在表上标明儿童是否正确地用色棒计数。

第八次行程的指导语如下："现在公共汽车将开始它的最后一次行程。这一次，上车的有大人，也有小孩，他们有时要下车。站长还是要询问车上有几个大人，有几个小孩，所以你可以再次使用两种色棒。"步骤和记录方法与以上相同。在松果站时，有点不同的是强调一下乘客下车，如果儿童反而加了一根木棒的话，可给予一次帮助，并记录下来。在总站，询问大人数、小孩数以及总人数。

一般来说，在做此游戏过程中，必要时可以提示，但不同于比较正式的帮助。等待回答时，避免使用"猜猜"之类的词。追究儿童的回答时，一般可问"你怎么知道的?"如果儿童特别想要自己开动汽车或规定乘车的人数的话，就告诉他这是教师的工作，等结束后，儿童可以自己开动汽车。教师也可以让儿童把汽车开到第一站，或从最后一站到总站。注意限制儿童的角色，以免儿童分散注意力。

(四)评价

评价第一时段使用第一时段的观察表(表 3-4)，记录儿童在第一、第二次行程中的反应，并记录儿童最后的计数以及所给予的帮助。在第三、第四次行程中，记录儿童所使用的策略，如大声地说出数目。在附加的问题部分，记录下儿童的答案或寻求答案过程中使用的策略。把正确的答案写在括号中，以便于评价。

参照"公共汽车游戏评价信息"填写"公共汽车游戏汇总表"(表 3-7)。各级得分标准见表 3-6。在两个时段中，儿童每获一次帮助，就扣去 0.5 分。

评价第二时段使用第二时段的观察表(表 3-5)，记录儿童在每站的反应和老师的评注，同样记录儿童最后的计数。写明儿童是怎样使用木棒来记数的，他是否借助于木棒计总数?他获得了哪些提示?同时记录相关的信息，如儿童是否能准确地数到 6。每一次行程的评价类似，其中在第三、第四次行程中，记录儿童分别用什么色棒计算成人数和小孩数。

如同第一时段，参照表 3-6 填写第二时段的评价表(表 3-8)。在每个儿童的矩阵中，横向看是儿童在各次行程中的得分情况；纵向看是儿童在各方面的得分情况：第一栏(最后计数)的分数反映了儿童对行程中所得的信息的理解能力，第二栏(木棒策略)的得分反映了儿童对解决问题的策略的有效使用，从第三栏(借助木棒)可了解儿童是否知道其符号系统所包含的信息，而第四栏(计数准确性)则反映了儿童计数的能力。把每个儿童的最后得分记录在其表格的右下角。

(五)初步结果(1986—1987)

1986—1987 年度的实验班儿童，在公共汽车游戏中显露出各种能力。

因为第一时段并没有完整地进行，所以结果主要放在第二时段上。

在第二时段的第一次行程中，要求儿童用木棒来取代一个变量——上车的人，大多数儿童能够正确地使用木棒计算出最后的人数。当出现下车的人、乘客中加入了小孩时，错误就出现了。有的儿童可能知道在一种情景中如何做，但到另一种情景中就不知所措了。其中大约有一半的儿童所犯的共同错误是增加木棒来代表下车的人。还有一些儿童表示上车、下车人数的策略是：把木棒倒转过来表示下车的人；使用空间安排，如把木棒分成两排，来分别代表上车和下车的人。但是，这些策略都很脆弱，难以坚持。极少有儿童在开始用了错误的方法后自己能纠正过来。一个儿童在他的第六次行程中才开始明白，在最后的一次行程中开始用拿开木棒的方法表示下车的人。

在"两个变量"的行程中，大约有一半的儿童连续使用两套木棒来代表成人和小孩，而还有一些儿童只是随意选择木棒的颜色，或者使用不成功的策略。儿童在利用木棒所包含的数字信息进行最后计算时，也出现差异。有些儿童意识到并使用木棒所包含的数字信息进行最后计数，而有些儿童还需要教师的帮助。儿童常常采用的策略是：用任何可能的方式"得到"急着想要的数字。例如，如果有 4 个成人上了车，而有 2 根木棒已经被拨出来了，那么，儿童就直接再增加 2 根来表示上了 4 人。

一些儿童会从自己正确的计算中得到很大的满足。他们非常熟悉数字之间的关系，能发明数木棒的捷径，如把它们分组、匹配等。一个儿童在最后计数时，意识到车上的人数应该与木棒数一致，于是他费了很长的时间努力弄清他究竟在什么地方出现了错误。虽然有些儿童主要注意数字信息，但也还有一些儿童更关心上车和下车的人，更倾向于把这个游戏变为戏剧性游戏。

(六)进一步建议

为进一步丰富恐龙游戏和公共汽车游戏，教师可以组织一些几何推理活动，如用到图案、积木的活动。在公共汽车游戏中，可以通过各种改变来给那些较大的或发展较好的儿童增加难度，如在同一站台既设置上车的人，又设置下车的人；运用书面符号；使用大的数目；增加人的类别；增加车票或用图表绘出不同站台受欢迎的程度等。在恐龙游戏中，还可以增加一个附加的数字骰子，点数可加大，或者改变象征符号。最后，正如先前所提到的，教师可在教室里放一本数字笔记本，用于记录儿童自发进行数字推理的事例。

表3-3　公共汽车游戏参照表

第一课			
行程 1	行程 2	行程 3	行程 4
无木棒/成人上	无木棒/成人上、下	无木棒/成人上（只计最后总数）	无木棒/成人上、下（只计最后总数）
1. 环站　　2 上	1. 3(上)	1. 3(上)	
2. 松果站 1 上(＝3)	2. 1(下)(＝2)	3. 2(上)	3. 2(上)
3. 羽毛　　1 上(＝4)	3. 2(上)(＝4)	3. 2(上)	3. 2(上)
4. 贝壳站 2 上(＝6)	4. 1(下)(＝3)	4. 1(上)	4. 2(下)
6	3	7	1
附加问题			
车上有 4 人 1. 头？　　(4) 2. 鼻子？　(4) 3. 下巴？　(4)　　　4. 手？(8)　　　5. 脚？(8)		又上了 1 人(5)	6. 脚？(10) 7. 手？(10) 8. 头？(5)
第二课			
行程 5	行程 6	行程 7	行程 8
木棒/成人上	木棒/成人上、下	木棒/成人、儿童上	两种色棒/成人、儿童上、下
1. 2(上)	1. 4(上)	1. 2 A(上)1 C(上)	1. 2 A(上)3 C(上)
2. 1(上)	2. 1(下)	2. 1 A(上)2 C(上)	2. 1 A(下)2 C(下)
3. 2(上)	3. 2(上)	3. 4 A(上)3 C(上)	3. 3 A(上)2 C(上)
4. 1(上)	4. 2(下)	4. 2 A(上)0 C(上)	4. 2 A(上)1 C(上)
6	3	9 A　　6 C	6 A　　2 C
		总分 15 分	总分 8 分

表3-4　第一时段公共汽车游戏观察表（无木棒）

儿童_____　　年龄_____　　日期_____　　成人_____　　观察者_____

行程1——成人上	行程2——成人上、下	行程3——成人上（只计最后总数）	行程4——成人上、下（只计最后总数）
反应及评注：	反应及评注：	反应及评注：	反应及评注：
站1	站1		
站2	站2		
站3	站3		
站4	站4		
最后计数：	最后计数：	最后计数：	最后计数：
是否给予帮助? 是/否	是否给予帮助? 是/否	是否给予帮助? 是/否	是否给予帮助? 是/否
		采用什么策略?	采用什么策略?

评注：

附加问题

头 (4) _____	手 (8) _____	脚 (10) _____
鼻 (4) _____	脚 (8) _____	手 (10) _____
下巴 (4) _____		头 (5) _____

表3-5 第二时段公共汽车游戏观察表（有木棒）

儿童＿＿＿＿＿＿＿＿＿　日期＿＿＿＿＿＿＿＿

成　人＿＿＿＿＿＿＿＿　观察者＿＿＿＿＿＿＿＿

行程5——成人上车

动作和评注：

站1（提示次数：1，2，3）

站2

站3

站4

最后计数：＿＿＿＿＿（提示次数：1，2）

木棒策略：

借助木棒计总数：

数数：

行程6——成人上、下车

动作和评注：

站1

站2（提示次数：1）

站3

站4

最后计数：＿＿＿＿＿（提示次数：1，2）

木棒策略：

借助木棒计总数：

数数：

续表

行程 7——成人和儿童上车

行动和评注：

木棒颜色：　　成人＿＿＿＿　儿童＿＿＿＿

站 1（提示次数：1）

站 2

站 3

站 4　　　　　　　　　　　　　　　　　　总人数＿＿＿＿

最后计数：成人＿＿＿＿　儿童＿＿＿＿　总人数＿＿＿＿

木棒策略：

借助木棒计总数

数数：

行程 8——成人和儿童上、下车

行动和评注：

木棒颜色：　　成人＿＿＿＿　儿童＿＿＿＿

站 1（提示次数：1）

站 2

站 3

站 4　　　　　　　　　　　　　　　　　　总人数＿＿＿＿

最后计数：成人＿＿＿＿　儿童＿＿＿＿　总人数＿＿＿＿

木棒策略：

借助木棒计总数

数数：

表 3-6 公共汽车游戏评分信息

第一时段(最大分值为 22 分，儿童每获一次提示，扣除 0.5 分)

行程 1

数目正确：3——最后 3 站计数都正确

2——最后 3 站有 2 站计数正确

1——最后 3 站有 1 站计数正确

0——只有第一站计数正确

行程 2

数目正确：3——最后 3 站计数都正确

2——最后 3 站有 2 站计数正确

1——最后 3 站有 1 站计数正确

0——只有第一站计数正确

行程 3

最后总计数正确：3——是

0——否(或猜测)

行程 4

最后总计数正确：3——是

0——否(或猜测)

附加问题：

最后 5 题每题 2 分(前 3 题不评分)

第二时段(最大分值为 34 分，儿童每获一次提示，扣除 0.5 分)

行程 5

最后总计数正确：2——是

0——否

木棒策略：3——有效

1——其他(如努力"达到"正确的答案)

0——随意

借助木棒：1——是

(计总数) 0——否

数数的准确性：1——是

0——不能——对应

行程 6

最后总计数正确：2——是

0——否

木棒策略：3——有效

(仅指扣除木棒) 1——其他(如翻转木棒或分成两堆)

0——随意、胡乱

续表

借助木棒： 1——是
(计总数) 0——否
数数的准确性： 1——是
0——不能一一对应

行程 7
最后总计数正确：2——所有的答案全部正确
1——成人数、小孩数、总人数 3 项中，有 1～2 项正确
0——无一计数正确
木棒策略(A)： 2——用颜色区分成人、小孩
(仅指颜色) 1——不能坚持使用策略
0——随意，无明显的策略
木棒策略(B)： 3——有效
(仅指增加) 1——其他
0——随意、胡乱
借助不同色棒：1——是
(计总数) 0——否
数数的准确性：2——是
1——漏数，出现小错误
0——不能一一对应

行程 8
最后总计数正确：2——所有的答案全部正确
1——成人数、小孩数、总人数 3 项中，有 1～2 项正确
0——无一计数正确
木棒策略(A)： 2——用颜色区分成人、小孩
(仅指颜色) 1——不能坚持策略
0——随意，无明显的策略
木棒策略(B)： 3——有效地扣除
(仅指扣除) 1——翻转木棒或将之分成几堆，努力区别增加和扣除，但区
分无效
0——随意
借助不同色棒： 1——是
(计总数) 0——否
数数的准确性： 2——是
1——漏数，出现小错误
0——不能一一对应

表 3-7　公共汽车游戏汇总表（第一时段）

儿童（年龄）	行程 1	提示	行程 2	提示	行程 3	提示	行程 4	提示	附加问题			总分			评注
									手	脚	手	头	第一时段	第二时段	两个时段	

表 3-8 公共汽车游戏汇总表（第二时段）

儿童(年龄)	行程	最后计数	木棒策略 A	B	借助木棒	数数的准确性	提示	子项总分	儿童(年龄)	行程	最后计数	木棒策略 A	B	借助木棒	数数的准确性	提示	子项总分	评注
	5									5								
	6									6								
	7									7								
	8									8								
	合计									合计								
	5									5								
	6									6								
	7									7								
	8									8								
	合计									合计								
	5									5								
	6									6								
	7									7								
	8									8								
	合计									合计								
	5									5								
	6									6								
	7									7								
	8									8								
	合计									合计								
	5									5								
	6									6								
	7									7								
	8									8								
	合计									合计								

第四章　科学领域 KEXUE LINGYU

——引言

对于大多数儿童而言，并不需要对科学领域进行正式的介绍。他们对周围环境的许多方面——人、植物、动物以及自身直接体验的物理环境的特点，都有自发的兴趣。从开灯、荡秋千到吹口哨，儿童总在发现他们周围简单的因果关系。儿童婴幼儿时期就出现最初的因果感，例如婴幼儿晃动摇床，悬在他们头顶上的活动装置就会随之晃动。但是要明白什么是因，什么是果，还需要数年的时间。

从皮亚杰的著作中，我们知道儿童对世界的理解是其对环境主动探索的结果，并随着年龄而发展（Ginsburg & Opper，1979）。婴幼儿开始理解类别，低年级学龄儿童开始逐渐学会辨别等级和体系。通过对物体的观察和操作，学前儿童开始识别互动和行为的可预测的模式。比起一些诸如数学和音乐领域方面的智能，儿童在科学方面的智能更多地基于真实世界的经验，而且需要更长的时间才能出现。儿童在科学方面的智能往往直到小学，甚至初、高中才被评价，这时的相关课程已由重视过程转换到重视结果，而且更具内容取向。比如，物理科学，包括化学和物理，主要探索物质世界和物理系统的进化；自然科学，比如生物学，探究生物的形式和现象，包括它们的起源、发展和组织。因为科学技术在我们生活中变得越来越重要，未来的学校可能像重视其他自然科学一样，将日益重视物理。囊括科学不同层面的学前教室的区域安排一般包括积木区、水台、沙台，有时也有自然科学区、木工制作区或烹饪区。

——何谓科学活动

科学智能通过不同的方式显现出来。有些儿童想要发现物体是怎样运作的，有些儿童更关心物体是怎样成长的，还有些儿童则对把不同的物体归类更感兴趣。比如，有些儿童可能集中精力把物体按照是沉还是浮来分类，而另一些儿童则可能更感兴趣从一般浮的物体中辨别出下沉的物体。儿童还可能把一种科学的方法带入其他的领域。例如，一个对绘画不感兴趣或没有什么绘画技能的儿童能坚持很长时间尽可能精确地画出蜘蛛。有的儿童可能使用他们在其他情境中所获得的信息对教室里的事件进行讨论。例如，观察一只蟋蟀冲撞着容器的顶，这些儿童可能得出一个这样的结论："蟋蟀能够跳得比容器的高度高。"

在科学领域的不同寻常的智能主要表现为对信息进行联系和比较的能力，赋予观察以意义的能力，做出假设并加以验证的能力等。具有科学家潜质的儿童渴望着探索世界，在寻求更多知识储存中提出许多问题。多彩光谱项目活动力图捕捉乐于辨识物体结构和模式并对"发现问题，解决问题"感兴趣的儿童。

在科学领域我们提出三种终极状态。首先，自然学家对自然现象显露出兴趣和理解，同时还掌握敏锐的观察技能。在发现区，通过向儿童介绍各种生物和无生命的物体，鼓励儿童对之进行观察、描述和分类。我们反对在这部分采用更结构化的活动，因为对周围环境的敏锐观察常常是随着时间推移而展开的。

寻宝游戏反映了第二个终极状态——实验型的科学家，他们表现出了超越观察的能力，以及运用所呈现的信息推断统领的规则的能力，这是科学思维中的一个关键元素。沉浮活动所标识的能力类似于发现区和寻宝游戏中的能力：自己的观察、简单假设的形成以及实验。

最后，装卸活动引发的是第三种终极状态——技工的特征技能，如对因果关系和功能关系的识别。在这个活动中表现突出的儿童可能对物体是怎样运作的感兴趣，并且喜欢把破损的东西装配起来。

一、 发现区

(一)目的和活动描述

发现区旨在通过大约一年的活动，引导儿童观察、探究和理解自然现象。与科学领域的其他活动相比，发现区的活动和评价的结构性不强。在发现区，主要不是进行单个的、正式的活动，而是让儿童在整个学年都接触到大量的自然科学活动。教师对科学探究、科学观察中所含的认知成分进行正式或非正式的观察，从而对儿童做出评价。

发现区所说的认知成分包括：密切的观察、异同的辨别、假设的形成、实验以及对自然世界知识的兴趣。教师可以在室内、室外的各种活动中观察到这些成分。由于儿童的兴趣各异，所以要提供广泛的科学体验，这点非常重要。教师要注意那些对特定事物或活动，如对石头、动物或实验等，都显现浓厚兴趣的儿童。

教师可依据发现区的每月日程组织活动。另外，我们还提供了一些补充或候补活动，教师可以根据儿童的兴趣、可利用的设备、天气、学校周围的地势等诸多情况进行选择。

(二)材料及组织

发现区活动所需的材料及其资源取决于你所选择的活动。虽然我们在下面的表中列出了一些基本的材料、设备，但不是说其中哪一套是必不可少的。周围的自然环境越有限，就越需要教师将活动引向教室。发现区的许多材料或在校园里就可找到(如叶子、土壤、石子、木头)，或是儿童所搜集的(如贝壳、石头、金属物体)，或是由家长捐赠的(如皮毛、旧杂志、纱线、容器)。

最好的材料是那些具有多种用途的材料，如黏土、沙、木头、小方冰块、种子、池塘里的水等。因为这些材料在形式、重量、颜色和材质上都有变化，所以易激发儿童的注意力，使儿童不需要成人的监督就能专注活动(Pitcher，Feinburg，Alixndeer，1989)。

如果可能，在教室的一角安排两张小桌子，用于发现区的活动，在架子

上或窗台上陈列儿童个人的活动作品集。任何时候都应该有 1～2 种东西供
儿童观察、探索。为保持儿童持久的兴趣，教师每数周都应增加新的物体或
新的活动。教师在介绍新材料时，应尽力使每个儿童都知道其操作和收藏的
方式。

表 4-1　发现区的基本材料和设备

一般设备	动物设备
放大镜	笼子、盒子、盆
干净的分类盒	昆虫笼子或罐子
镊子	鸟巢
点眼药器	鱼缸
收集盒	**园艺和栽培设备**
显微镜	盒盖、盆、托盘
镜子	栽培植物的罐子、箱子、包装盒
磁石	工具(如铲子、手动除草机、铁锹)
滤水台设备	**标本**
各种筛子	化石
各种漏斗	种子
各种塑料瓶子	石块或卵石
各种塑料容器	贝壳
打蛋器	羽毛
各种可漂浮或下沉的材料(如软	骨头
木塞、石头、海绵、垫圈等)	皮毛
度量设备	**记录材料**
温度计	录音机
米尺和标尺	记录笔
烹饪物品(如各种调羹用品、	铅笔
杯子)	纸
天平	序列卡

(三)步骤及程序

教师可在学年之初把发现区介绍给儿童。可建立"登录"制度，以限定区
域里的人数。可以在某个地方挂上儿童的照片或其名字标签，也可以在儿童

的帮助下建立活动区使用制度。制度应简明扼要，要强调安全、分享以及材料的收藏规则等。发现区的大多数活动都应是开放式的，儿童可以根据需要自由地使用材料。

在开始活动之前，向儿童阐述各设备、材料的不同使用方法。比如，让儿童听听贝壳里的声音，也可以让儿童把贝壳放在放大镜下进行审视、琢磨。介绍完毕，鼓励儿童在新的、正在进行的活动中运用各种设备。无论是自由游戏还是有组织的活动，儿童都可以使用各种材料。比如，除了有组织的"沉浮"活动之外，还要给儿童足够的时间，让其在桌前玩水——灌注、倾倒、虹吸等。

(四)评价

前面已提到，发现区的评价不像多彩光谱项目的其他评价活动那样具有较强的结构性，其评价类似于"创造性课程""同伴互动观察表""艺术夹"等，需要在长期观察儿童活动和学习的基础上进行。可依据教师正式或非正式的观察对儿童自然科学智能进行评价，其观察可参照发现区评价标准表（表4-4）。

在对儿童自然科学智能进行观察之前，教师需认真研读评价标准表（表4-4），熟悉各种规定。评价时使用发现区观察表（表4-5），尽可能详细记录儿童的各种情况，包括问题陈述、兴趣、观察及解决问题的策略等。发现区观察表的结果不在于一个量化的分数，而是使教师通过此表能够全面了解儿童在自然科学领域的兴趣及其强项。

表 4-2　发现区活动日程

这是一个建议性的自然科学活动安排日程。安排活动时考虑了季节的变化、儿童的兴趣、活动在室内或室外的可管理性等因素。由于许多教师可能已开展过类似的课程，所以对各活动我们不做详细描述。

九月

1. 建立发现区。
2. 介绍发现区中的材料。

3. 介绍收集盒的概念。

收集盒用来收集外面世界中自己感兴趣的东西，以便能够进一步地探索。叶子、石头、青苔等一切新奇的东西都可以成为收集的对象。收集后，就可以与同伴、教师一起，用放大镜、显微镜对它们进行探索。

4. 把收集盒变成艺术。用鞋盒和各种材料进行装饰、标记。

十月

1. 大自然的秋天。

与儿童一起探索秋天的现象，讨论叶子的颜色变化：所有的鸟和夏天的颜色到哪儿去了？自夏天以来，事物发生了什么变化？

2. 讨论自然界和收集盒的宝贝。

儿童环坐在地板上，面前放一张报纸，儿童从自己的收集盒中取出两样"宝贝"放在上面。

3. 叶子拼贴。

在一张蜡纸上撒上刮蜡粉，放上几片叶子，在上面再覆盖一张蜡纸，然后熨平即可。可把儿童的拼贴作品粘在窗户上。

4. 万圣节去南瓜地采摘。

为每个儿童挑选一个小南瓜，让他们装饰并带回家。切开一个大南瓜，把瓜子弄干、炒熟。南瓜存放在教室的发现区，让儿童观察其腐烂过程并开展讨论。

十一月

1. 喂养鸟和松鼠。

购买鸟食和坚果，并请儿童带面包屑喂养鸟或松鼠。

2. 训练喂养员。

教给儿童喂养员的简单做法。把花生油和面点疏松油的混合物涂于松果上，再将松果在鸟食里滚一滚，然后系上鲜艳的线，挂在树上，或者用塑料纸裹好，给儿童带回家。

十二月

1. 创建班级微型博物馆。

剪下奶瓶纸板箱的盖，放在一个大而浅的箱子里，让儿童收集一些户外物品，诸如石头、叶子、贝壳等，并把它们放进奶瓶纸板箱，装满。让儿童用放大镜仔细地观察不同的物体。

2. 有关雪的实验。

用容器装一点雪放在教室里，让儿童在显微镜下观察雪融化时的变化。

一月

1. 大自然的冬天。

叶子哪儿去了？雪的下面是什么？地为什么如此坚硬？儿童能模仿在雪地里走路的声音吗？

2. 堆雪人。

分小组堆雪人，鼓励儿童合作完成小组目标。观察雪人形状随时间的变化。

二月

1. 用雪堆城堡。

鼓励儿童动脑筋堆雪城堡。城堡融化需要花多长时间？

2. 冰实验。

取两个小方冰块盘，一个盛自来水，一个盛咸水，然后放在室外过夜，看看哪个结冰，哪个没有结冰。再将小方冰块拿回室内，用不同的材料(如棉花、纸、布、橡胶等)包住冰块，比较不同的材料，看看哪种材料使冰块融化得更快。

3. 雪的艺术。

在雪上涂色，看看当雪融化时颜色有什么变化。

三月

1. 蝌蚪。

从池塘、湖里或生物供应公司都可以弄到蝌蚪。观察蝌蚪变成青蛙是个相当长期的自然活动。儿童可以看到蝌蚪在生命的每一阶段机体中所出现的变化，同时还能学会照料这些动物，给它们喂食和换水。

2. 大自然的春天。

与儿童讨论四季的变化：雪到哪儿去了？出现了多少绿色的生物？列出几种从冬季到春季出现的明显变化，比如，儿童的衣着、自然环境以及动物的生活变化等。

3. 栽植花球。

在花盆里栽植绣球花，插一把直尺，直尺上贴有一张纸。让儿童记录花球的高度变化，从而获得测量的概念。

续表

四月

1. 种子与植物。

测试种子的萌芽速度与其大小是否有关。设计一系列的实验观察空气和光怎样影响种子的萌芽及植物的成长。

2. 地球日看大自然。

让儿童戴上手套捡垃圾。创立一个名为"垃圾造型"的小组项目。与儿童讨论怎样保护环境。

五月

1. 把植物移到户外的花园。

2. 在多云的一天观察天空。

读关于云和天气的书。让儿童坐或躺在地上，抬头看天空，观看云朵的形状。

六月

1. 春夏之交时的大自然。

集中收集小虫子。可以利用网对草丛区、灌木区以及草地进行"扫荡"。所谓"扫荡"，就是在一定区内布下网，然后把网顶收紧，从而探察在某一特定区域的昆虫生活。观察完毕后，放走昆虫。

2. 婴儿来访。

邀请小婴儿或蹒跚学步的儿童来游戏。新生儿或蹒跚学步的儿童的动作有什么不同？他们与你有哪些不同？你还知道其他不同之处吗？有无相似之处？当你是婴儿时，是什么样的？

表4-3 附加活动

以下所建议的活动大多数可以多次进行。通过这些活动，教师可以观察儿童在理解科学现象和掌握实验方法方面的进步。

每次呈现活动时，教师可以在材料的使用或介绍的概念方面有所变化。由于这些活动都是以儿童为导向的，所以在简短的介绍后，就可让儿童自己琢磨材料及其使用方法。

1. 吹泡泡

　　用洗洁剂作为溶剂。把清洁管子弯成圆形、方形、三角形，作为吹管，让儿童猜测吹出的泡泡的样子。再用漏斗、卷筒、草莓篮子做吹管，可以吹大小不同的泡泡。

　　把不同形状的吹管插入塑料瓶中或者杯子底部，可以直接用吹管吹，也可以上下摇晃容器，形成一个大泡泡。

2. 磁石

　　提供磁石和各种材料，如铁钉、别针、铅笔、铝等，让儿童通过实验发现哪些物体可以被磁石吸引。然后给儿童各种材料，如吸管、直尺、线、磁带、电线和磁石。让儿童动脑筋设法让一个金属玩具车能自动地横穿桌子。

3. 人的感觉

　　把不同的液体放入不同的瓶子(如醋、苹果汁、蜜汁、糖水、盐水、水、咖啡、苏打、酱油)。让儿童描述这些液体的颜色。他们在辨别各瓶子之间的差异时，使用的是什么感官？除此之外，还运用了什么感官？给儿童一些标有字或图的标签，请他们把标签贴在相应的瓶子上，鼓励他们使用听觉、视觉或者味觉。

4. 了解食物的脂肪含量

　　摆放不同的食物，如熏肉、花生、蛋黄酱、黄油、有叶的蔬菜以及面包，让儿童把不同的食物在纸上摩擦，然后在太阳光或灯下看各食物摩擦后的痕迹，记录儿童的观察过程和结果。

表 4-4　发现区活动评价标准

密切的观察

　　1. 运用一种或多种感官密切观察材料，了解环境中物体的物理特性。

　　2. 长时间地注意观察某个物体的变化。如植物新生的叶子、树上的苞蕾、蝌蚪长出了腿等。

　　3. 喜欢通过画画、图表和序列卡等来记录观察现象。

识别关系

    1. 注意到物体之间的异同，喜欢对材料或事件进行比较。如把蜘蛛和蟹进行比较。

    2. 根据不同的标准对物体进行分类。如根据颜色、形状、大小、质地等分类。

形成假设

    1. 根据观察进行假设。

    2. 对自然物体或事件喜欢问"如果……会怎样"类的问题。

    3. 试着解释某种现象。

实验

    1. 在形成假设之后(这个假设可以是自己的，也可是由他人提出的)，产生实验的想法或创设简单的实验情境。如把大小不同的两块石头扔进水中，看看是否一个比另一个沉得快些。

    2. 操纵重要变量或把材料综合起来，以此来探索物体或物体间的关系。如用油漆而不是水来浇树。

对自然活动感兴趣

    1. 长时间地对自然现象或相关材料感兴趣，自我学习的内在动机强烈。

    2. 经常问与自己所观察的物体有关的问题。

    3. 喜欢报告自己或他人在自然环境方面的经历。

自然世界的知识

    1. 对某个自然物体或现象显示出不同寻常的广泛知识。如小虫子、恐龙。

    2. 自发地提供有关各种自然现象的信息，常常回答教师或他人提出的有关自然环境的问题。

表 4-5 发现区观察表

儿童_____ 年龄_____ 观察者_____ 日期_____

观察项目	观察
密切的观察 1. 使用不同的感官 2. 注意物体在时间上的变化 3. 用各种方法记录观察结果 4. 其他	
识别关系 1. 对比、比较不同物体或事件 2. 根据各种标准对物体进行分类 3. 其他	
形成假设 1. 根据观察进行假设 2. 问"如果……会怎样"类型的问题 3. 尝试解释原因 4. 其他	
实验 1. 创设实验情境 2. 创新地操纵物体 3. 其他	
对自然活动感兴趣 1. 对自然现象显示出强烈的内在兴趣 2. 问与其观察物体有关的问题 3. 报告有关自然环境方面的经历 4. 其他	
自然世界的知识 1. 显示出不同寻常的大量知识 2. 提供信息和回答问题 3. 其他	

二、 寻宝游戏

(一)目的和活动描述

在寻宝游戏中，儿童需要经过逻辑推理，发现信息间联系的规则。儿童在游戏板上的小岛中寻宝，宝物藏在旗子后。鼓励儿童设法发现藏宝的规则：骨头藏在橘红色旗下，珠宝藏在红旗下，石头藏在绿旗下，而蓝旗下什么也没有。一旦他们察觉到这个规则，就可以预测其他物体所藏的地方。

在游戏中，让儿童把宝物收藏在以颜色编码的盒中，这样，教师可观察到哪些儿童能根据颜色对物体进行分类。虽然许多儿童能够把宝物收藏在相应的盒子里，但让他们凭此预测他们将可以在哪儿找到宝物，却不太容易。一些儿童可能根据物体本身的实际颜色(如推测棕旗下藏的是一块棕色的石头)；另一些儿童则可能根据他们对颜色的偏好断定宝物的藏身之地。蓝色部分(与下面什么也没有的蓝旗相对应)是儿童最难以理解的，因为它下面什么也没有。

本游戏虽然不强调语言表达能力，但可在前三轮后以及游戏结束时问问儿童，看他们是否能说出其中的规则。在第六轮，教师要注意儿童是否能根据他所知道的其他宝物藏处来推断石头的藏处。如果儿童能立即识别规则，可改变物体与旗子的匹配或者用新的物体取代，再进行一次游戏。

在游戏进行了一段时间之后，一些儿童在他们搜集完一个类型的所有物体后，可能能够发现每一种宝物都有 4 个，或者他们知道剩下的宝物藏在何处。另外，在陈述隐含的规则时，不同儿童也会表现出在清晰程度方面的差异。

(二)材料及组织

寻宝游戏的材料包括：一个浅色纸板盒。蓝色玻璃纸，绿色胶纸的 3～4 棵小树，16 个瓶盖为绿色的酸奶瓶，16 面毛毡片做成的三角形旗帜(粘在长棍上，插在橡皮泥上)，3 种宝物(如 4 块石头、4 件珠宝、4 根骨头)，一个空纸盒(给儿童放宝物之用)，一套卡片(12 张，每一张卡片上画一面彩旗或一种宝物）。纸板上盖有蓝色的玻璃纸，象征着水。然后把一个用绿胶纸做成的不规则形状的"岛屿"放在"海洋"上，岛屿上插3～4棵小树，并挖出16个洞，洞里放空酸奶杯。

酸奶瓶的绿色盖要浮出岛屿表面，每个洞边放一面旗，红色、蓝色、橘红色、绿色各4面。把珠宝放在红旗边的洞里：小石头放在绿旗边的洞里，骨头放在橘红色旗边的洞里，珠宝可以用服饰珠宝（钻石、红宝石、饰针），骨头可用兔子骨头（大多数科技供应公司都有）。在游戏开始时，按下列顺序发给儿童卡片：（1）红色旗子；（2）橘红色旗子；（3）蓝色旗子；（4）橘红色旗子；（5）红色旗子；（6）石头；（7）绿色旗子；（8）蓝色旗子；（9）骨头；（10）石头；（11）空的卡片；（12）珠宝。

教师还应该给儿童一个可以放宝物的小盒子（即空纸盒），用4种和旗子颜色一样的制图纸将盒子分成4部分。

对每个儿童的评价时间大约为10分钟，把儿童的反应记录在观察表中（表4-6）。如果时间允许，儿童可以进行此项游戏中符合其兴趣和理解的其他部分活动。

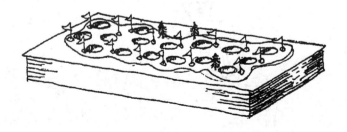

﹡同样大小的16个洞。

﹡16面小旗插在黏土上；4面蓝色，4面红色，4面绿色，4面橘红色。

﹡一些树。

注意：洞是装酸奶的瓶子做的，盖子表面是绿色，只能看见顶。酸奶瓶（在盒子里）里藏着不同的宝物。

图 4-1 寻宝游戏材料 1

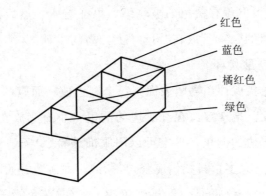

红色
蓝色
橘红色
绿色

旧的上面开口的纸巾盒子。

每一部分的颜色都不同，其颜色与不同种类的宝物相对应。

图 4-2　寻宝游戏材料 2

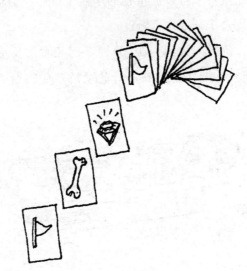

12 张一套的卡片。

有的卡片上面插有小旗，另外的卡片都有一幅画着宝物样子的图。

图 4-3　寻宝游戏材料 3

(三)步骤和游戏

寻宝游戏对一些儿童而言具有一定的挑战性，最好安排在下半学年进行。在小组活动时间向大家介绍："这个学期我们要在班上开展一个新的游戏，叫作寻宝游戏。这个游戏有点像猜谜，因为你要设法猜出宝物所藏的地

方。每人都有一次机会和_____（成人名）一起玩这个游戏。"如果是在评价
工作之前给儿童展示这个游戏，务必保证儿童没有抽开盖子看到里面所藏的
宝物。让儿童与教师并排坐在游戏板前，告诉他们："这是寻宝游戏，你将
有多次机会在这些旗子下发现不同的宝物，有珠宝、石头、骨头，还有一些
洞里什么也没有，是空洞，你要记住每一种宝物是在哪儿找到的，然后判断
怎样去找出所有的宝物。"

　　下一步，把纸盒给儿童，说："这个盒子可以帮助你，盒子分成 4 部分，
它们是红色、橘红色、绿色和蓝色，正像 4 种颜色的旗：红色、橘红色、绿
色和蓝色（指着旗子），它可以帮助你记录你的宝物和你发现宝物的地方，这
些卡片将告诉你该做什么。"

　　将卡片正面朝下，让儿童翻开最上面的一张（一面红旗），告诉他这表示
他应该到红旗下找，当他发现一件珠宝时，说（1 次）："呀，你在红旗下找
到了珠宝。"如果儿童没有把珠宝放在盒子的红色部分，问他（1 次）："你要把
珠宝放在哪儿呢？"如果他仍然不知道，说："记住，你是在红旗下找到的。"

　　让儿童翻开下一张卡片（橘红色旗子），告诉他应该在橘红色旗子下寻
找。当他找到一根骨头时，说："噢，你在橘红色旗子下找到了骨头。"和第
一次一样，如果儿童没有把骨头放进盒子里橘红色部分，问他："你准备把
它放在哪儿？"如果他仍然不知应放在橘红色部分，说："记住你是在橘红色
旗子下找到骨头的。"当儿童翻开下一张卡片（蓝色），发现下面是空的时，对
儿童说："噢，蓝旗下什么也没有。"此后，不要再用任何加强的话语。

　　接着再说："现在我们的玩法将有所不同。在你翻开卡片看之前，你先
猜猜会在下面发现什么？"在儿童揭开下一张卡片之前，询问他的猜测以及原
因是非常重要的。如果他猜测正确，请问他："你是怎么知道的？"照此进行
每一张卡片，注意防止儿童在猜测之前就看到洞里的宝物。

　　在第六次时，说："这张卡片让你寻找石头，你想会在哪儿找到呢？为
什么？"同样，如果儿童猜测正确，问他："你怎么知道的？"照此进行游戏的
其余部分，每张卡片在问"什么"或"哪儿"的问题的同时，也要问"为什么？"
如果儿童在第八次后，还不知道使用盒子，可以指示一次："看看盒子能否

帮助你(记录你发现骨头的地方)。"教师还可以在儿童急于寻看珠宝时提供基本的建议，如"尽量记住……"

在最后一次结束后，询问儿童是否能说出游戏的规律是什么，或者能否发现寻宝的秘诀。如果儿童感兴趣的话，可让儿童在剩下的旗子下寻找最后3件宝。如果时间允许，让儿童帮教师把酸奶瓶的盖子放回原处。假如儿童知道了游戏的规律，请他不要告诉其他的儿童，因为每个儿童都有机会。如果儿童很难保守秘密，可以针对不同的儿童改变珠宝的位置。

(四)评价

参照表4-6进行评价。记录前三次中给儿童提供的有关怎样使用盒子的提示，在"盒子摆放"栏下注明儿童是否在前六次中把珠宝摆放在盒子中的适当位置。从第4张卡片开始，在表中的相应位置记录儿童的预测或所寻找的旗子的颜色及其原因。同样从第4张卡片开始，在表中的相应位置用"√"表示儿童的预测是否正确，并在"检验盒"栏下记录儿童是否借助于盒子记录他所发现的宝物或他找到宝物的地方。在第八次记录儿童使用盒子的有关情况及需要教师提示的具体情况。在表末的空白处，记录儿童对最后一个问题的回答，即他是否发现不同的宝物所藏的地方，并对其他有关儿童的表现进行评注。

注意儿童在哪一步破译密码，换句话说，他在何时知道不同种类的宝物藏在不同颜色的旗子下。如果他的反应连续正确(不包括由于匆忙或冲动所犯的错误)，或者他能说出寻宝的秘诀，说明他破译了密码。使用表4-7统计儿童的分数，如果儿童在第4、5、6张卡片时破译了密码，给15分；如果是在第7、8、9张时破译密码，给10分；如果是在第10、11、12张或游戏刚刚结束时破译，给5分。如果儿童知道蓝色旗子下是空的，或者做出有关蓝色旗子的正确选择，表明他知道蓝色与空白之间的对应，可以得3分。如果儿童在游戏中或在回答最后一个问题时，能够说出隐含的规律，请在表中适当的地方注上"＊"号。注意，在记录时要注明儿童在预测时是否需要借助于盒子。

（五）初步结果（1986—1987）

在 1986—1987 年度进行实验的班级有 19 个儿童，其中有 10 个儿童在活动结束时掌握了游戏的规则，5 个儿童能陈述规则。大多数理解了规则的儿童能把某个特定的物体和某种特定的颜色联系起来，有个别儿童能识别并陈述更综合性的概念——颜色是相关变量。

一些儿童似乎猜测或期望在旗子颜色和宝物类型之间有某种联系。当问他们期望在某种旗子下找到什么东西或在哪儿找到某个物体时，他们常常看看盒子来引导自己进行猜测。当问他们为什么做出这样的选择时，他们常常回答"因为石头总是在绿格子里"或"因为我有一个珠宝在红格子里"。其中有一个儿童似乎处在破译密码的边缘，但不知为何却突然不能破译了。

有几个儿童难以弄懂蓝色旗子下的洞是空的这一现象。当他们朝盒子里看，发现蓝色旗子下没有任何物体时，显得很困惑。与此类似，他们常常很难弄懂插在空洞边的旗子是哪种颜色的旗子。

大多数儿童凭借盒子，也有些儿童依赖自己的记忆进行预测。一个儿童一直没有借助于盒子，而总是一遍遍地问自己："先前，我是在哪儿找到它的呢？"另一个儿童只要对自己的选择进行思考并检查一下盒子，就能预测成功，但当他比较迅速或没有检查盒子时，就常常预测错误。一个女孩在活动中途重新组织了盒子，把宝物分类放入相应的部分，但在后面的活动中却不会使用这些信息。

一直没有发现规则的儿童只是随意地进行选择。他们确实把宝物整理放在盒子的正确部分，但不再参考这些信息。当找到宝物时，即使与自己原先期望的不一样，他们也非常满意。有些儿童在活动中往往受卡片上无关颜色线索的影响，例如，当他们看到石头下的绿草时，做出"绿色"的猜测；再如，在看到空白卡片时，做出"白色"的猜测。还有一个儿童对珠宝非常入迷，却忽视了游戏的其他方面。这个男孩在其他领域也表现出对视觉线索不同寻常的敏锐。

为提高难度，我们对游戏进行了改造，把珠宝移到空洞里，并把盒子拿开。4 个儿童参加了这个游戏，而且取得了与第一次一样好的成绩。其中一个儿童尽管前两次参加游戏已是在三天之前，还是认出珠宝被转移到"空洞"里，也可以把数字粘在旗子上，按照数字而不是颜色来藏匿宝物。这种形式对于儿童来说非常难，因为他们不能把注意力从颜色转换到数字。在这个游戏中，只有一个儿童破译了密码。在活动中，对一直未发现规则的儿童，成人可以向他解释游戏的规则(如"所有的珠宝都在红旗下，所有的骨头都在橘红色旗子下")，然后告诉儿童这次教师将把珠宝、骨头和石头藏在不同颜色的旗子下，让他们再次进行游戏。

表4-6 寻宝游戏观察表

各色盒子及其对应宝物

颜色	红色	蓝色	橘色	绿色
物体	珠宝	空的	骨头	石头

儿　童：_____
观察者：_____
日　期：_____
年　龄：_____

卡序	儿童预测	正	误	提示	盒子摆放	盒子检验	原因及其对规律的阐述
1. 红色							
2. 橘红色							
3. 蓝色							
4. 橘红色							
5. 红色							
6. 石头							
7. 绿色							
8. 蓝色							
9. 骨头							
10. 石头							
11. 空的							
12. 珠宝							

儿童对预测理由及规律的阐述：

表 4-7 寻宝游戏汇总表

儿童（年龄）	破译密码	知道蓝色代表空洞	表述规则	使用盒子	总分	评注

分数分配：在第4、5、6次破译密码得15分，在第7、8、9次破译密码得10分，在第10、11、12次破译密码得5分。知道蓝色是空洞得3分。如能表述规则，加注 * 号。评注中记录儿童是否使用盒子。最高得分为18分。

三、沉浮活动

（一）目的和活动描述

沉浮活动旨在评价儿童在以下方面的能力：进行科学思考的能力，识别各变量之间关系的能力（如重量与漂浮的可能性之间的关系），提出假设并通过简单实验加以验证的能力。

此活动由《初级科学学习单元》改编而成。在活动中，给儿童一个盆和各种材料。开始前，儿童先要预测哪些材料在水中是下沉的，哪些材料在水中是漂浮的，然后验证他们的预测，并对各材料为什么沉或浮提出假设。另外，给儿童一段自由游戏的时间进行自由实验，观察儿童在没有外在干预的情况下，是否进行科学探索（如海绵在沉下去之前能承受多少物体），还是参加其他类型的游戏（如和渔人讲故事）。

本活动中包含的认知成分有观察、比较、分类、通过密切观察提出假设并加以验证等。在活动过程中，有些儿童进行简单的实验，努力弄清每一步的相关与不相关变量，并了解不同物体的浮力及密度的概念。例如，他们根据变量如重量和形状把物体分为"下沉的"和"上浮的"两类，让物体从不同高度落下来，或把下沉的物体和上浮的物体放在一起，观察其沉浮的情况。

对观察现象的解释往往反映了儿童是否能有效地运用可用的信息，以及其所做的假设和预测是基于自己的观察，还是不参考任何信息的任意猜测。由于这个年龄的儿童既可以用言语也可用非言语来表达他们的假设，所以无论是言语的阐述，还是非言语的游戏行为，都可记分。

(二)材料及组织

活动进行的方式是一次一个儿童，时间大约为 15 分钟。15 分钟后，如果儿童还想继续进行活动，可鼓励他在其他儿童都轮流后，再回到本活动中来；或者让他们在水台前用类似的材料继续探索。

进行沉浮活动需要一个 2～3 加仑的塑料盆，装半盆水，放在一条毛巾上。放盆子的桌面或地板要不怕被弄湿。在盆边再放一条毛巾，以保持儿童和材料不被弄得很湿。也可以让儿童穿上围裙，以免弄湿衣服。

本活动需要的材料如下：1 个塑料弹子球和 1 个塑料鸡蛋（供演示使用），2 块木制的小积木，2 个有螺母的小螺钉，2 个透明的有盖塑料薄膜罐，2 个小软木塞或泡沫橡胶块，2 块小石头，2 个渔人玩偶（漂浮物），2 个不透明的有盖塑料薄膜罐，2 个垫圈或硬币，1 块海绵大小像厨房里洗碗用的海绵或聚苯乙烯塑料。

在活动开始之前，把活动所需的材料放在一个小包里或盒子里，不让儿童看见，以免分散他们的注意力。可见表 4-9，把儿童的反应（言语的和非言语的）记录下来。

(三)程序及说明

在评价活动开始前几个星期，可在水台上放置一些下沉和上浮的材料。这些材料不能是以上清单中所列出的水台活动中的典型材料，但应该是儿童所熟悉的。各种材料在重量、大小、形状、成分（塑料、金属、木头）和密度方面应有所差异。可提供油性黏土、铝箔（卷起时沉下去，而平摊时浮上来）、曲别针、弹子球、塑料吸管和塑料盖子等材料，还可提供直尺或天平，这样儿童可从不同维度探索材料的特性。所用的液体可适当做些改变，如加盐、加食用油等不同液体。

可这样向儿童介绍沉浮活动："今天，我们班要玩一个新的游戏，游戏中有各种下沉的东西和漂浮的东西。每次将有一个儿童和_____（成人名）玩这个游戏。"

第一部分：热身活动(预测和归类)

预测——"包里有许多不同的东西，我们可以把它们放进水里。每一次我只拿出一个，你先猜猜它在水里会沉下去呢，还是浮上来。我来示范一下。"用弹子和塑料鸡蛋讲解，这有助于让那些可能不熟悉"沉浮"说法的儿童理解。

在评价时，按照表4-9所列的顺序拿出物件（每一对中拿一个），把它递给儿童，在放入水中之前，务必让儿童先猜猜是沉还是浮。从第四次开始，要问儿童为什么这样预测，并记录在观察表中。

在放入下一个物件之前，拿走前一个，使儿童每次注意力只集中在一个物件上。在儿童试完了观察表上的8个物件后，核对其正确的预测，并记录其解释。虽然预测不记分，但通过儿童的预测，我们可以了解其对沉和浮概念的熟悉程度。

归类——从水里拿出最后一个物件。让儿童对这些物件进行归类：浮的物体为一组，沉的为一组。可以这样询问其归类的理由："这些沉（或）浮的东西有什么一样吗？"或者"为什么这些沉下去，而那些却浮起来呢？"记录儿童归类的物件以及这样归类的理由。让儿童把每一组的物件再放入水中进行验证，当结果与预期不一致时，试着让儿童解释原因，并对其回答进行记录。

第二部分：自由实验

把所有的材料从水里和包里拿出来，摆放在桌子上，问儿童："你想用这些材料做什么？"或者"你想把这些东西放在水里吗？"这一部分活动有两个目的：一是激发儿童在没有成人明显的干预情况下产生自己的想法；二是考察儿童自己是怎样着手使用材料的——是进行实验、分类还是戏剧游戏？自由游戏时间为5～7分钟。注意有个别儿童不知所措，可鼓励他用这些材料进行实验，探索自己的疑问，但注意不要进一步地指示。

尽可能详细地在观察表里记录儿童的活动，包括儿童的疑问、话语和行动。如果结束时间已到，儿童还不愿停止，可以告诉他再玩一次就应该结束了。如果儿童没意见，进入第三部分活动。

第三部分：有组织的实验

物体在上浮与下沉之间的转换——把所有物件从水中拿出，开始第三部分活动："既然你知道了这些物体放在水中是上浮的还是下沉的，那么能不能想个办法使一件浮着的东西沉到水里，而使一件沉在水里的东西浮到水面上来呢？"取一个干净而结实的罐子，问儿童："怎样使这个罐子不需要用手往水里按就沉下去？"在观察表上尽可能详细地记录儿童所采用的策略。如果儿童只是口头说说想法，鼓励他试着验证一下，然后询问儿童他的想法有效或失效的原因，同时鼓励他再想别的方法使罐子沉下去。

再次把所有物件从水里拿出，但是这一次，鼓励儿童想办法使一个沉在水里的物件浮上水面。可使用垫圈、钱币或小石头作为实验物件。同样，询问儿童他的策略有效或失效的原因，并在表4-9的相应地方记录儿童的策略。

猜猜所藏的物体——在这一部分，把所有的材料放进包里，告诉儿童："我有个提议，用我们放入水里的各种东西玩游戏。我要把某个东西藏在罐子里，你猜猜藏在罐子里的是什么？"

　　在罐子(不透明的)里放入一件下沉的物体(如螺钉)，不让儿童看见，然后把罐子放入水中，让儿童猜猜罐子里是什么，但不能把罐子拿出水面。儿童每猜测一次，询问其猜测原因。把儿童的猜测及其推理填写在观察表中。注意儿童是否准确地指出罐子里的物件。

　　如果儿童不能做出猜测，提示他罐子在水盆的底部，看看这是否能给他一些线索。如果他还不知道的话，让他把罐子从水中拿出来，感觉一下有多重，或晃一晃，听听里面可能是什么，同样地，记录儿童的猜测和推理。最后让儿童揭开罐子，看看里面是什么。

　　接着，重复相同的步骤，但这次藏的是漂浮的物体(如渔人玩偶)。活动结束时，问问儿童，如果还有最后一件东西，他是否想用它再做实验，或者他是否还有想问的问题。

(四)评价

　　参照表 4-9 和表 4-10 进行评价。在表 4-9 中记录儿童的反应和行动，活动结束后，用表 4-10 推算并记录每个儿童的得分。在第一部分中，儿童的预测不记分。如果儿童能对 3 个以上的预测做出合理的解释的话，其推理可得 2 分。

　　如果儿童所归类的物体中有 5～8 件正确，可得 3 分；倘若儿童的推理能考虑到相关的变量，如重量，可再加 2 分。特别要注意儿童是否能解释一些矛盾现象，如石头尽管比渔人玩偶还轻，也会沉下水。

　　从学术上说，决定物体浮力的相关变量有密度、容积、表面面积等，但对于这一水平的儿童来说，重量是可得分的相关变量(浮力的正式定义是"所浸液体施加给物体的向上的力，其大小等于物体所排开的液体的重量")。儿童是否能对"这些下沉，而那些上浮"进行推理或把颜色、大小、形状等作为变量考虑十分重要。对此，虽然不计分，但教师要注意到。

　　在第二部分，尽量记录儿童所有的游戏行为和话语。由于不是所有的反应都属于真正的探索性质，所以只有那些"可得分"的问话和说明，或是属于实验性的游戏行为方可得 3 分。表 4-8 中的例子可帮助你区别哪些反应可得分，而哪些反应不可得分(所列的例子表示的是儿童可能反应的范围)。一般来说，不管是通过提问、说明，还是游戏行为，只要儿童能识别出一个相关变量，都可得3分。以什么形式识别变量并不重要，因此，不管以什么形式识别，所得分数都一样。考虑到时间，我们比较合理地限定了此部分的分数，分数最高值为15分。

在第三部分的沉浮转换活动中，记录儿童所使用的策略及其推理。任何使沉在水里的物件浮起来或使浮在水面的物件沉下去的想法或行动都可以获得3分。儿童对策略有效或失效的合理解释可获1分。

在第三部分猜猜所藏的物体活动中，记录儿童对藏在不透明罐子里的物件的猜测及作此猜测的原因。儿童所做的两个猜测中只要有任何一个正确，都可得2分；如果儿童能准确地识别出罐子里的物件，再加2分。记录儿童的任何推理，但不计分。

表4-8　反应示例

可得分的问题(3分)

如果我揭开罐子的盖，会发生什么？

如果我把石头放进罐子，会发生什么？

为什么所有的木头都是浮着的？

为什么一些东西比另外一些东西沉得更深？

为什么海绵浸湿后会变重？

为什么放在水里的东西会黏在一起？

我敢打赌，在海绵上放许多下沉的东西，海绵会沉下去。

不可得分的问题

你在哪儿找到这些石头的？

水里有多少块积木？

我能假设海绵是游泳池的一条船吗？

实验性游戏行为(3 分)

　　儿童试着通过灌水把罐子弄沉。

　　儿童在积木上放垫圈，想把积木压在水里。

　　儿童想发现海绵上能放多少东西而不沉下去。

　　儿童将浮物从高空中放下，试图让它下沉。

　　儿童对从不同高度落下的物体所溅的水花的大小感兴趣。

不可得分的游戏行为

　　儿童假装清洗所有材料。

　　儿童把水盆当作渔人玩偶的游泳池。

　　儿童把材料当作讲故事的道具。

　　儿童为渔人玩偶搭建一个跳板。

　　注意：不得分的提问和游戏行为可能会为了解儿童在其他领域的兴趣和强项提供重要的信息。

(五)初步结果(1987—1988)

　　在参加沉浮活动的 17 名儿童中，有 4 名被评价为"高水平"，10 名在"中高"和"中低"水平之间，只有 3 名处在"低"水平组。获最高等级得分的儿童能够运用他们在第一部分对物体的观察来帮助自己预测哪些物体是下沉的，哪些物体是上浮的。一个儿童认真地审视物体，触摸着它，挤压着它，并自己问自己哪些物体之间是相像的。还有个儿童比较着看哪个物体比其他物体沉得更深些。另有个儿童解释说："重的物体下沉，你知道的——引力的缘故。"他把引力定义为"当物体从峭崖上落下时……当物体往下坠时"。而处在低水平组的儿童只是做胡乱的猜测，不能对他们所拥有的信息进行概括，对观察到的现象也不能给予合理的解释。

　　在第二部分自由实验中，有的儿童一点也不知道该怎么办，有的儿童既能假定又能验证各种不同的想法。一些儿童虽然加入到探索性的游戏中，但似乎对实验检验并不感兴趣。他们只是把材料洗一洗，或把物体放在水里然后一个一个拿出来。两个儿童说出了自己的想法，但却不愿加以实验验证，甚至成人的鼓励也不奏效。然而，还是有一半的儿童实验了许多不同的想法，包括：使不同的材料保持平衡，看看如海绵之类的物体可以承受多少东西，让物体从不同的高度落下来，让漂浮的东西沉下去，让下沉的东西浮起来等。一个儿童注意到当把两个积木放在水中时，它们粘在了一起。于是他特意把另一对物体放在水里，看看它们是否也粘在一起。这个儿童对这个活动非常感兴趣，他每天都帮助其他儿童进行这个活动，检查是否需要什么新材料，并询问同伴是怎样处理材料的。

在第三部分的沉浮转换活动中，有 10 个儿童能够使罐子沉下去，使垫圈浮起来。他们在罐子上或罐子里放置重的物体，使罐子沉下去；把垫圈放在一个漂浮的物体如海绵上，或把垫圈放入罐子中，从而使垫圈浮起来。其中的一些在成功地完成任务后继续产生各种主意。一些儿童把罐子扔在水里力图使罐子沉下去，并在罐子上增加了一些物体，但由于不够重而不能使罐子沉下去，这些都是试图使罐子沉下去的不太有效的做法。试图使垫圈浮起来的无效做法有：在垫圈上放置较轻的物品，试图把垫圈平衡地放在一个不稳定的浮物上。

在第三部分猜猜所藏物体的活动中，大多数儿童根据罐子是沉是浮来判断所藏的物品是重还是轻。正如一个儿童解释说："我知道它不重，因为重的东西会淹没的。"有几个儿童能准确地辨认出物品，其中一个儿童对潜在的"隐藏物体"进行实验，把它们放在水里，观看它们是沉还是浮，然后摇晃罐子听其所发出的声音。

正如多彩光谱项目的其他活动一样，一些儿童在活动中显示了自己的强项。一个男孩丰富多彩地描述了"伟大而著名的海绵先生"，显示了其在言语方面的突出能力；另一个儿童则对不同材料的手感以及这些材料在水里和水外如何形成一个雕塑非常感兴趣。

表 4-9 沉浮活动观察表

儿童 _____   观察者 _____

年龄 _____   日　期 _____

第一部分：热身活动(预测和分类)

预测	推理
1. 木制积木 _____	
2. 螺母和螺钉 _____	
3. 透明罐子 _____	
4. 小软木塞 _____	(为什么?)
5. 小石头 _____	(为什么?)
6. 渔人玩偶 _____	(为什么?)
7. 不透明的罐子 _____	(为什么?)
8. 硬币或垫圈 _____	(为什么?)

结束语：那么，你想为什么有些物体会沉下去(或浮起来)呢？

分类：

漂浮的东西有哪些？

下沉的东西有哪些？

为什么这么分类(如重量、大小、形状、颜色或其他描述)？

为什么有些东西放在水里与预期的不一样？

第二部分：自由实验

尽可能详细地描述儿童的游戏行为、话语和问题，把那些被视为实验性的、可得分的用 E 标识出来(见评分部分)。

续表

第三部分：有组织的实验

    1. "你怎样使这个容器沉下去的?"

        在容器里放一些下沉的物品＿＿＿＿＿＿＿

        在容器上面堆放一些下沉的物品＿＿＿＿＿

        其他(描述)：

    2. "你怎样使硬币(或石头)浮起来?"

        在一个漂浮的物品(如软木塞、海绵)上放置下沉的物品＿＿＿＿＿

        在容器里放下沉的物品＿＿＿＿

        其他：

    3. "猜猜容器里是什么?"

        儿童的猜测及其原因是什么?

        螺钉：

        渔人玩偶：

评注：

表 4-10　沉浮活动汇总表

儿童(年龄)						
第一部分推理： 3 个正确得 2 分						
第一部分分类： 5～8 件得 3 分						

续表

正确的推理得 2 分							
第二部分每个可得分的回答得 3 分							
第三部分沉浮转换：每个成功的想法得 3 分							
合理的推理得 1 分							
第三部分猜物品：正确的猜测得 2 分							
准确的辨识得 1 分							
总分							

四、 装配活动

(一)目的和活动描述

在装配活动中，教师提供一些物体让儿童进行拆卸和装配，并逐步增大物体的机械复杂性。由于真实的机械配件深深吸引着这一阶段的儿童，所以提供的物体应是真正的机械，而不是玩具材料。评价活动所用的材料包括：2 个复杂程度不同的食物搅拌器和 1 个小油泵。其他的机械装置，只要包含可装卸的几个较大的部分并且使用安全，都可使用。

成功地完成装配活动需要进行一系列的观察和解决问题的技能，如儿童是否能注意到哪些零件脱落了？通过仔细地观察，他们能推断各部件的关系，从而知道怎样装配吗？他们对机械工作有所理解吗？当某个部件装错地方或机器不运作时，他们能找到原因吗？通过本活动，教师还可对儿童的精细动作技能和视觉空间能力有所了解，因为儿童要么是通过空间推理和对积

123

极空间与消极空间的使用来识别零件的位置，要么通过注意部件和缺口之间在尺寸、形状和数量上的一致性来识别零件的位置。

在完成此活动的过程中，不必要求儿童使用口语表达技能。虽然我们设计了几个开放型问题——如有关机械的名称或用途，但教师注意永远不要对儿童的回答做出任何负面的反应。装配活动有助于观察儿童的一些认知风格，如对细节的注意、注意力和计划性等。

应将物体由易到难排序。如果儿童装配第一台研磨机时就遇到困难和挫折的话，他们很可能就结束活动。很少有儿童能进行到油泵活动，即最难的机械。为此，可对此活动做些改变，提供一些不同大小的碾盘，这样儿童就可以或多或少地明白每一台研磨机是怎样把食物碾碎的。如果儿童需要进一步的挑战，可以将一台研磨机拆开，将各部件放在桌子上，让儿童将之装配在一起。儿童解决问题的方法十分多样，既会出现有顺序的装配，也会出现胡乱的组合。

(二)材料及组织

装配活动的材料包括 2 台研磨机和 1 个小油泵。在此我们用的研磨机样式较老，各部件由螺母和螺钉固定，无须用工具就可拆卸或装配。而目前的机械设备几乎都是用铆钉固定的，很难拆卸。

活动设计在一个时段内完成。用夹子把研磨机固定在桌子上，儿童或坐或站，教师坐在一边。提供一个托盘放置拆卸下的研磨机和油泵的零件。

第一台研磨机由一个把手操作，把手带动镙轴转动。把食物通过许多小孔推进碾盘的轮辐里，食物就被轮辐碾碎。碾碎不同食物(坚果、胡萝卜、肉等)需要不同形状的碾盘。研磨机包括 5 个可活动的部分，由一个主螺母固定在一起。一旦卸去主螺母，就可拿去垫圈和碾盘，这样内部的研磨机械就能被卸下来了。把手是由两个部分组成的，也能被拆分。如果不拆分把手，也能把碾盘拆下来或重新装上去。

第二台稍大的研磨机包括几个主要的部件：一个由翼形螺钉固定的把手(要拆下内部的研磨机械，必须要卸下这个翼形螺母)，一个搭桥(由两个翼形螺母固定在研磨机的前部），还有两个部件也能被拆卸：旋在主体上的顶部碾钵和盖在碾片上的前保护装置。

相比之下，油泵较小、较轻，各部件也小得多。油泵的三个主要部件的装配要按照确定但完全不明显的顺序安装，其他有几个小部件相互之间并无功能上的关系。油泵装起来后，有些部件是看不见的。油泵的装配方法很多，但有些更有效。一般来说，只有那些在研磨机活动中显示出较高技能的儿童才有机会参加油泵活动。

可依据以下标准选择具有不同复杂性的机械。注意，在对儿童进行活动之前，教师应先练习一下拆卸。

物体1（有少量部件的简单机械）：一共有4～6个可拆卸的部件，1个主件，1个可单独组合然后装在主体之上的部件（如研磨机的把手）。

物体2（复杂的机械，部件比物体1多）：一共有8～12个可拆卸的部件，2～3个主件，垫圈或其他功能不明显的小零件，1～2个能单独安装的部件。

物体3（复杂机械，装配法与前两个机械不同，如用弹簧代替齿轮）：1个或更多的主件，一些看不见的部件，垫圈或类似的部件，2个或更多的分部件（可用1种以上的方法安装，但其中一些方法要比另一些有效）。

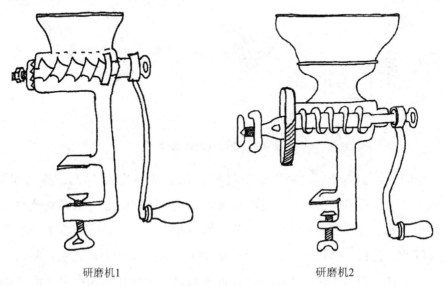

研磨机1　　　　　　　　　研磨机2

图 4-4　研磨机

研磨机 1 是第一个和最简单的物体，有 5 个可拆卸的部件，包括一个主要的扣紧螺丝。研磨机 2 比研磨机 1 大一点，更复杂。它有 9 个可拆卸的部件。

油泵是 3 个物体中最复杂的。其中 3 个主要部件必须按顺序安装，而这个顺序是直接看不到的，因而能给儿童一个更高级的挑战。

(三)程序与说明

在活动开始前几个星期，给儿童展示螺母、螺钉、铰链、门闩、各种螺丝起子和扳手以及其他简单的五金器具。可以向儿童介绍一些有关工具或机械的书，和儿童讨论他们使用机器或使用工具制造东西的体验。尽量保证每个儿童在自由活动时间都有机会使用到工具和部件。为确保安全，成人要一直在旁看守。

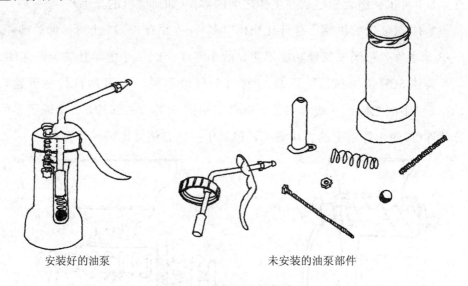

安装好的油泵　　　　　　　　　　未安装的油泵部件

图 4-5　油泵及油泵部件

介绍此评价活动时，可把研磨机放在儿童视线之内，说："这个星期，我们可以玩各种不同的机械。这些机械可以被拆下来，还可以再安装起来。"在一张小桌子上进行活动，桌子安放在教室相对安静的角落，每次一个儿童进行活动。食物研磨机的外部螺丝务必安全，但是又易于儿童拧下来。

开始时，询问儿童是否曾经见过或知道这个物体，如果没有，向他解释这是碾肉机，并让他转动把手，看看碾肉机是怎样工作的。然后说："现在，让我们看看你是否能把这个东西整个拆开，然后再把整个东西组装起来。首先好好看看它的各面，看看各部分是怎样拼在一起而又怎样拆开的。在把它全部拆开后，要重新把它安装起来。"考虑到安全，可请大家坐得离桌子近些。教师可能需要把手放在把手下面，防止它在螺丝被旋下时掉落。要求儿童不能旋松把研磨机固定在桌子上的夹子，同时，在装配时注意不要让碾盘挤痛儿童的手。

如果儿童开始时有困难，可以通过和他谈论这个物体而让他放松或集中注意力，可以问在家里他父母有什么工具，他是否使用过等。然后，让儿童按自己的步骤进行。教师则尽可能地置身于幕后，对儿童的努力表现出兴趣并给予支持，但不要不断地指导。为保持评价的连续性，应向每个儿童都呈现第二台研磨机，但对一些儿童如果明显太难而只可能导致挫折，可以不呈现。

一般来说，提示应贯穿整个活动过程，可从一般的到具体的（见表4-11）。因此，如果儿童不知怎样开始，可建议："那么，让我们看看所有的部件。"或者可以说："有一些拆开的研磨机的部件，你能找到吗?"还可以这样试试："你能看到一些分开的部件吗?"或"让我们看看前面和后面。"如果儿童还需要帮助的话，问他："你觉得最好先拆哪个部分?"或"你觉得最好从哪儿开始呢?"也可更具体一点，可以指着主件说："把这拆下来。"或"让我们看看这一个是做什么用的。"教师的提示要记录在观察表上。

有些儿童在开始时不需要太多的提示，但在活动进行中可能需要帮助。如果他们不能拆卸下所有的部件，可以简单地建议："仔细地看看。"或说："看看还有什么可拆卸的，看看所有的部件。"如果儿童已经完成拆卸工作，但还有一些部件仍然在一起，可问他："还有什么遗漏部件吗?"如果他们装配出现困难，可问他们："你觉得这个应放在什么地方?"或者"你还可以试试其他方法把它装上去吗?"或"你还能想出一个办法把它们组装在一起吗?"也可以把研磨机比喻成一个谜，这样建议儿童："这就像一个谜，你得把所有部件安回去。"

告诉儿童在拆卸或安装小零件或难弄的零件时，他可以请成人帮忙。如果儿童缺少必要的精细动作技能，如不能把螺母或螺钉拧上或拧下来，教师可以帮他旋上或拧松，然后让他接着拧。如果儿童想拆卸不可分开的部件，教师要告诉他这些部件不可拆开。如果桌子上还有某个复合部分可进一步地拆开，就建议儿童再检查一下桌子上的各部分。重新装上把手对于一些儿童来说特别难，因为他们不知道把手是怎样接上的。接把手的关键在于那些大小不同的洞，正是这些洞把把手联在一起。可给儿童建议，如："让我们看看这些洞，看看哪个洞大些。"帮助儿童弄懂怎样安全地装上把手。

一般而言，教师可自己判断儿童是否需要提示及需要何种程度的提示。如果儿童把某个部件装得不正确，没必要纠正他。对于一些完全不知所措的儿童，教师可以帮助他们进行拆卸、装配，但不记分。在活动结束时，建议儿童转一转把手，确信它装配好了。

(四)评价

由于极少有儿童能进行油泵的拆卸和装配，所以观察表主要针对的是两个研磨机。如果使用的是其他机械设备，教师需对评价系统进行微小的改动。表 4-11 列出了整个活动中可提供的各种不同水平的提示。在进行活动和填写分数表之前，要熟悉表 4-13 所列的评价标准。在活动中或在活动刚刚结束时用观察表 4-14 对儿童进行评价。如果可能，可以录像，然后按照需要，通过录像进行评价，再把分数转换到汇总表(表 4-15)。

评价系统包括对部分与整体关系的感觉、问题解决、对细节的注意及精细动作技能等项。各项记分分别为低、中、高三个等级。

(五)初步结果(1986—1987)

1986—1987 年度的实验班级有 20 个儿童，其中 18 个自愿要求拆装研磨机。他们在兴趣或技能方面没有明显的性别差异，也没有明显的年龄差异，如一些最小的儿童表现出的能力最强。在这一活动中，多数儿童对任务都是高度关注和投入的。

评价发现，儿童所显示的能力差异很大。一些儿童不知道怎样或从何处着手，而另一些儿童却能立刻认出研磨机是如何分开的，他们还记得应该在何处把各部件重新组装在一起，或者通过有计划的试误把各部件安装在适当位置。一些儿童使用任意而随机的方法，到处安装部件。一个儿童很得意地把剩下的一个垫圈粘在把手的底端，很确信地推测它不会脱落下来。一些儿童在看到松开起固定作用的螺母或螺钉后部件脱落的情况颇感惊诧，他们把部件松松地连在一起，不知该如何旋转螺丝。同样是这些儿童，无论在遇到部件失踪，逆向固定，还是被放在错误位置时，他们都表现出相同的惊奇。一个女孩按照正确的顺序装配了研磨机，但在把它装进机械轴里时装倒了。还有一个常见的错误是，有些部件直接拽下来要比拧下来更容易些，但儿童却试图把它们拧下来。

比较善于思考的儿童自己懂得怎样把螺丝旋上或旋下，他们在装配第二个研磨机时知道去参照第一个，而不是把第二个研磨机的装配看作是完全新的挑战。他们解决问题的速度很快，仿佛知道任务什么时候能完成。他们坚持独立作业，只有在自己好几次的尝试都失败后才寻求帮助。

许多儿童在任务进行中喜欢说话。一些儿童能从活动本身的解决问题中得到乐趣，而对有一些儿童来说，这个活动显然很枯燥。正如一个儿童所言："当你才 4 岁时，你很难记住这些东西。"一个儿童并没有做拆装活动，而在进行着自己的实验，让研磨机的把手从不同高度掉落、摇摆。一些儿童还提出各种对研磨机的看法，如："它是气体压缩机。""你把木头放在里面，木头或许卷着出来。""喷泉。""它制造金枪鱼。"

(六)进一步的建议

可以建立一个鼓励儿童进行科学发现的教室。堆建塔、桥及其他结构的积木区可以帮助儿童获得理解一些概念(如重量、距离、引力以及长度、宽度和面积等几何概念)的基础。鼓励儿童在水台用漏斗、虹吸管以及沉或浮的物体进行实验。在自然科学领域可展示不断收集的各种贝壳、巢穴、种子和小动物。

还可以给儿童提供一些设备，如放大镜、磁石、镜子等。在其他领域的活动中，可应用简单的科学方法。例如，在艺术领域，让儿童预测两种颜色混合在一起时的情形，做出假设并加以检验。

表4-11　有关装配活动提示的建议

一般的提示：

"让我们看看你能不能把这个东西拆开，然后再把它们重新组装起来。"

"这个东西就像一个谜。你把各部分拆开，然后再把它们放在一起。"

"这个碾磨机还有一些部件可以拆开，你能找到吗？"

"看看还有可以拆开的部件吗？"

"仔细地看看，你还能找到一些可以拆卸的部件吗？"

"你在这儿想做什么？"

"看看还有什么是连在一起的。看看所有的部件，你觉得这个应该放在哪儿呢？"

"最好先拆哪一块呢？"

"你认为最好先从什么地方开始？"

"让我们看看前面和后面，有没有好像可以拆落的部件？"

"你认为这个部件应安在哪儿呢？"

"你还有其他办法把这个部件装上去吗？"

"你还能想出其他办法把它们装起来吗？"

具体的提示：

"让我们看看(把手上的)洞，这一个比另一个大些吗？"

"为什么不试试把这个拆下来？"(指着主件或其他部件)

"如果把这块给拿下来，会发生什么呢？"

通过旋动主件或其他部件示范："让我们看看这是做什么的。"

下面所列的附加活动用来培养各种类型科学家所需的技能。当然儿童应该按自己的兴趣自由地选用活动和材料。例如，一个对机械科学感兴趣的儿童可以使用水台材料，探寻因果作用、力和守恒；而一个对自然科学感兴趣的儿童则可以在机器城或建筑中心探索材料的特性。

4-12　附加活动

实验型科学家

　　在积木区提供设备，引发实验。可能用到的材料包括斜坡、球、滑轮。

　　弹子球游戏机：让儿童在一块木板上钉上钉子，把橡皮圈绑缚在钉子上，这样儿童就造出了自己的弹子球游戏机。弹子球可以沿着木板上拉长的橡皮圈的通道滑下。观察儿童在玩这个机器时是如何放置橡皮圈的，鼓励儿童为弹子球开发新的路径。

自然学家

　　发现区(见发现区部分)：本区所用材料包括石头、化石、人造材料、动植物。重点在于鼓励儿童进行自己的发现。动植物观察活动包括观察、描述及记录。

工程师、技工

　　机器城：为结构性的自由游戏提供小器具，如电话、钟、门把、铰链、收音机、旧打字机、色带盒等。儿童能够把这些器具拆开并还原。

　　修理中心：包括简单机器(如闪光灯)的运作样式和坏损机器的样式。给儿童一个轻微坏损的机器，让他们弄清机器不运作的原因。教师可注意观察哪些儿童多被修理中心或机器城吸引，而哪些儿童更受发现区吸引。

　　建构中心：给儿童提供牙签、橡皮泥和冰棍棒，冰棍棒的一端或两端有孔，让儿童利用这些材料进行建构。或者提供结构性材料，如乐高拼塑等，鼓励儿童进行开放式的建构活动。

　　探索教室：让儿童考察柜子里的物体、水槽下的管道、窗闩、门闩、抽屉，鼓励儿童弄明白什么使柜门关闭着，抽屉又是怎样滑动的等诸如此类的问题。让他们尝试开门和锁门。在水台区提供材料，如塑料管、钳子、塑料泵等，让儿童尝试制作，实验水槽管道的运作。儿童还可以在学校的其他区域进行调查，如操场、主任办公室等。

表 4-13 装配活动评价标准

一、对部分与整体关系的感觉

1. 儿童不知道怎样从主件开始拆卸，或者不知道把主件装配在何处。比如，儿童可能想把主件安在顶上或从错误的一边挤塞它们。

2. 儿童识别出主件，并知道怎样从主件开始拆卸，但对于其他部分的拆卸或装配最初可能会感到困难。比如，一开始，儿童可能把部件安装在后部或安在错误的地方。

3. 儿童轻易地拆卸碾磨机，装配有些困难，但能识别各部件应在的部位。

二、问题解决

1. 部件之间不匹配时，儿童用力按；不成功时常常放弃，转向任务的其他部分。一旦发现自己遗漏了某部件或把某部件放错了地方，就不知该怎么办。

2. 儿童可能用力按某部件，但最终会交替尝试。一旦发现自己遗漏某部件或把某部件放错了地方，知道想出一些办法来纠正错误。

3. 活动进行过程中无错误，或很轻易地识别并改正错误。

三、对细节的注意

1. 儿童遗漏 1 个以上的部件，如果把手不能顺利运作、咯噔作响或摇晃不定时，儿童不能更正。

2. 儿童安装了所有部件，但在把手不能顺利运作的情况下，儿童不会更正。运作错误的原因可能在于儿童未把部件安牢，也可能在于儿童把螺丝拧得太紧，以至于把手转动不灵。

3. 儿童拆卸并安装了所有的配件；所有配件安装牢固，把手旋转灵活。

四、精细动作技能

1. 儿童在操作碾磨机装置时出现困难，不能把它安装在主体之上。在活动中很难坚持。

2. 儿童在拧转螺丝时可能有些困难。在把所有部件套上的情况下，可能难以把整个碾磨机安装好。

3. 儿童对碾磨机的各部件操作良好；正确地安装碾磨机的机械装置，装上"盖子"和把手，但旋紧螺丝时可能需要帮助。

表 4-14 装配活动观察表

儿童_____   日　期_____

年龄_____   观察者_____

	物体 1	物体 2	每一项的总分
部分或整体感	1 2 3	1 2 3	_____
问题的解决	1 2 3	1 2 3	_____
对细节的注意	1 2 3	1 2 3	_____
精细动作技能	1 2 3	1 2 3	_____
每一个物体 所得的总分	_____	_____	总分_____

评注与提示：

表 4-15　装配活动汇总表

儿童（年龄）	物体 1					物体 2					总分	评注
	此项总分	部分或整体	问题解决	对细节的注意	精细动作	此项总分	部分或整体	问题解决	对细节的注意	精细动作		

第五章　社会领域 SHEHUI LINGYU

——引言

　　对儿童、家长以及教师而言，社会领域都是一个很重要的领域。不管是在家中、工作中还是游戏中，我们每个人都在不断地与他人交往。大多数研究者和教育家根据社会发展或学习怎样和他人相处（诸如分享、轮流、控制攻击性等）来定义儿童的社会领域。我们将此定义扩展，认为社会领域还包括对自己的理解和对他人以及互动关系的理解。在本部分，我们主要考察儿童在与他人的相互作用中，或通过分析性反思所表现出来的社会智能。

　　社会意识起源于婴儿与其最初的抚养者之间的关系。儿童到 2 岁时开始对自己的自身有所意识；到了 3 岁时，喜欢在其他儿童附近观望或玩耍，并开始参加简单的群体活动。在 2～5 岁之间，儿童更加清楚地把自己和他人区别开来，开始表现出自我和自主意识（Erikson，1963）。

　　对于学前儿童而言，同伴关系非常重要。学会怎样与其他儿童相处是学前儿童的一个重要经历。儿童渴望与他人交往，但因为他们处在相对以自我为中心的年龄，不太容易考虑到他人的感觉或观点。一般而言，儿童与他人所处的时间越长，与他人的交往就越具有互惠性。他开始与他人分享材料，并在成人引导下依次轮流地在戏剧游戏中担任各种角色。随着儿童加入活动小组并为某一共同的目标或产品而共同努力，合作性的、有组织的活动就变得愈加频繁。

　　社会智能通常的测评方式包括对社会认知能力的测试和对社会交往的观察。我们也采用了这两种方法，以便识别更完整的社会智能。为了达到这一目的，我们首先设计了一个活动，帮助儿童对自己的日常活动进行反思，并在活动中发现他们对自我和对他人的社会理解。其次，我们为教师开发了一个观察框架，通过观察来识别儿童在一般情况下所担任的社会角色：是促进者、领导者、合作游戏者还是独立游戏者？

——何谓社会活动

社会智能直接影响个体日后担任的社会角色。能干的医疗师通过分析他人的思想、感觉和行动表现其社会技能；杰出的领导者、谈判家和律师在与他人的交往中展现其社会智能。社会技能必须有他人存在时才能展示。社会智能评价不是在结构性的任务中，通过严格地控制变量来进行的。相反，应在儿童自己的环境中，通过评价、考察儿童对一个社会圈的参与和理解及其在这个圈中不断发展的关系来评价他们的社会智能。为此，我们发展了一个评价观察工具。

在观察框架中，我们中列出了一些可观察的行为，教师可用于监控儿童与同伴的交往。可从儿童正在形成的行为判断儿童是否充当或是否想充当教室里的某种社会角色。一些在与他人交往中表现害羞或迟疑的儿童可能仍是具有社会意识的。为了引发儿童对自己和他人的理解，我们设计了一个教室模型活动，教师可以通过这个活动来评价儿童的社会智能。

一、 教室模型活动

（一）目的和活动描述

教室模型活动旨在评价儿童对教室里所发生的社会事件或经历进行观察、反思、分析的能力。活动材料包括一个按比例缩小的教室，有一套木制人充当教师和儿童。儿童可搭建一个三维小家家，有玩具人、微型家具，在教室模型里安排象征物，这样使他们对其同伴、教师和社会经历的理解物化。在本活动中，儿童要把他们自己或他人安排在他们所喜欢的活动中。本活动还将对儿童的社会角色意识进行考察。因为学前儿童的语言能力存在很大个体差异，所以教室模型活动重在识别儿童的社会分析技能，而不过度要求儿童的口头表达。在对问题做出反应时，儿童可以不说话，如指着或操纵象征物等。

　　我们所使用的方法与其他社会能力推测法有所不同，它允许教师利用儿童在日常生活中所遭遇的实际人物和实际经历。一般的方法要么只是用小故事或图片描述一般的、未必是儿童曾经历过的情境；要么就是经常出现外在于儿童自己社会世界的神话人物。而教室模型因为直接取自儿童的社会经历，所以更具实效性。这是其他方法所欠缺的。

　　在教室模型活动中，儿童可以不受同伴判断的干扰，独立思考一系列社会性主题。教室模型活动把那些强调儿童自己、自己和他人关系的问题集中反映到儿童在活动中的行为和互动上，进而表现这个年龄群儿童的特征。比如，大多数4岁儿童会把朋友描述为"我喜欢和他一起玩的人"，但也有一些儿童能表现出对友谊互惠性的基本理解。活动中也允许儿童按自己的语言表达程度来讲述这些问题，表现他们对不同社会角色的理解。

　　4～5岁的儿童相当多变，他们喜欢的同伴经常改变，所喜爱的活动也常常在变。然而，到学年中期，教室里通常有一个固定而可预言的人际环境。当儿童熟悉了常规，并对某些儿童或活动表现出偏好时，教师就可以创作一幅教室的人际关系地图，用来描述每个儿童的偏好，确认儿童明显的友谊关系、活动区域及其社会角色。对儿童在评价活动中的问题回答进行评价时，也要用到此地图。

(二)材料及组织

　　为了使教室的社会环境具体化，我们设计了一个按比例缩小的三维教室模型。模型建立在一块20英寸×30英寸的木板上。教室有若干活动区、观察室和门窗。模型和家具的材料可采用松木、运货标签板、泡沫板、纸板箱、小布片等。为区分各活动区，我们用不同物品代表每种活动，如微型画代表艺术台，小积木代表积木区，等等。在设计中，要尽可能地使家具、织物、颜色与实际的教室结构相近。

　　在小木条上粘上儿童或成人的照片，再涂上一层保护漆，就做成了教室里的一个个成人和儿童。在木条像的背面粘上磁石并提供一块有磁性的板，这样儿童就可以在教室模型以外的地方操作木条像了。另外，我们还把每个多彩光谱活动的材料都拍成照片，贴在彩色的宣传板上，用于活动中的"自我评价"(见表 5-1 的问题 2)。

图 5-1　教室模型示意图

评价活动可在单独的一个教室进行，也可在教室里的一个相对独立、安静的角落进行。儿童坐在教室模型的前面，旁边放着一块磁性板，板上陈列着所有木条像。教师坐在教室模型的另一边。注意对整个过程进行录音，以便于评价。

(三)程序及说明

在学年中期后，把教室模型当作一个正式活动介绍给儿童。这时，教师对儿童已经很熟悉，可以绘制一幅可信的社会地图(见表 5-3)。在小组活动时间介绍本活动："今天每个小朋友都有机会用这个小教室做游戏，每次一个小朋友来做游戏。你可以用所有的小朋友和教师的木条像。"

可以对每个儿童介绍这个"小教室"，或问儿童他们觉得这个模型该叫什么。逐一浏览模型的不同区域，以保证儿童确实明白每个活动区所在的位置。告诉儿童，所有小朋友和教师的木条像都在磁性板上，问他们是否能找到自己。然后，按表 5-1 的问题进行评价，把儿童的回答填写在表中。

为使问题更具体化、更有意义，可根据班级的实际情况自由选定。如果教师记录的动作让儿童分神，请用录音机替代。在评价中，如果儿童无声地指着或放置木条像的话，教师要代替他说出来。例如，"哦，你把朱丽放在积木区了"。

问题 2 可帮助教师把握儿童对自我强项、兴趣及困难领域的了解。把儿童迄今为止所参加的所有多彩光谱活动的照片给他看，并在提问题之前与他一起回顾一遍。

在进行问题 3 时，当儿童在每个区域放置 1～2 个人物后，教师再提问一次："还有什么人在_____区玩吗？"在进行问题 4 和 5 之前，让儿童帮教师把所有的象征物放回到磁性板上。在进行问题 4 时，如果儿童在问题 3 中已经回答了每个人物所在的位置，可不必再问同样的问题。如果儿童想用自己的方式玩，告诉他在回答完问题后，他将有机会尝试。

为准确地反映儿童实际的教室交往情况，可对表 5-1 中的一些问题进行删减、修改或替补。对问题 5～11 的增补或替换可参考如下：

"如果一些儿童在课桌前写字母，遇到了一个不会写的字母，这时谁会帮他们写呢？"

"请指出能注意到他人是否伤心的那个小朋友。"

"请指出班上有很多主意的小朋友。"

"请指出总是带东西来给大家看，并讲给大家听的小朋友。"

"请指出班上总是带来不同动物与大家分享的小朋友。"

"谁荡秋千总是荡得很高？"

"指出哪个小朋友总是喜欢爬高。"

提这些问题的目的在于辨识那些敏于观察班级的儿童，并促进儿童对社会角色的更深理解。

(四)评价

根据教室的社会地图(表 5-3)，对儿童的大多数回答进行评价。在介绍教室模型活动之前，教师要先填好社会地图，绘制的地图要力争反映儿童最近一段时期对朋友和活动区的偏好。如果班级采用的是分组教学，可由两个教师合作绘制地图。在列出儿童的朋友和喜欢的活动区的同时，还要注意儿童是否表现出对某个朋友或活动的明显偏好。"地图"把"朋友"定义为与之共度时间最多的人。在地图的空白处列出儿童最好的朋友以及儿童与教室看管者(在儿童需要帮助时负责帮助的儿童)、"指挥者"(总是告诉别人该做什么的儿童)和领导者(有效组织活动的儿童)之间的关系。在排列时，注意从最显著到最不显著依次排列。因为每个教室的社会结构不同，所以活动的问题和社会地图也有所差异。

在教室模型观察表上(表 5-1)记录儿童的回答，需要时也可录音，以便于评价。活动评价的能力包括：把自己和他人放在适当活动区的能力、对自己与他人友谊的意识以及对不同类型互动的识别等。

儿童的回答可分为 3 部分：问题 1 和问题 2 是关于儿童对自我的了解；问题 3～6 是关于儿童对同伴的了解；问题 7～11 是关于儿童对社会角色的理解。每个问题的分数分配参考表 5-2。

问题 1 和问题 3～6 的评价可借助于社会地图。对这些问题的评价可基于教师的答案与儿童的回答之间的对应性。回答问题 1～2 需要利用到自我知识。儿童如果对问题 1 做出相匹配的回答，可得 2 分。如果儿童对问题 2 的回答显示出对自我的了解，可得 2 分，如"我最喜欢画画，但我画得没那么好"。在问题 3 中，只要儿童的回答与社会地图上的名字相一致，每对一个，即可得 1 分(本问题的最高得分为 6 分)。在问题 4 中，只对儿童在特殊朋友方面的回答记分，因为对游戏区方面的回答在问题 3 中已记分。儿童在回答问题 4 各部分的题目时，每个相匹配的回答可获得 1 分(本题最高得分为 6 分)。判断儿童的回答是否"匹配"，可以看看他的回答是否符合社会地图上所列的名单。在问题 5 和问题 6 中，每个正确回答可获得 2 分。

问题 7～11 评价儿童对社会角色的理解。如果儿童回答"我不知道"或其他无关答案的话，就不记分数；对于没说出原因的回答记 1 分；如果儿童在回答时说出原因，可获得 2 分；如果儿童的回答显示出其对社会动态的特殊敏感或对自我意识的特殊敏锐，可获得 3 分。另外，儿童的社会敏感性可能并不包含在其对问题的直接回答中，而是通过一些非正式言语、描述或角色扮演表现出来，对此，教师要予以特别的关注。

问题 7(什么使_____成为你特别的朋友?)探察儿童对友谊的理解，典型的回答有"因为他总是和我玩"或"因为她喜欢和我玩"。因为大多数 4 岁儿童认为朋友就是一起游戏的玩伴，所以这样的回答可得 2 分。也有些儿童对友谊的互惠性表现出更深的理解，如"麦克是我的朋友，但我不知道他是否也把我当作他的一个朋友"。这样的回答可得 3 分。类似的回答还有："她是我最、最、最喜爱的朋友，我们已经认识很长时间了。她乐于帮助我。如果我受伤了，不是我，而是她帮我去找老师。"

在问题 8 中，回答"是"或"否"，而没有说明原因的，可记 1 分。如果回答类似于"不，因为我们打架"，则可得 2 分。可获得 3 分的回答如下："是的，因为以后我们一起回家。"在问题 9 中，儿童最典型的回答是说出朋友的名字，但有些儿童却能敏锐地描述朋友的特征，如助人行为："我最好的朋友会（帮助）……她说，'不要担忧。'"这样的回答可得 3 分。

问题 10 和 11 涉及两种领导角色。在回答"什么使他如此霸道"时，最普通的回答是"因为他打人"。如果儿童的回答类似于"因为他总是告诉积木区的小朋友该做什么"，则可记 3 分。还有一种更灵巧的回答也可记 3 分，如"比利认为他是老板"。儿童这样的回答反映了他意识到比利和其他儿童看法之间的差异。至于问题 11，典型的回答是选择自己做教师，如果儿童因为其具有领导特质（如很了解全班）而选择另一个儿童，则可记 3 分。

（五）初步结果（1985—1987）

儿童在教室模型活动中表现了对自我和他人的各种理解。一个儿童对在哪儿玩、和谁玩的意识与其对友谊和活动的意识未必相关。一些儿童只是关心他们最熟悉的区域中的社会动态，另一些儿童则能领悟整个教室的社会网络关系。大多数儿童都能识别出最显著的友谊，并知道哪些儿童最经常待在某个特定的活动区。有趣的是，一些教师认为在教室里担任领导角色或其他重要角色的儿童在这个活动中的表现却并不突出。而另外几个儿童虽然年龄很小或习性安静，却表现出对自己和他人不同寻常的理解能力，这些都使我们大为惊奇。

在比较开放式的问题中，儿童的回答差异很大。例如，当问到为什么说某个儿童霸道时，既有"因为他打人"这样一般的回答，也有极少见的回答，如"因为他们不喜欢其他儿童做他们在学校里想做的事"。当要求他们解释为什么某个儿童是个特殊的朋友时，许多儿童回答"因为她和我玩"或"她喜欢我"。然而有个儿童详细描述了经过思考的回答："她喜欢帮助我。如果我受伤了，不是我到教师那儿去，而是她帮我到教师那儿去。"当让他们选出一位开会时充当小老师的儿童时，大多数人都选择他们自己。但是对于选择的解释却各不相同，有的说"因为我想当老师"，有的说"因为我知道怎样照顾小婴儿"，还有的说"因为我不霸道"。一个儿童选择了吉米，是"因为他5岁"。

在这个班上，有个儿童常常处在活动的边缘，大多数时候喜欢独处，并常常沉浸于自己的幻想游戏中，但他在这个活动中的表现却最具优势。他不仅能够并急切地把所有儿童都摆放在教室里他们喜欢玩的活动区，而且能准确地把朋友分群，注意到哪些儿童喜欢独处，而哪些儿童喜欢和同伴相处。陈述对同伴的认识时，这个儿童显示出不同寻常的敏锐和兴趣。例如，当被问他会选谁担任"当天的小老师"时，他的回答既包含对自己能力所限的认识，又包含对某个同伴在此方面能力的欣赏，他说："我会选萨拉，因为很多我不懂的东西，她都懂，而我懂的，她也懂。也就是说她懂得更多。"在描述其他儿童时，他说："苏珊有点羞怯。""比利以为她是头儿。"

与此鲜明对照的是，有个在女孩中往往担任领导的儿童虽然也对教室模型活动非常感兴趣，但显然她对自己朋友群以外的其他朋友群几乎没有什么理解，她对班上其他儿童的兴趣也漠不关心。还有个儿童，在好几个领域都是领导者，他对社会动态表现出了极大的兴趣，这种社会动态正是我们对那些具有领导特质的儿童所寄予的期望。他自己玩着模型，很长时间都在谈论着不同的儿童："我喜欢斯哥特，因为他喜欢打扮。""我不喜欢玛丽，因为她太霸道了。"这个儿童还喜欢用模型和木头人像讲故事，创设假想的社会情境。

因为教室模型活动给儿童提供了一个重新体验社会经历的机会，可以产生有趣的、具有教育意义的信息，这些信息反映了儿童感知经历的不同方式。一些儿童非常感兴趣地利用模型做戏剧游戏和讲故事，通过对话和陈述表演出情境。一些儿童对代表教师的木条像的兴趣大于那些代表同伴的木条，总是不断地询问什么时候可以用到教师木条像。一些儿童只是关注木条像，还在教室模型之外去玩木条人像，对活动本身并不关注。还有个小男孩只是关注他的男性同伴，他只把所有的男孩放在了不同的游戏区，却没有放女孩。另外，有许多儿童对制作这个模型的细节非常入迷。

表 5-1　教室模型观察表

儿童＿＿＿＿＿＿＿＿＿　　　　　　观察者＿＿＿＿＿＿＿＿＿

年龄＿＿＿＿＿＿＿＿＿　　　　　　日　期＿＿＿＿＿＿＿＿＿

---

1. 大部分时间你待在教室的什么地方，请指给我看看。

   那是你最喜欢的活动吗？为什么？

   如果那个地方已经有很多人了，怎么办？指给我看看你会到哪儿去？

2. 这儿有一些你玩过的各种游戏的图片，你认为你最擅长哪一个？

   为什么？

   你认为哪一个是最难的？

   为什么？

   你最喜爱的游戏是哪一个？

3. 让我们把儿童放到他们所喜欢玩的地方。

   指出班上哪个同学总是在什么地方玩：

   积木＿＿＿＿＿＿＿＿＿＿＿＿＿＿＿＿

   戏剧游戏＿＿＿＿＿＿＿＿＿＿＿＿＿＿

   艺术＿＿＿＿＿＿＿＿＿＿＿＿＿＿＿＿

   水台＿＿＿＿＿＿＿＿＿＿＿＿＿＿＿＿

   写字桌＿＿＿＿＿＿＿＿＿＿＿＿＿＿

   如果儿童自己说出一两个人，问他："还有吗？"

   这时，请儿童帮教师把象征物放回到磁性黑板上，再开始问下一个问题。

4. 让我们看看班上一些儿童是否有一个特殊的朋友。

   (1)＿＿＿＿＿有一个特殊的朋友吗？是谁？

   (指出他们喜欢一起在哪儿玩。)

---

(2)_____呢？他有一个特殊的朋友吗？是谁？

(他们在哪儿玩呢？)

(3)_____有一个特殊的朋友吗？是谁？

(他们喜欢在哪儿玩呢？)

(4)我想知道_____有一个特殊的朋友吗？是谁？

(他们喜欢在哪儿玩呢？)

(5)还有其他人有特殊的朋友吗？指出他们是谁。

在开始下一个问题之前，让儿童帮教师把象征物放回到磁性黑板上。

5. 指出班上哪位同学总是喜欢看别人做什么。

6. 指出班上哪位同学大多时候喜欢自己一个人玩。

7. 告诉我，谁是你最特殊的朋友？

什么使_____成为你的特殊朋友？

8. 假设你和_____为一个玩具而打架，你们仍然是朋友吗？为什么？

9. 指出班上哪位同学在别人需要帮助时总是给予帮助。

你为什么认为是他？

10. 班上有人对你很霸道吗？什么使他(她)如此霸道？

11. 假设有天老师说在班会时间可由一位小朋友当教师，你会选谁呢？

你能把他(她)放在教师开会时所坐的位置吗？

你为什么选择他(她)？

表 5-2 教室模型汇总表

儿童（年龄）	自我理解		对他人的理解					对社会角色的理解				总分	评注
	问题 1 2分	问题 2 2分	此项总分	问题 3 1分 最高6分	问题 4 1分 最高6分	问题 5 2分	问题 6 2分	此项总分	问题 7|问题 8|问题 9|问题 10|问题 11 无理由的回答为1分 典型的回答为2分 不同寻常的回答为3分			此项总分		

表 5-3　社会地图

教师_____　　　　　　班级_____　　　　　日期_____

儿童	特殊的朋友	活动领域
_____	1. 2. 3.	
_____	1. 2. 3.	
_____	1. 2. 3.	
_____	1. 2. 3.	
_____	1. 2. 3.	
_____	1. 2. 3.	

　　注：特殊的朋友指班级中儿童最经常与之玩的伙伴，以频率为准。活动领域指班级中儿童最经常游戏的区域，以频率为准。

二、 同伴互动观察表

(一)目的和活动描述

同伴互动观察表的目的有三个：一是提供分析同伴互动的工具；二是描述此年龄段同伴互动的各种类型；三是识别在此领域有突出能力的儿童。

进行这一评价活动时，教师使用该观察表描述儿童的各种行为和反应，以此来刻画儿童与他们同伴之间的互动关系。虽然此年龄段的儿童在能力和对同伴的兴趣方面有着显著的变化，但从每个儿童身上仍然可以洞悉一些比较持久的活动风格。

事实上，我们发现儿童早在3～4岁时就开始在游戏中假扮成我们文化所认可的社会角色，少数儿童还能在不同的活动中或与不同的同伴交往时持续维持这些角色。比如，一些儿童经常安慰那些哭的儿童，或者说服他人参加某个游戏。

我们通过观察发现，儿童行为可以分为4种角色，而这些角色也是成人社会所推崇的：领导者、促进者、独立游戏者和集体成员。在评价中，我们设立了一个中间项——过渡期儿童，这有助于教师识别那些正努力寻找角色并可能需要社会帮助的儿童。

对每一种角色，我们既给出一般的定义，又列出一系列典型的行为(见表5-6)，这些行为能区别此年龄段中的不同儿童。而有些行为因为反映了大多数儿童都能达到的社会性发展水平(如与他人分享材料和空间、对"轮流"的理解)，因此没有包含在观察表中。

由于儿童的行为可能因活动和同伴的不同而有所差异，所以对儿童社会互动的评价不能只限制在一个观察阶段。在完成同伴互动观察表后，教师应该进行多重观察，积累对某一儿童的有关认识。

在评测儿童与同伴的关系时，我们所采用的方法与其他方法有所不同。我们认为，不仅要注意到一些具体的行为(如儿童对与同伴的冲突的反应)，同时还应关注较一般的模式(如善于充当促进者角色)。而通常在讨论儿童与同伴的互动关系时，人们往往只是集中于其总体性质，如评价某人是"霸道"

还是"安静"等。教师如果只是停留在这个水平，就可能忽视一些重要的信息或者不能识别出儿童正在形成的能力。另一方面，如果教师仅仅注意某些行为，他们也许就看不到一些有意义的模式和角色的存在。

(二)程序与评价

同伴互动观察表的评价程序包括四个基本步骤：

第一，自己或与其他教师合作，为每个儿童填写互动关系观察表。

第二，运用汇总表判断儿童的行为是否符合某一种社会角色。

第三，断定儿童是否有积极的互动关系，他是否能成功地扮演其认定的角色。

第四，进行另外的正式或非正式的观察，证实先前的评价。

正式的评价活动应在学年中期和学年末各进行一次。如果教师是一个执教团体的成员，他既可独立地完成、解释观察表，再与其他成员讨论自己的发现，也可以在整个评价活动过程中与其他人合作。不论是前者还是后者，此框架所激起的讨论是评价过程中一个重要的组成部分。

在评价活动之前，回顾一下同伴互动关系观察表，熟悉观察表上的行为，然后，在计划时间内为班里每个儿童填写一张观察表。有些条目最能描述某个儿童在教室里与同伴互动的行为，勾出这些条目。大多数情况下，勾出 7～9 个行为就能把握某个儿童与同伴互动的方式。有时，如果所有的儿童全都表现出观察表中的许多行为，只勾出那些能区分个体儿童的行为。进一步的观察建议，见表 5-7。

如果使用观察表过程中教师采取了某些教学策略（如在儿童进入活动之前，询问他准备做什么，以此帮助儿童自己探究材料的使用），可在行为单后面的评注部分中加以备注，评注部分还可记录观察表中未列出的相关行为。

在完成观察表后，为每个儿童准备一份汇总表（见表 5-5）。在这张表上，根据认可的社会角色对儿童特定的行为进行分类。如果儿童的观察表是由多个教师完成的，可把汇总表分为几栏，并排列出各教师的评价。这种格式有利于团队对儿童行为进行是或否的讨论。

可查阅社会角色（表5-6）的行为特征，并回顾个体儿童汇总表来断定某种角色是否适合某儿童的行为范式。总是假扮某种角色的儿童，他们在不同情境中都会表现出某些行为特征，并不因外界或同伴的影响而改变。如果儿童的行为涉及几个或全部的角色，那么此儿童与同伴的互动并不固定在单一的角色上。考虑到行为在所有角色的广泛分布也非常重要，对某些儿童来说，行为涉及各个角色可能意味着其同伴关系的转变。

如果儿童与同伴的互动不是反映某个单一的角色，就表明他可能处在有意义的角色组合中。例如，一个儿童既表现出过渡性行为，同时也表现出领导者特征，那么他可能正处在发展领导者技能的过程中。一个行为集中于领导者和促进者角色的儿童可能与同伴关系很密切，并能够胜任这两种角色。每个儿童行为的总分多少反映了儿童与其同伴的关系。比起表现出某些行为的儿童，总分高的儿童对互动的各方面更感兴趣。也有连续担任某一角色的儿童使用区别于其角色的特定行为，以达到他的目标。比如，担任领导者的儿童有时可能听从其他儿童的领导，以维持他们对他所发起的活动的兴趣。

在断定儿童的行为范式产生了某一特定社会角色之后，教师必须评价儿童在教室里是否使用建设性和被认可的方式运用这一角色。个体汇总表上的问题将有助于教师做出判断，如，儿童的互动一般是积极正面的吗？儿童通常胜任这一角色吗？如果这些问题的答案是"是"，儿童可能擅长于社会领域。

为了确保评价有效，接下来几天可观察这些儿童，并在与他们互动时，牢记着这些问题：这些儿童确实担任着领导者吗？他们是成功的促进者吗？他们是有效的独立游戏者吗？他们是否正在努力寻找自己的角色？注意观察其他儿童对他们的努力是如何回应的。如果有时间的话，选择一两个儿童重点观察，并在活动后立即再次填写观察表，为评价提供更多的信息。

在回顾了个人汇总表，并进行了进一步观察以确定儿童在本领域的强项后，可写一篇叙述性的小结，描述儿童与同伴的互动（叙述性小结例子参见表5-8）。在写小结时，可结合儿童的一两个典型行为作为例子，并以观察为核心进行分析。与家长交流时，避免给儿童贴上标签，而应该集中于观察所得，讲述儿童在教室里的互动范式以及具体的例子。

(三)对同伴互动观察表上信息的使用

对于那些不能胜任其角色或正努力寻找自己角色的儿童，可安排一些情境，增加他们互动时的成功机会。如儿童参加的是自己擅长的或自己曾经经历过或自己感兴趣的活动，他们与同伴的互动就会更积极，并能在其中领导其他的儿童。可通过多彩光谱活动所提供的信息来确定这些活动。

当那些儿童参加这些活动时，可鼓励他们寻找一个同伴。挑选一个有能力、友好的同伴，让他说明怎样进行这个活动，这不失为完成此计划的一个办法。

在每次观察儿童担任领导者、促进者、集体成员或独立的游戏者时，要注意活动本身以及其他所涉及的同伴，这会有助于对活动的把握。把儿童所遭遇的困难情境、所遇到的同伴记录下来。一年中教师要多次填写互动观察表和汇总表，记录那些遭遇困难的儿童的情况，这会有助于证明他们的进步和教师努力的成功。

(四)初步结果(1987—1988)

在 1987—1988 年度学前班级的 20 名儿童中，担任领导者角色的儿童有 2 名，促进者角色有 1 名，独立游戏者有 2 名。而另外 7 名儿童表现出过渡性行为，有 8 名儿童并不是固定连续地担任某种社会角色。教师感到担任促进者角色的儿童在社会领域中显示出强项，因为他与同伴的交往是积极而成功的。而担任领导者的儿童的行为常常被同伴认为是"霸道"的。

对观察表上所列的特定行为是否是儿童与同伴互动关系的特征行为，教师们并不总能取得一致意见。为此，大家对发现的不同理解进行讨论，讨论又促使教师更清楚地阐述对儿童的非正式观察。教师们认为，观察表有助于他们进行更系统地评价。

(五)进一步的建议

1. 模型活动

我们建议建造一个教室模型，因为它能够以多种方式应用于许多领域，既可以用于儿童个体，也可以用于小组，还可以用于教师所组织的活动中。它可以为儿童重现出教室里的真实情境。而教师则能够为儿童提供不同的社会情境，在这种情景中让儿童有机会进行反思、表达情感，获得可能的解决问题的办法。

模型相当于一个窗口，通过这个窗口可以观察到儿童如何思考一些有压力的事情。比如，新到一个班级，被一个群体排斥，想参加活动，想交朋友，解决同伴冲突等。如同故事板活动一样，儿童可利用模型自己讲故事，从中我们可看出儿童特定的关注和愿望。

正如儿童在艺术领域可以建立自己的故事板一样，他们在社会领域中也可构建自己的教室模型。实验学校的教师创设了一个按比例缩小的操场模型，使儿童能够从事有关室外的活动。教师还可观察到那些在故事板活动中醉心于故事中的幻想成分的儿童，他们对是否用以现实为基础的教室模型讲故事更感兴趣。

教室模型还有助于考察空间能力。因为儿童们得按照教室的布置摆放模型中的家具。一些儿童只是随意摆放，一些儿童能正确地摆放明显的物品，但却忽视了一些细节，如物体摆放的角度不正确。具有超常空间能力的儿童能够精确而明确地摆放所有的家具，并在必要时核查教室本身，看看模型中的每一件物体是否摆放正确。如果模型的摆放不同于儿童一般对教室的视觉角度，就会给人留下深刻的印象。

2. 集体时间和教室活动

在学年之初，教师可以把儿童的名字编入歌中，帮助儿童建立集体归属感。以后，可邀请儿童轮流担任集体活动时间的领导，让他们有机会与他人分享自己的经验。他们可以唱首歌、讲个故事或向大家展示自己从家里带来的某个玩具或物体。

教师可以通过集体活动来激发儿童围绕那些描述了如何解决社会性问题

的书、电影或教室情境展开讨论。还可以利用一些只提出了冲突，但却没有解决冲突的方法的书籍和电影作题材进行讨论。教师也可以设置一个运动性的活动，在操场上放置大型的积木，鼓励儿童组织起来形成"建筑队"。还有一些活动涉及合作和照顾，如让两个儿童分别在一块透明的树脂玻璃片的两边上色，或让儿童与一个朋友就某个项目，如枯树、饲养动物等进行长期的合作。

3. 社会中心

可以在教室里建立一个社会中心，陈列教室模型、影集和信息板。社会中心很安静，在这里，儿童可以反思他们在教室中的社会经历。儿童在教师组织的活动中或在自我探索中都可以使用模型。

可以让儿童帮教师把反映学校事件和教室活动的照片放入教室文件夹中，儿童可以利用这些照片回忆、记录和反思自己的经历。另外，他们也可以以这些照片为参考，告诉家长自己在学校时的行为。

4. 职业角色

利用成人职业角色可以刺激、支持儿童的交往，可以让儿童对教室以外的世界获得更好的理解。可以邀请家长或其他社区成员来讲述他们的工作，可为戏剧游戏区引进材料，还可带儿童到有趣的地方去旅行。

表5-4 同伴互动观察表

观察者_____　　　　　　日期_____
儿　童_____　　　　　　年龄_____

怎样使用观察表

为班里每个儿童填写此观察表。在看完所有条目后，勾出那些最能刻画该儿童在与同伴互动时行为特征的条目。大多数情况下，勾出7～9种行为即可把握儿童与同伴互动的方式。有时，观察表中的许多行为儿童都有所表现，教师只要勾出那些最能说明特定儿童特色的行为即可。如果教师在填写观察表时引发对此儿童与同伴关系的思考，可在最后的评注部分加以记录。

观察表

1. _____通过模仿或口头核实，把自己的行为与同伴的活动联系起来(如"你在做什么？我在做……""让我们这样做，好吗？")

续表

2. _____ 游戏中发生冲突时进行调解

3. _____ 发起活动让其他儿童参加

4. _____ 主动地领导但往往不成功

5. _____ 常常听从于其他儿童的领导，而不是自己发起活动

6. _____ 花很多时间观察其他儿童的游戏

7. _____ 游戏中发生冲突时，愿意让步或离开

8. _____ 对自己的活动比其他儿童的活动更感兴趣

9. _____ 常常邀请其他儿童参加游戏

10. _____ 往往指导其他儿童的行动

11. _____ 只要还有其他儿童，往往把游戏活动继续进行下去

12. _____ 当听从其他儿童的请求会干扰自己的活动时，往往选择不听从

13. _____ 常常扩展并详细描述其他儿童的想法

14. _____ 常常分派角色给儿童

15. _____ 想控制其他儿童所做的事

16. _____ 在转入不同的游戏区时，跟从于其他儿童，顺利地进行互动

17. _____ 执行自己的想法时具有坚持性

18. _____ 直接请求并接受他人的帮助

19. _____ 常常被其他儿童排斥出去

20. _____ 在游戏中，首先关注材料

21. _____ 关心自己是否被其他儿童接受

22. _____ 与其他儿童合作

23. _____ 对其他儿童所做的事常常给予反馈(如"不像那样……让我做给你看看")

24. _____ 经常独立地游戏

25. _____ 与其他儿童分享信息和技能(如给另一个儿童展示怎样进行游戏)

26. _____ 游戏中，常常比其他儿童说得多

27. _____ 在其他儿童需要帮助或关心时，给予关心和帮助

28. _____ 基于对活动本身的兴趣选择游戏区，而不是是否有自己所喜欢的同伴

29. _____ 常常难以听从他人的请求

评注：

表 5-5　同伴互动观察表

（个人汇总表）

观察者＿＿＿＿＿＿＿＿＿＿　　　　　　日期＿＿＿＿＿＿＿＿＿＿

儿　童＿＿＿＿＿＿＿＿＿＿　　　　　　年龄＿＿＿＿＿＿＿＿＿＿

集体成员角色：观察表项 1，5，7，11，16，19

促进者角色：观察表项 2，9，13，22，25，27

领导者角色：观察表项 3，10，14，18，23，26

独立者角色：观察表项 8，12，17，20，24，28

过渡的角色：观察表项 4，6，15，21，29

问题：

　　1. 儿童的互动一般是积极的吗？

　　2. 儿童通常能胜任其角色吗？

　　3. 对待儿童的努力其他儿童是如何反应的？

表 5-6　典型角色及其行为

集体成员角色

　　界定：典型特征是儿童愿意与其他人合作并参加社会活动。

　　特征行为：

　　——通过模仿或口头征询介入他人的活动

　　　　（如"你在做什么？我在做……""让我们来做这个，好吗？"）

　　——常常听从其他儿童的领导，而不是发起活动

　　——游戏中发生冲突时，愿意妥协或离开

　　——只要还有其他人，常常把活动继续进行下去

　　——当进入不同的游戏区时，常跟随着其他儿童，可顺利地进入互动

　　——常常被其他儿童选中参加游戏

促进者角色

　　界定：儿童能有效地与其他儿童分享想法、信息和技能。

　　特征行为：

　　——游戏中出现冲突时，进行调解

　　——常常邀请其他儿童参加游戏

　　——对他人的想法常常进行扩展和完善

　　——与其他儿童合作

　　——与其他儿童分享信息和技能

　　——在其他儿童需要帮助或关注时，能给予帮助和支持

领导者角色

　　界定：这些儿童常常担任领导角色，并总是努力组织其他的儿童。

　　特征行为：

　　——发起活动，然后邀请其他儿童参加

　　——往往指导其他儿童的行为

　　——常常给其他儿童分派角色

　　——直接地要求或接受其他儿童的帮助

　　——常常对其他儿童所做的事给予反馈（如"不是像这样……让我做给你看"）

　　——游戏中的谈话常常比其他儿童多

续表

独立者角色

界定：这些儿童典型的特征是关注材料的使用，而不是同伴之间的互动。

特征行为：

——感兴趣的是自己的活动，而不是他人所做的事

——如果听从其他儿童的要求会干扰自己的活动，儿童往往选择不听从

——坚持完成自己的活动

——游戏中，首先注意的是材料

——经常独立游戏

——根据自己的兴趣，而不是有无其喜好的同伴来选择游戏区

过渡儿童的角色

界定：这些儿童往往努力建立自己在教室里的角色。

特征行为：

——主动领导，但往往不成功

——花很多时间观察其他儿童的活动

——尝试去控制其他儿童的行为

——关心自己是否能被其他儿童所接受

——常常难以按照其他儿童的要求去做

表 5-7　观察提示

　　学前教室有很多可观察之处，特别是在社会互动方面更是如此。为了使观察过程更为有效，教师要集中观察那些儿童最可能扮演某个社会角色的活动区或事件。比如，室内活动时间(在此时间，儿童可自由选择到哪儿去玩或玩多长时间)就比小组活动时间提供更多的关于儿童同伴互动方面的信息。戏剧游戏区和积木区为儿童提供了组织和领导同伴游戏的机会。通过观察合作游戏，教师会发现哪个儿童能够与其他儿童分享信息和技能，扩展和完善他们的想法。在集中观察时，教师更可能发现那些特定行为产生的情境。

　　可以在假想游戏和搭积木等社会性游戏中发现领导者角色。这些儿童往往提议游戏的主题、设计角色或解释游戏怎样进行。在那些涉及规则和轮流的游戏中，担任领导者角色的儿童往往监督并指导着整个游戏的进程。一些领导者比其他领导者更成功。

续表

领导者的语调从霸道到鼓励各不相同。一些领导者相当于指导者，他们告诉其他儿童
到哪儿去、做什么。还有一些领导者只是通过自己思想的魅力组织活动，他们的主意
很吸引人，儿童都争先恐后地要参加。然而，无论是什么风格、什么态度，所有担任
领导者角色的儿童都是活动的发起者和组织者。

促进者角色往往在那些需要分享材料和资源的活动中显现出来。比如，搭积木需
要儿童合作、分享空间及积木。捏面团也需要儿童公平地分享，轮流地使用器具。因
此，这些区域的活动如果有促进者的参与，进展会更为顺利。在其他儿童处在困境
时，促进者会常常出现，他们会聚集在周围，询问怎么了，或在同伴需要帮助时给予
帮助。一些促进者可能特别关心活动中的公平，力求小组活动是公平而有序的(中间
人)，而有些促进者可能更关心个体儿童和他们的需要(看护者)。

关于独立游戏者，应注意把他们与那些单独游戏的儿童区别开来。单独游戏者缺
乏足够的交际技能，而独立游戏者之所以选择独立的游戏，是因为他首先感兴趣的是
对材料的处理。无论是儿童还是教师都能看到一些儿童喜欢独自沉浸在自我指导的活
动中。一个担任独立游戏者角色的儿童对自己所能做的事和自己喜欢单独做的事都有
着清楚的认识。

集体成员一般在群体活动中显现出来，他们既可能积极地参与活动，又可能只是
立于一旁观察。在操场上，他们往往跟随其他儿童走动；在教室里，他们常常选择某
一特定同伴所选择的活动，并可能拒绝为自己选择游戏。在互动交往中，他们往往是
安静的，听从他人的指导。虽然此角色似乎没有特别之处，但很多儿童都是非常成功
的集体成员。他们常常被其他儿童选中，很容易与特定的同伴建立友谊。另外，他们
常常处在集体活动的中心，而非活动的边缘。在任何恶作剧中，他们都乐于担任合作
伙伴。

表 5-8 叙述性小结示例

比利(在领导者角色方面表现出强项的儿童)

比利在大多数时间担任领导者角色。他自信、有毅力、乐于贯彻自己的想法。几
乎每天早晨，他跑到操场上，直接奔往一个小组活动。他往往一进入游戏马上冲着常
常扮演"鬼孩子"的儿童嚷："嘿，学一个鬼叫！"当他决定玩大积木时，他会找人帮他建
造一条小船、火箭船或其他的交通工具。即使他独自玩的时候，其他儿童也常常观看，
并加入到他的活动中。当他打碎自己收集的冰块并把冰块放入到一个大桶里时，在附
近玩的儿童开始收集冰。他建议他们收集适当大小的冰块，并把他们引导到一张他称

之为冰厂的桌子边。他拿出冰块，用老虎钳把它们进一步碾碎。在他碾了一些冰块后，他让另一个儿童接替，而他自己这时则充当"捕冰手"。

偶尔，比利的主意和指导会引起他与其他儿童的冲突。他喜欢看着事情按照"他的方式"去做。好几次，他宣布他是"4人中的领导"，试图巩固自己的地位。当游戏特别喧哗、兴奋时，他往往坚持自己的观点。然而，当游戏趋于平静时，他更可能选择其他儿童的想法并加以完善。当麦克在操场上发现了一个小洞可以替代陷阱时，比利建议他们可以用这个陷阱捉住鬼，并收集一些草叶盖在上面以作掩饰。尽管比利很喜欢社会性的游戏，但他也很乐于自己玩，而且很专注。他不依赖他人出主意，但常常把别人的主意变成团体活动。

鲍比（在促进者角色方面表现出强项的儿童）

鲍比易于和所有的同学相处并相处得很愉快。他宽容、忍让、关心他人。他向别的儿童走去，自信地问："我能和你一起玩吗?"他爽快地招呼他人加入自己的活动。一旦他对活动厌烦了，就告诉玩伴，并常常询问他们是否还想继续玩。他很灵活，善于修正自己的计划，找到大家共同感兴趣的活动，但这并不是简单的投降，也非忽视自己的喜好。在争执中，鲍比往往能找到解决办法。当麦克拿走鲍比正在用的一个拱形积木时，鲍比要求他还回。但是他又发现了一块和麦克拿走的一样的积木，于是就很愉快地把它给了麦克。当写字桌前的人数多于胶粘带切断机的数目而发生支配权之争时，鲍比建议道："为什么不分享呢?"然后他监督着分发，并指出应把胶粘带切断机放在哪儿，以便每个人都能拿到。

除表现出调解能力以外，鲍比在同伴伤心时还给予同情和支持，显示出对他人的关心。当萨姆跌倒摔伤了膝盖时，鲍比跪下来，擦着自己的膝盖，并解释道："我也磨破了膝盖。"当苏珊给同伴看她烫伤的地方时，鲍比也起身看伤口，他询问苏珊感觉怎样，并告诉她自己也曾经烫伤过一次。如果某个同学受到错怪，他总是站在受害者的一边。在掷骰子游戏中，汤姆哭起来了，因为在轮到他时却被吉米抢先了。鲍比坚持让吉米把骰子给汤姆，于是游戏继续进行。也许因为帮助朋友和促进互动的这种能力，鲍比是班上最受喜爱的儿童之一。

萨拉（在独立游戏者角色方面表现出强项的儿童）

虽然萨拉有许多朋友，但她常常宁愿自己玩。她非常自信，并不急于找玩伴。虽然有时看到她独自坐着，但并没有被忽略的神情。当她与同伴玩时，常常关注的是材料，而不是周围的社会性活动。有一次，她和三个同伴在操场上溜达，突然萨拉宣布："我要在这儿玩。"她捡起一根棍子，在卵石里划弄着，"我在寻找云母"，她解释道。她给他们看她所发现的东西。其他三个女孩也拨弄着卵石，但她们的参与似乎对萨拉没有任何影响。

　　萨拉有许多创造性的游戏想法。在她完成一个活动达到使自己满意之前，你很难转移她的注意力。在她独自游戏时，她常常忽视其他人的请求，而且在他人询问是否能加入时，只简单地回答不。虽然写字桌边的许多儿童互相交谈、彼此检查，但萨拉只看着自己的画。她画了公主和马，而她周围的儿童画的都是彩虹。萨拉在没有完全专注于自己的活动时，她能够利用、采纳周围儿童的想法。一天，她和其他的几个女孩用积木搭建"游泳池"，萨拉从艺术台拿来一些蓝色的塑料片当作水，她还拿来几个小熊让它们"游泳"。当朱莉搭起一排彩色的积木，上面放有一个螺母，萨拉建议道："让我们开一个茶会！"她把积木和螺母转变成桌子和茶杯。也许是因为其创造性和自信——虽然她主要的兴趣在于材料，很多儿童还是去找萨拉，请她出主意，和她一起玩。

第六章 视觉艺术领域 SHIJUE YISHU LINGYU

——引言

我曾经画得像拉斐尔，但要学会像儿童一样作画，我要花一生的时间。

——毕加索

　　模仿真实物体创造线和形的能力为人类所独有。虽然艺术常常被认为是某种"感觉"和"灵感"的东西，但实际上其中也包含着许多认知能力和技能。最近十年的研究可为我们认识艺术发展阶段提供一定的帮助（Gardner，1980；Gardner，1990）。这些研究发现，1 岁的儿童虽然进行了大量的涂抹，但其更感兴趣的是握笔和四处涂抹的动作。在 18 个月到 2 岁之间，儿童开始把画笔看作是他探索周围环境的工具，但此时他关注的依然更多为身体的动作，而非纸页上的画。"涂鸦阶段"出现在儿童的 2~4 岁之间，这时儿童随意的涂抹逐渐显得更有组织、更能控制（Lowenfeld & Brittain，1982）。

　　到 3~4 岁，儿童进入"前图式阶段"。他们开始能创造出代表环境中物体的可识别的符号，如大家都知道的蝌蚪人（Kellogg，1969）。要理解儿童画的物体，必须把它与儿童联系起来。因为他们画的物体的大小可能已经是变了的，而且是在纸页上任意安放的。对儿童来说，形式总是优先于颜色，颜色很少与他们所画的物体相关。例如，儿童选择某种颜色也许只是因为这种颜色比另一种深些，或是因为还没有人用过。在这个阶段，一些儿童对图案和形状感兴趣，另一些儿童可能更关注于表现一个故事，儿童之间的个体差异较为明显。4 岁儿童一般喜欢探索线、形和颜色的特质，而不再像 2~3 岁时主要对运动的动作感兴趣。对于这一阶段的儿童而言，创作的过程远远比实际的作品更为重要。儿童喜欢用身体操纵材料，并通过对材料的操纵，交流、表达他们对自己和对世界的想法。

大多数班级的艺术区开设了画架画、手指画、拼贴画和黏土雕塑等各种活动。许多学前教师之所以把艺术区看作是教室的一个主要区域，在很大程度上是因为艺术给儿童提供了进行自我表达和发现的丰富机会。这个年龄的儿童尚不具备讲述复杂而抽象话题的语言技能，如有关自我和世界的本质，或善意与恶性的冲突等。儿童主要是通过各种表达方式，如绘画、讲神话故事、做戏剧游戏等来体会这些概念的。

在本领域，人们经常采用的典型评价方法包括复制几何图案和积木造型（Wechsler，1967)以及画人(Harris，1963)。然而这些评价忽视了许多重要的成分，如表现力、创造性和修饰能力等。而且传统的评价方法只收集儿童一时的作品样例，被评价的作品数量十分有限。在多彩光谱项目评价中，我们收集儿童在一整年中的艺术作品，并按三个主要成分——具象性水平、探索程度、艺术水平，从整体上对儿童作品集进行考察与评价。

——何谓艺术活动

在视觉艺术领域表现出色的角色包括画家、雕塑家和建筑师。虽然棋手、工程师、绘图员、数学家和科学家也都需要空间智能，但多彩光谱项目的评价只集中于那些处在视觉艺术领域中心的角色。此领域相关的智能包括：准确地知觉视觉世界的能力，对视觉或空间表演的组成、平衡和其他方面的敏锐程度，用图表形式表示空间信息的能力。绘画、素描和雕塑既包含对视觉空间世界的敏锐观察，又包含通过艺术的创作再现世界的能力。当然，在艺术能力的发展中，精细运动技能也在发挥作用。

视觉艺术领域的智能早期表现为：对直观形象的兴趣，注意到异类物体的相似性，注意并探索有趣的视觉形式，对细节的不同寻常的注意，较强的具象能力(Winner & Pariser，1985)。这些能力可能在教室的各个区域都有所表现。例如，儿童的设计感可能在积木区堆建一个曲线的积木结构时表现出来，也可能表现为对环境中的直观形象和直观结构的特殊兴趣。

　　多彩光谱项目在艺术领域的评价主要以教师整整一年的课程为基础，并主要通过四个结构性的活动进行。由于儿童的艺术作品随着时间而有所改变，靠单一的一个样例不能充分地评价其艺术智能，所以应在一年的年中和年末两次收集儿童的艺术作品进行评价。鼓励教师在课程中开展各种艺术活动：用铅笔、蜡笔、记号笔和粉笔素描；用不同的颜料（水彩、蛋彩）在不同的材料上绘画创作三维作品（拼贴画、雕塑、木头艺术品、透视画）等。在艺术活动中，儿童选用的绘画工具可能各不相同。一些儿童用记号笔比用颜料更熟练，一些儿童用黏土可能比用金属线更麻利，一些儿童可能选择液体的、流动的材料如颜料，而不用比较可控的、能勾勒清晰线条的工具，如记号笔。教师可给儿童提供各种绘画媒介，通过对儿童艺术作品的显著特色的敏锐察觉，更为深入地了解每个儿童。

　　教师可以通过四个结构性的评价活动考察儿童某些特定的能力。其中三个结构性的素描活动主要是让儿童描绘动物和人，儿童也可以在图中插入一些新奇的元素（如一幅假想动物的素描）。另外一项活动主要是制作三维作品，教师可以以此来考察儿童各方面能力，包括：对空间设计和模式等元素的组织能力；怎样把不同材料，如木片和金属线结成一个整体的意识；对不同绘画媒介的固有特性的敏感等。

一、　目的和活动描述

　　艺术夹是视觉艺术领域最基本的评价工具，它既包括一些结构性的活动，也包括儿童在校所创作的其他作品。教师通过长期的搜集样品，对儿童的艺术能力做出准确的评价。即便是在同一个星期内，教师也可尝试让儿童用不同的方法画同一个自己感兴趣的主题。因为一幅人物画并不见得能代表儿童画人的能力。儿童在特定领域的进步也许是进一步而退两步的。为全面评价儿童，我们决定搜集儿童所有的作品。

　　艺术夹有助于教师识别每个儿童独特的兴趣和风格。一些儿童喜欢根据现实作画，而有些儿童却偏好根据想象画画。从表现手法上看，一些儿童通过画来叙述、描述一个故事或描绘某种景色，如画一个农家场院，或画某个物体，如房子和动物；而有些儿童却喜欢详细勾勒某个物体的构造，如交通工具、人或动物等。当然，这些偏好也许反映了来自于家长、教师或同伴的某些影响，因此有时需要通过引导使儿童进行新的思考，扩展其思路。

在评价儿童的艺术活动前，教师应让儿童接触到不同的视觉艺术媒介和不同维度的艺术作品。儿童应当有机会去进行具象的、设计类的或抽象的艺术活动。他们应该探索艺术的各种维度，如颜色以及不同的线条、形状和图式的功能。需要注意的是，儿童不是在真空中进行艺术探求，而是为某个特定的目的进行艺术创造，如装饰一张生日卡片，描述一个故事、诗或概念（如变化的四季或城市生活）。

多彩光谱艺术活动能使儿童完成他们在别的活动中可能不能完成的一系列艺术活动项目。儿童的艺术夹中既包括自由探索也包括指定活动作品，可从三个方面对其进行评价。（1）具象性表现水平，指创造可辨认的符号来代表一般物体（如人、蔬菜、房屋、动物、车辆）的能力，以及把这些因素进行空间上的整合，设计出更大作品的能力（Feinberg，1987）。（2）探索程度，指儿童使用艺术材料时通过设计、具象性绘画所反映出的灵活性、生产性、创造性和变化性的程度（Feinberg，1988，1990；Gardner，1980；Goodman，1968，1988；Strauss，1978）。（3）艺术水平，指运用不同艺术元素如线条、形状、色彩来表现情感、制造效果以及装饰艺术作品的能力（Feinberg，1988，1990；Gardner，1980；Goodman，1968，1988；Winner，1982）。

二、 材料及组织

四个结构性的多彩光谱活动需要如下材料：4～5套无毒的记号笔；优质白纸；可制作三维作品的材料，如黏土、橡皮泥、塑料管子、冰棍棒、牙签和糨糊等。其他材料可根据教师组织的视觉艺术课程确定，建议如下。

1. 用蜡笔画画。如用拓片、软化的蜡笔、蚀刻画、不同大小的蜡笔（儿童既可使用侧面，也可使用尾端）画画。可让儿童使用单色蜡笔或不同色彩的纸。

2. 蛋彩画。包括滚筒画、吸管画、海绵画、布画、想象画等。混合色彩，用肥皂、绳子蘸上颜色作画，或用不同大小的刷子在不同表面绘画——木头、黏土、贝壳、纸袋、鸡蛋盒纸板、石头等。也可用指头或水彩画画，在活动中可以使用画架。

3. 拼贴活动。可使用各种特别的材料，比如毡制品、麻布、布、羽毛、贝壳、棉花、天鹅绒、种子、毛皮边角、皱纹纸等；各种形状的物品，比如纽扣、吸管、纸片、软木、牙签、绳子、棉纱、通心粉、实心面条、豆子、瓶子盖等；各种包装材料，比如糊墙纸和礼品包装物；各种透明的和半透明的材料，比如网袋、垫纸、网织品、薄纸巾、彩色玻璃纸；各种亮晶晶的材料，比如金属小圆片、装饰用的小发光品、铝箔；各种散状物，比如沙粒、盐、木屑等。

4. 利用纸创作。可用纸制作不同的形状，比如纸条、面具、汽车、小纸偶、花朵（用纸巾）等。尽可能用不同大小和种类的纸。

5. 用粉笔创作。配上潮的和干的纸，用来混合颜色。

6. 剪、撕、贴、拍等。剪下或撕出不同种类的纸，在纸上贴通心粉、干豆子、纸、沙和小石子等，轻轻拍打。

7. 制作三维作品。可使用的材料包括黏土（存放在密封的、不漏水的盒子里）、塑料品、面泥、金属丝、塑料泡沫、木屑、小盒子、汽车玩具、木头刮、牙签、冰棍棒、塑料管子、糨糊和各种再生材料等。

三、 程序

在学年之初，帮助儿童建立一个大艺术夹，用来搜集他们每学期的艺术作品，并让儿童根据自己的愿望装饰艺术夹。艺术夹中应包括素描、绘画、拼贴画、三维作品，每张作品上务必都写有儿童的名字和日期。可以在学年之初致家长一封信，告诉他们儿童的艺术品将被搜集在教室的艺术夹里，学期结束时会送给家长看。当然，如果有些儿童在学期中途想将某几幅作品带回家，可请家长把它们保存在家里的艺术夹里。在学期结束时，可开办一个"展示与讲述"的活动，让儿童向全班展示自己的艺术作品。

教师要尽可能地给儿童提供广泛、多样的艺术活动，包括设计类活动、

具象性活动、二维和三维活动等。每隔 6~8 个星期，教师可向儿童介绍这
四种结构性活动的一种，并鼓励所有的儿童依次完成这四个活动。这将使教
师了解到在某段特定的时间儿童的能力所至，并看到对同样的任务，儿童的
作品所表现出的差异。这四种活动既可以个人形式，也可以小组形式或以全
班形式开展。

活动 1：画动物

在开展此活动之前，利用小组活动时间和儿童讨论生活在农场里的不同
动物。其他适用于本活动的主题还包括：儿童最想将之作为宠物的动物，丛
林之旅中他们最想看的动物，或在"教室动物园"中他们最想得到的动物。可
以让儿童讲述到动物园或丛林历险的故事，激发其思维。

让儿童想出一种他们可能在老麦当劳的农场里看到的动物，然后把它画
出来。告诉儿童他们所画的关于动物的画都将用一个文件夹收藏起来，当文
件夹满了的时候，一个班级农场就建立起来了。给每个儿童一张优质的白纸
和各种宽度、颜色不同的记号笔，让儿童在 20 分钟内完成作品。在结束前，
提醒儿童在画的背面写上名字和日期。教师要注意观察并记录，比如儿童使
用的是哪只手，他是否特别专注，是否工作了很长时间，是否对他的画进行
了修改。

在活动完成后，把儿童的画编成册或把儿童所画的各种动物张贴在墙
上。也许有些儿童还能讲出这些动物正在农场上做什么。

活动 2：画一个人

让儿童画一幅他们与家庭的画。把这些画收进"关于我"的小画集中，并
在集子中列出儿童的爱好和不喜欢的东西、儿童的朋友、宠物以及特别喜欢
的东西等。活动的材料与活动 1 相同，完成时间为 20~30 分钟。同样的，
要让儿童知道教师将收藏他们的作品。

活动 3：画一个想象中的动物

给儿童分发纸张和记号笔，告诉他们："我将给你们讲一个动物的故事，
你们的任务就是画一幅这个动物的画。时间不受限制，画完后请告诉我，我
将保存你们的画。故事是这样的：一天，三个小朋友放学回家时看到一只非

常奇怪的动物。他们从来没看到过这样的动物，不像狗、不像猫、不像大象，也不像他们听说过的任何动物。这个动物的动作不像他们所认识的任何动物或人，甚至声音听起来也很怪。"在儿童画完后，教师可在画的背面记下儿童所用的时间以及相关观察所得。

活动4：创作一个雕塑品

在本活动中能够使用很多材料，如黏土、橡皮泥、生面团、聚苯乙烯泡沫塑料、牙签、木片、冰棍棒和糨糊等，教师可以从中选择，但要限制儿童可用的材料。允许儿童做自己想做的东西，可建议儿童："做一个动物或人可以住进去的东西""做一个可以动的东西"，或者"做一个显露出高兴、悲哀、生气或其他表情的东西"(Pitcher，Feinhurg，& Alexander，1989)。

一般而言，在完成一个有强刺激的任务时，儿童所画的画可能更表现出创造性、修饰和对具象性的努力。因此，如果希望尝试一些结果更开放的项目，可进行如下活动(Pitcher，Feinburg，Alexander，1989)。

拼贴画：这是个涉及形状和色彩的设计类型。给儿童提供不同形状、大小和颜色的纸、布和有织纹的材料(如有色玻璃纸)、强力胶、剪刀和背景纸。首先，让儿童任意选择、安排材料，不做特别的强调。其次，可建议儿童创作"一个他们想住的地方""一只虚构的动物"或"一种快乐或悲伤的情感"，考察儿童是否表现出设计意识。

美丽的垃圾：这是一个三维的结构性任务。提供的材料包括：空盒子、纸巾筒、旧丝带、皱纹纸、蛋品包装盒、厨房回收的废品、瓶盖、吸管以及其他回收的材料。给儿童白胶、剪刀和一个打孔机。告诉他们可以用这些材料做他们想做的任何东西，在他们完成一个作品后，建议他们"建造一个简单的机器、交通工具或者人或动物住的房子"等。

绘画：

1. 给儿童时间来挖掘教室里某件有趣的东西。可选择某样奇特的东西进行活动，但这个东西最好是儿童熟悉的，这样儿童就不至于因为物体本身的吸引力而分散注意力。可选的东西有青椒、立方体、动物解剖标本(可从博物馆借)、电话、椅子、吉他或其他乐器、简单的自行车(无训练轮)或三轮车、奇异的花(如天堂花)或龙虾等。在儿童看完、摸完后，让儿童将观察的东西画下来，以此来检查他们的观察能力。可以让儿童从不同角度绘画。

2. 让儿童画动作画，如画操场上的自己和朋友，或者画马戏团里表演各种特技的演员。

3. 让儿童根据一个故事作画，如木偶历险记的故事。

4. 给儿童一些基本的形状(如一个方形和三角形的"房屋"形状)，让他们用自己的方式装饰。

5. 在野外旅行后(如到农场、博物馆或水族馆)，让儿童画出观察所见。

四、 评价

艺术夹的评价体系是根据多彩光谱项目(Chen ＆ Feinburg，1990)所开发的视觉艺术评价标准进行改编的。原先的评价标准主要用于对平面绘图的评价，改编后的标准也可用于评价三维作品。表 6-1 列出了主要的评价子项，每个子项各有三级水平。表 6-2 和表 6-3 分别是观察表和汇总表。表中留有地方可记录儿童是否对某种媒介有所偏好，使用的是右手，还是左手，还是从一只手转换到另一只手。表 6-4 和表 6-5 是我们早期的评价体系，虽然不是很严格，但可能更易于使用。

对艺术夹的评价需要从九个因素进行，对每一个因素，得分为 1 表示低能力，得分为 2 表示一般能力，得分为 3 表示高能力。每个因素虽然是单独评价的，但只有与艺术的三个方面即具象性表现水平、探索程度和艺术水平联系起来，才具有意义。教师不是对儿童的个别作品，而是从整体上对儿童的艺术创作进行评价。如果儿童作品的水平缺乏一致性，则根据儿童大多数作品中所反映的操作的或占优势的水平进行评价(虽然作品不一致本身是值得注意的问题)。我们建议在学年中期和学年末对艺术夹进行一次回顾。有些儿童的艺术夹作品很少，可询问家长他们的孩子在家是否从事任何艺术活动。

五、 初步结果(1986—1988)

我们在每年的十二月和四月对儿童的艺术夹进行检阅。结果发现，有两个儿童在视觉艺术领域表现出杰出的智能。第一个儿童主要用记号笔进行具象性素描，他对细节、透视、结构的把握令人叹服。他描绘的对象很广，包括各种物体和景色。其中描绘的一些侧身像，或局部被挡住了的物体，显示了其对透视画法的初步了解。另外，他对线条的运用表现出运动感。第二个男孩自如而有效地使用多种材料。他对怎样单独使用和结合使用材料(在拼贴画和雕塑中)极其好奇。他的素描和绘画表现了其对结构、平衡、色彩和细节的超常的感知。例如，其中一幅作品表现了水底景色，描绘非常详细，包括几种鱼、一个水底交通工具以及一只在喷水的鲸鱼，整幅画面占了一整页。他的雕塑和三维作品表明他已意识到要从不同角度去观看物体。

一些儿童只是在某些特定的成分方面显示出独特的能力。例如，有个儿童的创作具有原始探索性，其使用色彩的方式与众不同，他在每幅素描和绘画中都使用色谱，但每次使用的方式只是稍有不同。他因设计或具象表现的目的挑选颜色，并常常尝试把某些颜色混合在一起以达到某种特殊的色彩。

其他大多数儿童的艺术作品要么代表着他们那一年龄的普遍水平，要么就是具有原始的探索性(如在纸上混合颜色、大幅动作的涂鸦)。后者更关注的是材料如何使用，而不是创造出什么作品。许多儿童对某种媒介表现出偏好。一般而言，男孩对拼贴画和组装的兴趣大于绘画和素描，而女孩恰恰相反。一个男孩似乎对工艺品最感兴趣——制作不同的三维作品和图式；还有个男孩用黏土的具象性表现能力最强；另外一个男孩专注于微型的、叙述性的、修饰性的、高度详细的素描中；有两个男孩在艺术台前几乎从没动过手，所以只能通过一些结构性的活动对他们的艺术智能进行评价。

表 6-1 评分标准

视觉艺术评分标准之一

具象性表现水平：创造可辨认的符号来代表物体的能力(如人、植物、动物、房子)，以及在空间上把这些元素组合在一起，成为一个整体的能力(Feinburg，1987)。

元素	水平 1	水平 2	水平 3
基本形式	垂直线、斜线和水平线孤立存在，包含着结构的图画被涂得乱七八糟，涂鸦是任意而胡乱的。	倾向于把某些几何图形(圆、矩形、三角形)组合成更复杂的形式。	轮廓线开始出现，所画的画主要不是用几何图形凑到一起，而是勾勒物体的轮廓，包括剖面图和侧视图。
	基本物(如人和房子)不完整(如蝌蚪缺少突起的部分)。	能包含物体的主要特征(如人的胳膊、腿和眼睛，狗的耳朵、眼睛和嘴，代表窗户的简单方块)。	明显的细节特征(如人的手指、眉毛、鞋子和衣物，用交叉方块代表窗户)。
	物体内和各物体之间的比例不一致(如人的头比身体大，婴儿比母亲大)。	物体内部自身的比例(而不是物体之间的比例)与现实一致。	比例接近现实，所画的人、物本身和之间的比例均能一致(如手比脚小，人比房屋小)。
颜色	颜色的使用随意，与所画的对象没有联系。	使用多种颜色，且使用颜色中至少有一些是真实物体的颜色，或者完全就是真实物体颜色的反映。	使用多种颜色作画，且大多数画都能有意地使用颜色(如金黄色的太阳、蓝色的天空或绿色的草)，极少的画中出现与现实不符的颜色。
空间组合	画中各物体模糊地浮在空中，所画的人物、物体和动物是颠倒的、倾斜的、偏离的，散布在画的四周。	对基线有着初步的认识，物体和人物之间常常彼此不相关，或局限于纸上的某一个地方(如在某个角或纸中央)。	所作的画反映了明显的基线感(如大地和天空)，所画的各对象间彼此相关且在纸上融为一体，对上端、下端、里和外的认识很明显。

视觉艺术评分标准之二

探索程度：儿童的设计、具象性绘画和儿童使用艺术材料所反映出的灵活性、生产性、创造性和变化性的程度(Feinberg，1988；Gardner，1980；Goodman，1988；Strauss，1978)。

元素	水平 1	水平 2	水平 3
颜色	每一幅画基本上都是单色调，颜色很少变化。	使用多种颜色，多用色彩作简单的画。	有效地运用多种颜色表现情感和气氛，色彩的对比和混合很明显，所作的画多彩而有意味。
变化	图案和构思重复而且很少或根本没有变化，画中所表现的组合非常有限。 具象性表现的形式极少或根本没有变化(如总是用同样的方式画房子)。	许多组合(如点、线、椭圆、字母样的符号等)交织在一起或出现在所收集的图画中。 具象性图画在图案、物体或主题上有中等程度的变化。	在设计中，以多种多样的方式使用线条和形状。如开放的和封闭的，爆发性的和控制性的。 具象性图画在形式上或主题上有明显的变化。
动态	一直生硬僵化地使用线条、形状和形式；仅仅依赖基本的几何图形，而很少使用斜线、虚线和飘逸的线条。所作的画是静态的、重复的。	在具象性图画和设计中，大量或游戏似地使用线、形和形式。所作的画流畅而自由、奔放。	线条、形式和色彩生动地表现出节奏、平衡与和谐，显示出动态。

视觉艺术评分标准之三

艺术水平：指运用不同艺术元素如线条、形状、色彩来表现情感、制造效果以及装饰艺术作品的能力(Feinberg，1988，1990；Gardner，1980；Goodman，1968，1988；Winner，1982)。

元素	水平 1	水平 2	水平 3
表现力	画中几乎没有明显的情感表现(如人没有任何面部表情)，画几乎不能引起情感共鸣或反应。	具有比较明显的通过线条、形状引发感觉和情绪的能力，但还不够明确。	通过实际的具象(如微笑的太阳，哭脸)和抽象的手法(如用黑色和下垂的线能表现悲伤)表达强烈的情绪色彩。画呈现出"活泼""悲伤"或"有力"。
饱满感	线条的变化(如果有的话)不能加强画的效果。	用线条的变化来造成图案或具象性图画中一、两个特定事物(如头发或眼睛)的效果。	图画中用深浅不同的线条表现几个事物的结构，产生了一定的效果(如表现明暗或阴影)。
美感	缺乏美感，很少有意修饰、精心描绘。有时也使用多种色彩，但不是为了加强效果，而是画画本身需要(如画彩虹)。	为了修饰的需要而有意选择某些颜色，虽然修饰可能夸张或卡通化(如把脸画得特别圆)。个体的形状表现出一定的美感与和谐感。	十分注意装饰，图式或复制品都表现出韵律并经过修饰，形式经过了仔细和有意的安排。图画多彩，充满平衡感和韵律感。儿童能用有意义的方式参与到美的自我表现过程中来。

表 6-2 视觉艺术观察表

儿　童：_____	年龄：从_____到_____
观察者：_____	日期：收集从_____到_____
偏好的媒介：_____	惯用：_____手
图画号：_____	
彩画号：_____	
三维作品号：_____	

	备注或例子
具象性表现水平的评分 _____ 　　3　　　　　　3　　　　　　3 　　2　　　　　　2　　　　　　2 　　1　　　　　　1　　　　　　1 　基本形式　　　颜色　　　空间组合	
探索程度的评分 _____ 　　3　　　　　　3　　　　　　3 　　2　　　　　　2　　　　　　2 　　1　　　　　　1　　　　　　1 　颜色　　　　　变化　　　　动态	备注或例子
艺术水平的评分 _____ 　　3　　　　　　3　　　　　　3 　　2　　　　　　2　　　　　　2 　　1　　　　　　1　　　　　　1 　表现力　　　饱满感　　　美感	备注或例子
总体评价：	

表 6-3 视觉艺术汇总表

儿童（年龄）	具象性表现				探索程度				艺术性				总分	偏好的媒介
	基本形式	色彩	空间组合	此项得分	色彩	变化	动态	此项得分	表现力	饱满感	美感	此项得分		

表6-4 选择性视觉艺术评分标准

第一部分：一般分类

以下各项可帮助你记录对儿童艺术集的整体印象。

一致性：艺术作品集显示出对技能或风格或二者的运用具有一致性，包括风格、布局或设计因为其特征显著而使观察者易于识别。

想象：熟练而灵活地创造新形式以及运用各种形式，方法上能生成和创新，有独创性。

多样性：儿童可利用图案、具象性表现、媒介类型或这些中的一部分等表现；运用不同的主题、风格。

完整感：所画的每一个物体看上去是完整的；整幅画表现出平衡和一致，注意到所画物体间的相互关系。

第二部分：特征

下面每个特征反映的是4岁儿童在艺术方面的一般特点和突出水平，供填写观察表时(表6-5)参考。

1. 对线、形的运用

特点：儿童使用几种不同的线条(如直线、不规则线、曲线)并勾勒出一些不连续的图形(如圆形、矩形)。把一些线条和图形相连组成简单的样式和物体。

突出水平：连续使用大量丰富的组合(如不同的线、形、点、交叉影线)。根据设计和描绘目的的不同可能同时运用，也可能分开运用不同的线、形。各种线、形的组合能有效地形成更复杂的模式和更有特色的具象表现。

2. 色彩的运用

特点：儿童对某些颜色有所偏爱，并开始采用混色。色彩的使用在具象性表现方面可能与所描绘的物体没有关系，而只是在描绘时随意使用。

突出水平：涂色和绘画都表现出对色彩在设计和表征方面的作用的某些理解。在描写情绪和气氛或进行具象表现及想象时，儿童能用色彩混合的知识来创造他想要的色彩或作品所需要的某种特别的色彩。

3. 布局

特点：儿童可能探索几种布局范式，但在种类和探索程度方面比较有限。所画物体、形象大小不一，散布在画纸上或浮在"空中"。物体之间也许有关联，但与画的整体没有什么关系。形象常常局限在画页上的某个区域(如某个角落)。一般而言，物体是孤立的，在空间上的安排也只是出于儿童自己的理解。

续表

突出水平：在设计和表现中显示出对"空间布局"的处理能力（如基线、天空、上方、相邻）；探索大量的布局范式；物体与物体之间、物体与整个画页之间都是有关联的；作品可能表现出透视，甚至包括一些封闭的、三维、剖面的和重叠的表现。

4. 细节的运用

特点：一些物体也许可以辨认，但大部分简单而无细节勾勒；未表现出物体的主要特征；所表现的特征多为相对比较显著的特征；设计和图案简单而松散。

突出水平：对特征的描绘详细而突出；大多数主要特征和细微的细节（如有指甲的手指，脸上的眼睛、鼻子、嘴巴、耳朵、睫毛和眉毛）都被表现出来。通过大量的线、形和图式来修饰图案。

5. 表现力

特点：作品几乎没有情感的表现，显得平白而粗略。

突出水平：通过线条、色彩和布局表现情感、气氛、动作。绘画视觉效果强烈。

6. 具象性表现水平

此项包括了上述的很多特征。

特点：常常表现的是单个物体或某一小组物体，如人、动物、车辆。所画的物体虽可辨认，但简单而无细节描绘。描绘的多是那些对于儿童来说十分突出的特征，而主要特征可能被忽视（如人的头发和鼻子）。比例与现实不一，对于儿童来说最重要的东西往往被画得最大。色彩也可能与实际物体不符。

突出水平：所表现的物体清楚、详细，一次可能不止描绘一个人、动物或物体。既描绘出主要特征，也描绘出其他显著的特征和细微的细节（如大象的鼻子）。比例非常接近实际。色彩现实地反映了所描绘的物体。

表 6-5　视觉艺术观察表（供选用）

（图画和彩画）

儿　童：＿＿＿＿＿＿＿	年龄：从＿＿＿＿到＿＿＿＿
观察者：＿＿＿＿＿＿＿	日期：收集从＿＿＿到＿＿＿＿
偏好的媒介：＿＿＿＿＿＿	惯用：＿＿＿＿手
图画号：＿＿＿＿＿＿＿	
彩画号：＿＿＿＿＿＿＿	
三维作品号：＿＿＿＿＿＿	

续表

第一部分：一般分类

　　检阅儿童的图画和彩画作品，根据你对所收集的作品的总体印象，判断儿童艺术作品在每个特性方面的水平。

	突出水平	现状	有限的
一致性			
想　象			
多样性			
完整感			

评注或相关例子：

第二部分：特征

　　根据表 6-4 的标准评判儿童的作品在以下各方面是"一般特点"，还是"突出水平"，并举例说明。另外，对其艺术作品集写个简单综述，记下你所发现的、印象最深刻的典型特征。

项目	一般特点	突出水平	例子及其描述
1. 线条和图形的运用			
2. 色彩的运用			
3. 布局			
4. 细节的运用			
5. 表现力			
6. 具象性			

续表

综述：

　　包括观察儿童的涂色和绘画之间任何明显的差异。比如，图画是不是比较注重细节？涂色是不是比较鲜艳？注意观察儿童的三维作品。

对结构性活动的评注：

第七章　音乐领域 YINYUE LINGYU

——引言

儿童通过各种方式，如唱歌、弹奏乐器、听演唱会或录音带以及跳舞等来体验音乐。幼年时期，儿童在家里、从收音机或电视机里听到音乐。甚至连婴儿都有基本的乐感。他们的牙牙学语中就包含着旋律，对不同的节奏和音高儿童也有不同的反应（Davidson & Scripp，1991；Hargreaves，1986；Sloboda，1985）。儿童在游戏时自发地唱歌或喃喃地自唱，编出简单的歌给活动做伴奏。他们还常常配合着音乐舞动着身体，用敲打拍子来保持时间间隔或通过动作表现音乐。

在西方文化中，传统上并不把音乐方面的能力看作是一种智能，而是视之为"天赋"或"技能"（Ramberger，1991；Blacking，1974；Davidson & Torff，1993）。典型的学术课程并不重视这方面的训练，因此，对于大多数人来说，上学后就几乎没有什么发展音乐的机会，在此领域能得到进一步发展的重要因素主要是父母的支持和引导，或自己坚持练习的毅力。

有关儿童时期音乐智能的研究相对较少，我们依据这些资料对学前儿童在音乐经验方面的特征进行了初步的分析（Hargreaves，1986）。大多数儿童刚开始唱歌时，主要是自己编造歌或重复熟悉旋律的某小段。到3岁或4岁时，儿童自发的歌就逐渐消失，取而代之的是文化中的传统歌曲。也就是在这个时候，儿童能够在脑海中重现歌曲的基本轮廓——他们能把握整体关系，如乐句是快还是慢，上升还是下降，音符间的停顿是长还是短。虽然不能很正确地匹配音高，或者完全正确地保持一种基调，但他们在很大程度上掌握了歌曲主体、乐句的连接、旋律线（旋律上升和下降的方向）、表面的节奏以及隐含的节拍（组织歌曲的节奏、结构的节拍）（Davidson，McKernon &

Gardner，1981）。

　　学前儿童一般是在集体时间跟着教师学唱歌的。一些教室设有乐器如钢琴、铃铛或竖琴来伴唱。相对来说，教师不难发现对唱歌入迷的儿童，这些儿童常常声音盖过其他的儿童，并且在唱歌过程中还伴随着身体的动作。但要识别出那些对歌曲的节奏模式敏感的儿童，或能从开头到结束都保持同一基调的儿童则要困难一些。

　　测评音乐智能的传统方法主要集中于儿童对节奏和音高差异的感知能力（Deutsch，1983；Dowling ＆ Harwood，1986）。除了现在已过时的"Seashore 音乐才能测验"（一般被认为是此类测试之父）方法以外，主要还有三种测试：Gordon 音乐听力基础测验、Bentley 音乐能力测验和 Wing 音乐智能标准化测验。Gordon 测验对象是从 5～8 岁和从 9 岁到成人，共包括 30～40 个项目，需要判断每对音高和节奏是否相同。Bentley 测验针对 8～14 岁儿童，包括音高辨别、音调和节奏记忆以及和音分析等。Wing 测验是三者中最全面的，主要测查个体听觉的敏感和对节奏的理解、和声、强度和节拍，对象主要是 14 岁及以上的人群（Shuter-Dyson ＆ Gabriel，1981）。

　　大多数音乐测验都针对 8～9 岁儿童直至成人。专门训练音乐的学校在接受学生时虽然一般不采用正式的测试，但要进行非正式的评价，包括进行诸如拍手和玩唱歌游戏之类的活动。另外，也结合考虑家长希望自己儿童接触音乐的理想和愿望。

——何谓音乐活动

　　在西方，人们认为音乐的两个主要成分是音高和节奏。同时，表现力也是音乐的重要因素，因为交流情感是音乐力量的一个基本方面。对音乐的心理探究主要有两种方法：一种是"自上而下"；一种是"自下而上"（Gardner，1983）。"自下而上"的方法旨在考察儿童处理音乐基本成分（如简单的音高和节奏范式）所采用的方式，而不考虑整个音乐作品的结构信息（Deutsch，1983；Dowling＆Harwood，1986）。而"自上而下"的方法主要探测个体对音乐作品总体特性的洞察力，这些总体特性包括音乐的速度、动感、结构、音质和情感（Bamberger，1991；Davindson & Scripp，1991；Serafine，1988；Sloboda，1988）。多彩光谱活动采用中间的方法，在课程中和适当的情景中启发儿童的首乐创作能力，同时也评价他们对纯音乐元素（如音高辨别）的敏感性，即音乐感知力。

典型的与音乐相关的角色包括：歌手、乐器演奏家、作曲家和音乐批评家。对于 4 岁儿童而言，歌手和乐器演奏家似乎是最有用的最终形态，因为后两种角色所需要的一些技能要在以后才能出现。音乐智能出现在儿童早期，如《铃木天才教育方案》早在儿童 3 岁时就开始训练儿童演奏小提琴。

在音乐才能的纵向研究中发现，音乐早熟的儿童表现出许多独特的特性（Davidson & Scripp，1994）。他们能自发地记住音高和节奏范式，学习新材料的速度也快于同伴。有个 3 岁的儿童在钢琴伴奏下，甚至无须钢琴伴奏，也可以从一个简单的音高开始按音调完整地唱出一首歌，可以保持节奏和音高的稳定性，而不考虑内容上的变化，他还纠正了自己记错了的歌尾，甚至还能用颤音唱。

并不是只有来自音乐资源丰富的环境的儿童才能如此，一个出自音乐背景贫乏的儿童也表现出惊人的然而不同的音乐智能。在 5 岁半之前，当这个儿童被要求写两首自己的歌时，就开始表现出对音乐的最初理解。他的第一首歌借助于传统的和声，并在歌的前两个乐句中运用平行结构。他的第二首曲子表现出了爵士音乐典型的即兴风格。他很清楚地理解乐句和节奏的作用，并能把音高控制在音程中心附近。无论教师采用什么课程或用什么手段进行评价，都能在课堂上发现这些早熟的音乐智能。而我们设计的活动可以识别在很广的范围内有着不同音乐智能的儿童所表现出的不同的感受力和能力。

一、 唱歌活动

（一）目的和活动描述

好的歌手能把握准确的音高，保持稳定的音速，并能保持一致的音调。然而在学前阶段，很多儿童虽然能自己编造歌词，从一种音速转到另一种音速，但很难用他们开始的音调唱完一首歌。只要听儿童唱一首歌，我们就能相当了解他对歌词、节奏和音高的注意情况。然而，如要更全面地挖掘出音乐创作中所需的各种音乐智能，则需在活动中深入考察。为此，我们设计了一个音乐创作活动。此活动分为四个部分，前三个评价在一个时段内进行，第四个评价只针对那些表现出不同寻常的音乐智能的儿童进行。

第一部分——喜爱的歌

请儿童唱他所最喜爱的歌。这样，一些儿童可以选择在音乐上比"生日快乐"更复杂一点的歌，并有助于更具表现效果，或者在基调、动感或速度上有更多的变化。

教师记录下对儿童表演的总体印象，包括歌的难度水平以及儿童在表演中所表现出的投入程度。

第二部分——生日歌

在这一部分，儿童自己从头至尾地唱一遍"生日歌"，然后和教师交替乐句，应答着唱。我们特意选择了"生日歌"，因为这首歌的旋律大多数儿童都熟悉，易于控制最初的差异。

对儿童的表演逐乐句地进行评价。节奏分为四个项目，音高分为三个项目。在活动的"应答唱"部分，教师可以评价儿童在多大程度上跟上教师在歌的第一句中所定的音乐范式。这个练习还可测评儿童跟上基调的能力，以及保持歌的节奏、音高和旋律范式的能力。

一些儿童不愿参加需要唱歌的活动，因为他们感到唱歌比说话更暴露自己，教师需要对每个儿童参加活动的适应水平保持敏感。如果班上有儿童不满 4 岁，也没关系。好在生日情景和生日歌是大多数儿童所熟悉的。大多数儿童喜欢讨论自己多大了，并且急于宣布下一年自己的岁数。一个面泥做的生日蛋糕可以让儿童有东西可玩，并且赋予活动以乐趣。在评价活动结束以后，许多儿童在其他教室活动中创造出自己的面泥生日蛋糕，对同伴和教师唱着"生日快乐"歌。

第三部分——音乐记忆

最后，让儿童唱一首他在班上学会的新歌，如在评价活动前 4～5 时段学会的歌。教师应选择一首儿童不熟悉的歌，或者可以自己另创作一首。当然，这首歌在音乐复杂性方面应处于最低水平，并符合音乐的一般规则。

儿童在重复歌词、纠正乐句数、旋律和新歌的节奏方面的能力是不同的。教师可以提供指示帮助儿童回忆。

第四部分——新奇的歌

如果儿童在第一时段中表演特别好，可以附加几时段，教给儿童一首音乐复杂性较高的新歌。教师可以从中评价儿童在学习新曲时的速度和准确性。我们选的曲子是由 Lyle Davidson 谱写的"动物歌"，因为这首曲子提供了很多音乐难度。它以大调开头，中间转为小调，还包含一个高八度的跳跃，从中音 B 跳到高音 B。教师也可选择其他的曲子，但应选择能给儿童提出挑战的曲子。

在评价表演中，教师既可以关注总体特性，如正乐章、节奏、升降线等，也可关注细节方面的细微差别，如匹配某个颇难的音高值或观察歌中的音调改变。儿童在表现力方面也会表现出差异。

(二)材料及组织

唱歌活动的材料很简单，包括模具中的面团蛋糕、6 只色彩鲜艳的生日蜡烛。你可以用录音机录下儿童所唱的歌，以便以后评价用。评价既可在教室的一个安静、舒适并远离主要活动区的角落进行，如条件许可，也可在单独的一个小房间进行。尽可能地把情境布置得舒适些，如可以让儿童坐在地板上的小垫子上或坐在小桌子前。如果你觉得自己不能准确地唱"生日快乐"这首歌，可找一盘录音带代替。

(三)程序及说明

在儿童自由活动时间，向儿童介绍唱歌活动："今天_____(成人名)将和你们做一些唱歌游戏(或"生日快乐"游戏)。每次将有一个儿童和_____(成人名)玩这个游戏。"

第一部分——喜爱的歌

一旦儿童适应了，可介绍录音机，或者说说录音机是怎么工作的。看看每个儿童是否都有自己的磁带，教师可以说："我有一盘特殊的磁带，上面有你的名字。"或"这儿有一盘特殊的磁带，上面有小朋友唱的歌。让我们把磁带放进去，把录音机打开，然后我们可以倒回去听听你的声音。"

教师可以这样问儿童开始："你能为我唱一首你最喜爱的歌吗？然后我们把磁带倒回去，听听你的声音。"或者，可以这样引导儿童进入活动："我们将用这块蛋糕做个生日游戏，我们要唱'生日快乐'这首歌。但在我们开始之前，我想问问你是否有一首自己最喜爱的歌，一首你确实喜欢并想录在磁带上的歌。然后我们可以听听，怎么样？"（然后打开录音机，在活动过程中让它一直开着。）这样介绍的好处在于，一旦注意力转移到生日上，而不是儿童本身的话，儿童就会觉得能够比较自如地唱歌。不同指导语确实能造成儿童不同的反应，不能低估它的作用。

如果儿童仍然不愿意唱，教师可以通过再次问他来鼓励："你有没有非常喜欢的歌？"或者"你在家时总爱唱什么歌？"有时，直接地说比提问要好。如："我们从你最喜爱的歌开始，你可以对我唱。这首歌是你在家里或在学校里总爱唱的。"然后，进一步地鼓励："我准备好了""你可以开始了"，或者"好，你现在可以唱了"。但是如果儿童还是沉默不语，就进行活动的下一步。如果儿童喃喃地唱，或通过歌说着自己的话，你则可以说："这次你是说出这首歌的，现在你试着唱出来，好吗？"

第二部分——生日歌

在生日游戏这部分，教师可以这样介绍："现在我们将做生日游戏。这是一块蛋糕，但不是真的。你认为它是由什么做成的呢？……现在我们假设今天是我的生日，然后假设今天是你的生日。首先，你用蜡烛为我的生日装点蛋糕，我不能看。"给儿童的蜡烛不要超过 6 支（太多的蜡烛会分散儿童的注意力）。转过身或把眼睛闭上，说："当蛋糕准备好后，请告诉我并向我唱'生日快乐'歌。然后我将许个愿，把蜡烛吹灭。"

如果儿童不唱歌，教师可以提出自己先唱："下一次将是你唱。"或者"我先唱，你记住怎么唱的，然后你就可以唱了，好吗?"如果儿童唱得过轻或过快，则说："你唱大声一点(或慢一点)，使录音机能听见，好吗?"

在应答唱歌这部分，这样开始："现在我也想唱，所以这次我们轮流唱。"或者，可以这么说："快要到你的生日了，我要为你装点蛋糕。这次我们用'生日快乐'做一个轮流游戏。"然后列举每乐句："首先，我唱第一部分'祝你生日快乐'，然后你唱下一部分'祝你生日快乐'；然后我唱'亲爱的_____(儿童名)，生日快乐'，之后你唱'祝你生日快乐'。这样我们轮流唱，这是你的生日呀。"为儿童用蜡烛装点蛋糕，然后开始歌的第一乐句。用中等音域唱，以便儿童能听清所有的音符。

如果儿童不懂应答唱歌的意思，再次解释轮流的步骤。有些儿童立即理解了意思，而有些儿童需要一些实践。教师还可以在全班以小组形式模仿这个活动，用一些歌，如"小猫咪，小猫咪，你在哪里?"进行轮流歌唱。教师唱了第一乐句后，如果儿童仍然沉默着，可以小声地提醒，"该你唱了"，然后充满期待地看着他。当儿童唱完最后一个乐句时，让他许个愿，然后吹灭蜡烛。

第三部分——音乐记忆

首先要做好准备。在评价前 4 个星期，在小组活动时间或固定的唱歌时间教给儿童一首新歌。这首歌应是简单的、反复性的、简短的、有着明显旋律且不超过 5 或 6 个音符。一些民歌小调，如"火鸡"等比较适合。多彩光谱评价中采用的歌是"飞上天"(见表 7-1)。这首歌伴随着胳膊和手的动作，这能帮助儿童唱歌时更投入，能帮助他们记住歌词。

教师可用自己感到舒适的方式教儿童唱这首歌。放慢速度，清楚地吐词，一次发出几个词，这些都是教师需要尝试的技巧。教师最好先自己唱，当然如果儿童愿意的话，他们可以立即跟上。从一开始，就能舞着胳膊唱。

开始时儿童的胳膊放在身体两侧，当唱到第一句"上，上，上到空中"时，儿童朝天空举起胳膊。在唱下一句"小鸟飞，飞到空中"时，儿童上下挥动着胳膊，仿佛鸟的翅膀在上下扑扇。在最后两个乐句中，"上，上，上，上"和"小鸟飞，高飞在空中"，儿童则慢慢地朝天空举起胳膊，然后上下挥动。儿童可以努力踮起脚尖来表示小鸟飞得很高。

为保证每个儿童都学会这首歌，教程应持续 3 次，最好连续 3 周，每周一次。在最后一课结束后一个星期，让儿童在评价期间逐个重现这首歌。

在评价阶段，完成"生日快乐"轮流唱后，对儿童说："我还想问你一件有关唱歌的事。记得不久前在唱歌时间我教唱的一首歌吗？我们像这样做的。"站起来，举起胳膊。"我做这样的动作，你想起来了吗？请为我唱这首歌，好让我能想起来是怎么唱的。"如果这样没用，教师可以重复胳膊的动作，并且说(不是唱)"向这样'上，上，上……'"作为最后一个提示，教师可以唱出"上，上，上……"在做胳膊动作时，问儿童是否想起这首歌的什么或想起怎么唱的。然后再问，"还有呢？"儿童可能想起歌的不同方面：歌词、情感或旋律。如果儿童只说出单个的歌词，如鸟或飞，教师可以提示："你想起了一些歌词，你还记得这首歌是怎么唱的吗？"

结束时，询问儿童他想在磁带上听到什么。把磁带倒回去，播放全部或其中一部分(但是要记着倒好磁带，为下一个儿童做好准备)。然后可以和儿童聊一会儿，请他帮忙把蜡烛从蛋糕里拿出来，并把面泥弄好为下一个儿童做好准备。儿童非常喜欢揉捏面泥把蜡烛洞填起来。

第四部分——新歌

在第一评价时段中显露音乐强项的儿童可以参加第二时段的评价。在一个舒适的情境中，告诉儿童："今天，我要教你学唱一首新歌，歌名叫'动物歌'。我将完整地唱一遍，然后我们分段唱。我先唱，你跟着我唱。"如下所示向儿童呈现这首歌。

1. 完整地唱一遍这首歌。
2. 每句唱 4 遍，每遍都让儿童跟在后面唱。
3. 与儿童一起唱。
4. 让儿童自己完整地唱一遍。

几个星期后，再用一时段让儿童再学一次相同的歌。首先，确定儿童第二时段中所学的还保存多少，然后采用相同的教学程序再次教儿童这首歌。一个月后，再进行一次，看看儿童在多大程度上回忆起这首歌的各种元素。

问儿童："你还记得我们曾经一起唱的一首名叫'动物歌'的歌吗?"需要时可给予儿童指示(见"音乐记忆评价")。

(四)评价

根据表 7-3 和表 7-4 的指南对儿童在"唱歌活动"中的表演进行评价。对喜爱的歌的评价是非正式的,以总体印象为基础。尽量记住儿童对节奏和音高的注意以及歌的音乐难度。在表 7-4 上记录教师在"喜爱的歌"和"音乐记忆"中所做的提示,以此进行描述性的评价。注意儿童所记住的乐句数及其顺序,注意他是否重现乐句的整体旋律,注意他回忆的主要是乐句的文本还是乐句的旋律。记录在此过程中所做的指示。

对"生日歌"的评价可采取两种方法中的一种。可以运用表 7-3 进行逐句评价。4 个节奏项目一共可获得 16 分,3 个音高项目可获得 8 分。应答乐句的评价与此类似,特别考察儿童跟上旋律的能力和传送的速度。也可使用表 7-5 和表 7-6 记录总体印象。使用表 7-7 对儿童的表现进行小结,但如果已进行了逐句评价,请忽视"总体"一栏。如果教师自己缺乏节奏感,可请别人对歌进行评价,或者把第五个音符和最后一个音符(两个都是主音)与音叉或键盘匹配起来进行评价。

(五)初步结果(1985—1987)

在活动的每一部分,儿童对节奏的把握要优于对音高的把握。在"喜爱的歌"中,产生了许多熟悉而独创的歌。一个儿童的歌中包含着强烈的节奏:"嘭,嘭,我在吃午餐。嘣,嘣,嘣,嘣,嘣,嘣。"另一首是由那天教师所佩戴的项链而激发出来的独创性的歌:"项链是我最喜爱的歌,它总是给我带来很多的欢乐,我戴啊戴啊,戴在脖子上,这时却断了。"不过,许多儿童没有唱出自己最喜爱的歌。

在"生日快乐"部分,大多数儿童都知道所有的歌词,显示出对节奏的牢牢把握。有一小部分的儿童对音高的区别很敏感,但大多数儿童并没有表现出稳定的基调感。不管是唱整首歌,还是应答唱,儿童都混淆了第一乐句和第二乐句的旋律线。

在回忆歌曲"飞上天"部分，大多数儿童记得音乐的旋律。许多儿童能回忆起歌词，或至少记得"小鸟"这个主题。一个儿童记住了歌的旋律，但歌的内容是他自己编的。儿童对乐句的顺序一般都能记忆正确。

有几个表现突出的儿童学了"动物歌"后，记住的信息之多令人惊奇。他们掌握了整体的特性如内容、节奏、升降音高线等。他们重复唱了颇有难度的音高值和音程，并精确地重现了歌曲开始时的八度跳跃。同时，在整个歌曲中保持了基调。但不足在于，他们并不是总能把握住歌曲中更具表现力的因素。

表 7-1　飞上天

表 7-2　动物歌

作曲：Lyle Davidson

表 7-3 生日歌的评分资料

"生日快乐"这首歌有 4 个乐句。第一个乐句是"祝你生日快乐"；第二个乐句是"祝你生日快乐"；第三个乐句是"亲爱的老师生日快乐"；第四个乐句是"祝你生日快乐"。每个乐句的评分在节奏子项中分为四项，在音高子项中分为三项。各项的评分标准如下，如果评分时出现犹豫，可给高一点的分数。

生日快乐

一、节奏

1. 音符数

这个项目测的是一个儿童在乐句中所包含的音符数。比如，在第一乐句"祝你生日快乐"中有 6 个音符，如果儿童唱出 6 个音符，就得 1 分；如果唱出多于或少于 6 个音符，就得 0 分。

2. 对音符的区别

这个项目反映儿童对长音与短音所做的区分。区别项目包括对长音、短音、休止符、重音的区别。比如，如果儿童能区分在"Hap-py"中的短音与在"you"中的较长的长音在时间上的不同，就可以得 1 分。如果音值改变而儿童没能表现出来，就得 0 分。

续表

3. 节拍

这个项目测的是儿童保持一个稳定的节拍的能力。只要儿童在整个乐句中能保持固定而连贯的拍子，就可以得分，即使拍子与生日歌的拍子不完全一样。

4. 清楚

清楚指的是表现正确节奏感的能力。如果儿童能跟上节拍唱出音符，就可得分。如果他在唱歌过程中对节奏模糊或按自己的节奏唱，就得 0 分。

二、音高

1. 旋律线

旋律线反映的是旋律的上下变动。在这个项目中，如果儿童所唱的乐句整体的旋律方向是正确的(即使个别的音符唱错了)，就可得 1 分。"生日歌"的第 1 个乐句的旋律变化是从低到高的。如果儿童所唱符合这个音高变化的模式就可得 1 分；如果是反方向变化的，即音高从高到低的就得 0 分。

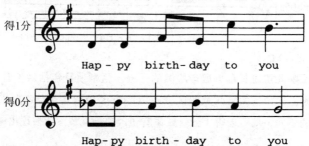

2. 基调

这个项目测的是儿童从一个乐句到另一个乐句保持同一种基调的能力。在进行这

续表

个项目的评分时，如果教师能和儿童一起唱，会比较好。因为这样教师能容易区分出儿童后来所唱的乐句是否保持了他开始时的那种基调。如果他从一个乐句到下一个乐句保持的是同一种基调，就可得 1 分。如果他从一个乐句继续到下一个乐句时改变了基调，那就得 0 分。

得1分

得0分

3. 音程

这个项目评价的是儿童从一个音符跳到另一个音符，达到正确的音高位置的能力——既不太高也不太低。在"生日歌"的第一个乐句中，出现了从"day"到"to"的跳跃；在第二个乐句中，又出现了从"day"到"to"的跳跃；在第三个乐句中，在"happy"和"birth"之间出现了最大的跳跃；最后在第四个乐句中，出现了从"birth"到"day"的跳跃。如果儿童在所有这些音程中，跳到了正确的位置，就可得 1 分。如果他在 1 个以上的音程中，跳得偏高或偏低，就得 0 分。

表 7-4 歌唱活动观察表

儿童_____ 年龄_____ 日期_____ 观察者_____

一、喜爱的歌

所选择的歌：_____

评注(包括节奏、音高、音乐难度水平等)：

二、生日歌

	音符数	对音符的区别	节拍	清楚	节奏子项总分	旋律线	基调	音程	音高子项总分	总分
乐句1							/////	/////		
乐句2								/////		
乐句3										
乐句4										

应答唱歌

	音符数	对音符的区别	节拍	清楚	节奏子项总分	旋律线	基调	音程	音高子项总分	总分
乐句2								/////		
乐句3										
总分										

评注：

三、音乐记忆

评注(儿童记住歌的哪些部分? 歌词、旋律、乐句数及其顺序、旋律线等如何? 提示的程度等。)

表 7-5　生日歌的评分（供选用）

　　通过这套备用的评分方法，可粗略地掌握儿童在生日歌练习中的表现。在儿童完成唱歌任务后，立即填写观察表（表 7-6）；观察者、评分者根据儿童整体的表现记录对儿童唱歌能力的综合感觉，并对活动中显现的偶发信息加以记录。

　　此备用的评分方法所评价的技能项目类似于表 7-3 中的分析，除此之外，还包括另外两项：(1)对儿童表现的综合感觉；(2)表现力。因为备用评分方法无须对歌曲中的每一乐句都作分析，所以各项技能的评分标准略异于表 7-3 中所列的标准。以下是备用评分方法中所涉及的各项技能及其界定。

节奏

　　1. 音符数：包含在儿童所唱歌曲中的音符数。观察者应听辨歌中所省略的音符，但不必记录哪儿省略了音符。

　　2. 对音符的区别：长音和短音之间的区别。在长音与短音或是休止音与重音之间都存在。比如，在短音 Ha-ppy 与较长的长音 you 之间应有明显的区别。观察者应倾听儿童歌中区分音符的整体连贯性。

　　3. 节拍：节拍或速度拍子的根本单位。只要儿童在整首歌中能保持固定而连贯的拍子，就可得分——即使拍子与生日歌的拍子不完全一样。

　　4. 清楚：对歌曲节奏的准确表现。如果儿童能跟着节拍而唱出音符，则可得分。

音高

　　1. 旋律线：旋律的上下变动。观察者应倾听儿童在唱歌中对乐句的整体旋律线的再现。

　　2. 乐句间差别：乐句间有明显可辨别的差异。例如，在"生日歌"的第一乐句与第二乐句之间有个细微的差别——儿童常常把这两个乐句唱成一样。观察者应倾听儿童歌声中乐句之间的差异。

　　3. 音程：从一个音符跳到另一个音符，达到正确的音高位置——既不太高也不太低。例如，在"生日歌"的第一和第二乐句间，出现从 day 到 to 的跳跃；在第四乐句中，从 birth 到 day 出现一个跳跃。歌中最大的跳跃出现在第二乐句中的 happy 和 birth。观察者应倾听儿童是否能从一个音符成功地跳向另一个音符，并获得对此能力的整体感觉；另外，如果儿童对歌中所有音阶的跳跃都感到困难，或者仅仅能唱出第三乐句中的最大的音程，请记录下来。

　　4. 适当的音高(符合音调)：唱出正确的音符。观察者根据儿童是否能跟着旋律唱出大部分歌来评分。

整体音乐智能

　　1. 超常性：整首歌在旋律和节奏上都正确。

　　2. 表现力：所唱的歌反映了情感和体验。观察者应注意那些表示强调的重音和音调的降低或提高。

表 7-6　生日歌观察表（供选用）

儿童＿＿＿＿＿＿＿＿　　　年龄＿＿＿＿＿＿＿＿　　　观察者＿＿＿＿＿＿＿＿

歌曲＿＿＿＿＿＿＿＿　　　日期＿＿＿＿＿＿＿＿

是记 2 分，否记 0 分，歌唱得听不见或者不参加活动不计分。				
一、节奏		是	否	记分
	儿童所唱的音符数正确（音符数）			
	能区分长音和短音			
	整首歌都能保持固定而连续的节拍			
	儿童按照节拍唱音符			
			节奏子项总分 ＿＿＿＿＿	
二、音高		是	否	记分
	儿童对乐句的总体方向是正确的（旋律线）			
	儿童能区别歌曲中不同乐句的差异			
	儿童能连续地从一个音符跳到另一个音符，达到正确的音高（音程）			
	儿童能唱出大部分的旋律			
			音高子项总分 ＿＿＿＿＿	
三、整体		是	否	记分
	儿童唱得特别好，和调，节奏正确			
	儿童具有表现性，歌词的音调加重，演唱中反映了某种情感			
			整体子项总分 ＿＿＿＿＿	
评注：				

表 7-7 可选择的生日歌汇总表

儿童 (年龄)	节奏			音高				总体			总分
	音符数	对音符的区别	节拍	清楚	子项分	旋律线	不同的乐句	音程	符合旋律	子项分	超常性	表现力	子项分	

二、　音乐感知活动

(一)目的和活动描述

音乐感知活动旨在评价儿童辨别音乐差异的能力。因为"唱歌活动"未必能准确地显示儿童辨别音高的能力(比如，即使发不出正确的音调，儿童也能知道自己唱跑调了)，所以这个活动是对儿童在音乐创作活动中表现出的能力的一个重要补充。

音乐感知活动被分为 5 个部分：歌曲识别(辨认从有名的曲子中节选的某段音乐)、错误识别(识别某个熟悉的曲子中错误的地方)、敲击匹配(用一套 3 个蒙台梭利铃铛配合音高)、听音匹配(在屏幕后听并识别铃铛所发出的音高)、自由敲击(用铃铛配合自由演奏)。采用蒙台梭利铃铛是因为这些铃铛虽然看上去是相同的，但却能发出不同的音高。因此，由于平常的视觉线索被切断，儿童在配合音高时，只能完全依靠听力辨别。另外，铃铛使儿童的反应可以通过表演的方式表现出来，这可能是接近儿童音乐感知力的最有效的方法(Webster & Schlemtrich，1982)。

回顾文献发现，术语表达可能混淆儿童对音乐感知理解的判断。儿童常常是先辨别出音高，然后才能讲述他们所听到的(Flowers，1985)。很多文献表明，儿童难以使用一些术语，如高、低，上、下。虽然儿童确实能理解强声、柔声，快、慢的差别，并且也能正确地使用这些词描述音乐，但他们总是更多地使用亮、暗，小、大，轻、重等词来描述高、低，也许使用这些词他们能更容易地说出音高差别。为避免这种术语上的混淆，我们让多彩光谱中的儿童使用相同和不同的术语来描述蒙台梭利铃铛所演奏的音高。

在活动的第一部分(歌曲识别)，要选择每个儿童都熟悉的曲调，这一点是非常重要的。教师可以采用唱歌活动中的音乐记忆部分所使用的歌，也可以选择课堂上教给儿童的新歌，或者是在创造性运动课程中所使用的新歌。

在错误识别中，所采用的歌必须明显是那个年龄组儿童都熟悉的。我们在 1987—1988 年度的多彩光谱班级上采用的是"划，划，划你的船"这首歌，因为这首歌在西方非常有名(班上每个儿童都能正确地识别出这首歌)，另外这首歌具有清楚的音阶与三和音特征，儿童学起来比较容易。

我们在呈现这首歌的三个变奏时，依次呈现最明显的错误到最不明显的错误。进行这一项时可参见表 7-9。第一个变奏出现在第一个小节中的最后一个音符，从 E 调变成降 E 调，乐曲的调式也由大调转换到小调。在第二个变奏中，第三个小节的大音程被连续下降的全音阶压缩了。最后，第三个变奏包含了最细微的错误：第二个小节以 E 调转换为 F 调开始，因而产生了基调内部的音阶变形。

在两个音高匹配的敲击匹配活动中，给儿童听一套铃铛所发出的声音，询问他们这些铃铛的音高（由最易于感知的到最难被感知的）听起来是否一样。不要给儿童三个以上的可选铃铛，以排除记忆和组织能力这两个变量的混淆作用。在听音匹配活动中，教师把铃铛藏在幕后，这样儿童可以专注于铃铛所发出的声音。

在自由敲击中，鼓励儿童用铃铛随意演奏。通过这个游戏，成人可获得一些描述性的信息，从中了解儿童处理任务的方式和他对活动的兴趣，但不正式记分。儿童在敲击铃铛的灵敏度和能否敲在准确的位置而获得清脆的音调这两方面有个别差异。

(二)材料及组织

活动的材料包括：1 套蒙台梭利铃铛，2 根相同的木槌，1 个纸板屏幕，2 盘特别预备的录音带，2 台录音机（录下活动以便评价时参考）和 1 个托盘。如果铃铛的架子颜色不同，可以用砂纸磨一下，重新漆上相同的颜色，从而消除视觉差异影响。如果铃铛太贵的话，可对活动进行一点改动，采用一些较便宜的材料（如木琴或装有不同水量的瓶子）来代替。活动时，务必要隐去视觉线索，比如，可以使用一块纸板屏幕。

预先准备好磁带，最好能在钢琴上弹出这些曲调。用于歌曲识别活动的磁带要包含儿童所熟悉的 3 首歌的前 4 句，乐句之间有短暂的停顿。用于错误识别活动的磁带应录制一首儿童所熟悉的歌曲，改编部分有些是正确的，有些是错误的，改编的各段之间有短暂的停顿（见表 7-9）。应录制的磁带包括：正确版、错误版 1、错误版 2、正确版、错误版 3。

(三)程序及说明

在小组活动时间向儿童介绍本活动："今天我们在教室里要进行一个新的音乐游戏。大家可以敲击一些特别的铃铛，发出这样的声音(敲击 3 个铃铛，说明必须小心敲击)。每次一个儿童和_____(成人名)玩。"

1. 歌曲识别

虽然不是马上需要铃铛，但在儿童到来之前就布置好铃铛将有助于程序更顺利地进行。把铃铛放在教师身边的一个托盘上，分 3 排放，如下所示：

C D E F G

C D E F G

A A B B C′(C′是指高音 C)

用一块布把铃铛盖上，以免儿童在活动的第一部分受到影响。

让儿童坐在教师前面，开始活动。告诉他："我们即将玩的游戏有两部分。首先是听音的部分，然后是演奏的部分。在第一部分，我将演奏一首歌，请告诉我你是否知道这首歌是什么歌。仔细地听，一旦你听出来了，立刻告诉我。"播放旋律一的第一句，停放，然后问儿童是否听出是什么歌。如果儿童立即识别出，甚至在发问之前就说出来了，记录下来，在评价表(表7-8)上标出儿童是在播放第一乐句时识别出这首歌曲的。如果儿童没有识别出来，播放第二句，停放，再次问儿童。如果他仍然没听出来，倒回带子，把第一、第二句一起播放。如果他还未识别出，继续播放最后两个乐句。如果儿童在播放完所有 4 个乐句后，还不能识别出来，就告诉他是什么歌，然后继续下一首歌。无论儿童是在什么时候识别出，也无论识别得正确还是错误，都要记录下儿童的回答，再接着进行下一个旋律。后两首歌采取相同的步骤。

2. 错误识别

首先向儿童介绍本活动："现在录音机将播放另外一首歌，我想让你告诉我是什么歌。"播放"划，划，划你的小船"的第一段，如果儿童没有听出来，倒回磁带再次播放。如果儿童仍然未识别出，为他唱出歌词。如果他不熟悉这首歌，不要再继续进行这个活动的其他部分。如果儿童识别正确，就说："让我们看看你对这首歌有多熟悉，我将播放几次，你要认真地听，因为有时歌里有的地方听起来是错的。如果你听出来歌里的错误或什么不一样的地方，请立即告诉我。现在，记住认真地听整首歌，因为在开头或结尾都可能出现错误的地方或与原来歌不一样的地方。"

　　在每一版磁带播放后，问儿童："听起来怎样？错误还是正确？"注意在每一片段后，都使用相同的语言，避免给儿童提供有关正确答案的线索。一些儿童能立即识别出不正确的旋律。一些儿童在听的过程中分神，或说不知道，这时再次播放那段并在评价表上记录。如果儿童仍然不知道，不要给他记这段的分数。一些儿童可能只是简单地回答全部正确或全部不正确，教师可在观察表上记录自己认为儿童的回答属于哪一类。另外，注意儿童能多快地识别出错误的乐句。记住，每次都播放整首歌曲，不管儿童是在何时识别出。

　　3. 敲击匹配

　　给儿童一套 5 个铃铛，从儿童的左边到右边，按音阶顺序（从 E 到 G）依次排列。告诉他："这些是铃铛，我们将用它们来做一个游戏。这是些特殊的铃铛，因为它们看上去一样，但听起来却不一样。让我们试着敲敲它们。"给儿童展示怎样通过敲击铃铛最宽的部分来发出最清脆的声音，还要问问儿童铃铛所发的声音怎样。

　　在活动开始时，给儿童指导语："现在我们将用铃铛做一个游戏。我将给你一个铃铛，你需要找出另外一个铃铛所发的声音和它一样。"给儿童一个小的 D 调铃铛，"这个铃铛是你的，这儿还有两个铃铛（C′和 D），我想让你告诉我哪一个铃铛的声音听起来和你的一样。"讲解时，注意要用手指着每一个铃铛。先敲击儿童的铃铛，然后说："这个铃铛的声音和你的一样吗（敲击 C′铃铛）？还是这个铃铛（敲击另一个 D 铃铛）的声音和你的铃铛声音一样？"如果儿童不知道哪两个铃铛是相匹配的铃铛，可告诉他教师认为哪两个的声音听起来很相似。

现在把 3 个铃铛放回到托盘中，给儿童一个 C 铃铛，再把一个 F 铃铛和一个 C 铃铛放在儿童的铃铛之前，问他："这两个铃铛中哪一个的声音和你的铃铛的声音一样？"提醒儿童首先要从自己的铃铛开始，然后再敲击其他两个。如果儿童只敲击了新铃铛中的一个，提醒他还可以敲击另一个："让我们再敲敲另外一个看看。"如果儿童被教室里的其他活动分心，或好像不在听自己所敲出的声音，建议自己再敲击一次。一般来说，允许儿童随意敲击几遍，尽量听出匹配的铃铛。照此进行另外三组铃铛的敲击匹配。匹配顺序如下：

（演示）D 铃铛和 D 或 C′的匹配（不计分）

C 铃铛和 C 铃铛或 F 铃铛的匹配（四度音程）

F 铃铛和 F 铃铛或 G 铃铛的匹配（二度音程）

D 铃铛和 D 铃铛或 A 铃铛的匹配（五度音程）

A 铃铛和 A 铃铛或 C′铃铛的匹配（三度音程）

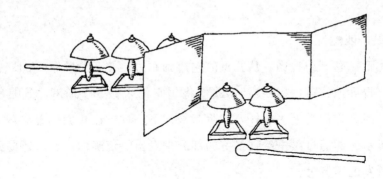

图 7-1　音乐感知活动示意图

4. 听音匹配

把铃铛放回到托盘上，在教师和儿童之间竖起一个小屏幕使儿童看不见铃铛。给儿童一个 D、G 和 C′铃铛（放置顺序也是如此），把一个 G 和 D 铃铛放在屏幕后，说："现在我将在屏幕后敲击铃铛，我想让你像这样敲击你的铃铛（轻轻地敲击每一个铃铛），找出哪一个铃铛的声音和我敲击的声音一样。"敲击一次 G 铃铛，尽量每次敲击的力度相同，避免儿童把声音的大小作为一个变量。

儿童每敲一次铃铛，教师则再敲击一次目标铃铛。鼓励儿童 3 个铃铛都敲击一下，而不要在敲了第一个或第二个后就不敲了。接着敲击 D 铃铛，让儿童说说他的哪一个铃铛的声音与教师刚敲过的声音一样。

现在拿走 G 和 C′铃铛，换上 C 和 E 铃铛，按照 D、E、C 的顺序排列在儿童面前。把教师的铃铛换成 C 和 E 铃铛。重复以上步骤，先敲击 E 铃铛，然后再敲 C 铃铛。

要注意儿童对相同的理解可能是不一样的。比如，儿童可能听教师敲击铃铛的轻重，或看着教师敲击的样子。有的儿童也可能注意铃声的音质，如"听起来就是铃铛的声音""听起来很悦耳"。没有办法保证儿童只是纯粹地听铃铛声音的音调，但教师可以问儿童："铃铛在哪方面听起来是'一样'的？"这可以帮助教师了解儿童做出的回答为什么是错误的。

5. 自由敲击

在 3 个铃铛的基础上再增加一个 F 和 G 铃铛，按照音阶顺序从 C 到 G 排列。告诉儿童："现在你可以随意敲击铃铛，你可以试着像这样敲击出一首歌（敲击前 4 句或"玛丽有一只小羊羔"的前 4 句），或者你可以把它们四处搬动。"虽然这个部分不记分，但教师要注意观察并记录儿童是如何操作铃铛的。他是想奏出一首歌，还是想创作自己的旋律？注意他敲击的歌是否有始或有终，或是有始有终。另外，注意他是否试着敲出不同声响的音符。每个铃铛是敲击一次还是多次？他在不同的铃铛上逗留吗？记录儿童任何关于铃铛声音的自发的议论以及儿童的兴趣水平。

(四)评价

在活动中使用表 7-8 记录儿童正确或错误的回答，在每一部分结束时进行分数统计。把分数转换到表 7-10 的汇总表，如果有重要的评注而在表中没有地方可写的话，可标注"＊"号。如果对活动进行了录音，评价时可将其作为参考。

(五)初步结果(1987—1988)

参加此活动的 18 名儿童中，其中有一个获得了 48 分，这是相当高的分数。3个儿童获得了44分以上的分数，大多数儿童的分数在25～35分之间。

在"歌曲识别"活动中，儿童的反应各异。大多数儿童能在第一或第二乐句处至少识别出一段曲调，大约有一半的儿童在第四乐句处识别出所有3段曲调。一些儿童在刚放最初几个音符后就几乎能立刻识别出曲调。

"错误识别"对于儿童来说比较容易。一个儿童甚至能辨别出错误的程度，他把对歌曲不同程度的改编描述为"有一点相似""大不一样"以及"非常非常不一样"。只有两个儿童不能正确地识别出改编之处。

对于大多数儿童来说，"敲击匹配"部分的音高匹配相对容易，但还是有两个儿童不能匹配两个以上的音高。"听音匹配"比较难，可能是因为儿童首先要解决怎样比较两个以上的铃铛的声音这个问题。有个儿童未能区分任何音调，他坚持认为所有的铃铛所发出的声音是一样的。有两个儿童对铃铛的音量特别敏感，他们评论着塑料槌和木头槌所发出的音调的差异。

许多儿童被铃铛所吸引（实际上，这个活动也能说明儿童进行科学推理的方法）。一个儿童发起了一个讨论，讨论的话题是铃铛看上去都是一样的，什么造成了音调上的差异。他推测是由于制成铃铛的材料不同之故，他还对铃铛是怎样发出声音的这个问题特别感兴趣。他注意到当敲击铃铛时，铃铛在"颤抖"，而当他用手指止住铃铛的"颤抖"时，声音也消失了。还有个男孩认为因为他的手握在木槌的不同位置，所以铃铛会发出不同的声音。

在"自由敲击"中，一些儿童敲击自己所熟悉的曲调，虽然他们没有敲击出正确的音符，但他们能够保持正确的节奏。而有些儿童很差怯，每个铃铛只碰触一下，或整首曲都在同一个铃铛上敲击。还有一些儿童会实验不同的音量和节奏，多次击奏不同的铃铛，探索铃铛的不同安排。一些儿童还跟着曲调唱着歌。

蒙台梭利铃铛可以有不同的用途，尤其对于那些需要更进一步挑战的儿童而言更是如此。可以让儿童创作一个音阶，敲击一首简单的曲调如"玛丽有一只小羊羔"，或者接续由成人开头的曲调。当然，儿童可以有他们自己的创造性想法。

（六）进一步的建议

丰富教室里的音乐资源，这会有助于教师注意哪些儿童被不同的音乐材料所吸引。在课程中增加音乐，可以提供既新奇又熟悉的乐器（如钢琴、蒙台梭利铃铛、木琴、琴盘），摆放一个收录机用于听歌或录下儿童的歌，播放、弹奏进行曲和节奏感强的录音带。

以下是有关音乐活动的其他一些建议。

1. 和儿童一起阅读一本无文字的或关于简单节奏方面的书，根据插图，教师先编出一首歌，然后让儿童再编一首（例如，如果书涉及农场动物，教师可以唱一首关于公鸡的歌，儿童可以唱一首关于羊羔的歌）。或者，教师可以建议："假设这本书我们不是读它，而是唱它，你觉得该怎么唱呢？"

2. 打乱乐句的顺序演唱或弹奏某个旋律，让儿童听听有什么不同，让儿童把歌还原。

3. 呈现一首歌，要求儿童进行改编：可以集中于敲出节奏，或哼唱歌曲的旋律。

4. 弹奏一首儿童知道的歌，遗漏一些音符，让儿童填补。

5. 在钢琴的 10 个键上放置写有数字的标签，蒙住其余的键。告诉儿童可以把自己的名字谱写成音乐，他们可以根据心愿选择任何音符，写下代表这些音符的数字，这样就记录了音符的顺序。然后邀请别的儿童来弹奏他们的名字。

6. 观察儿童对不同音乐对比的敏感性，如快、慢，声音洪亮、声音轻柔，高、低。

7. 带儿童去现场演奏会或邀请某位演奏家到教室。如果可能的话，尽量录音。让儿童绘画、唱歌、再表演或用语言向教师描述他们所能记住的那场表演。

8. 教唱歌曲，加重音符和停顿，观察儿童是否能把握住歌曲的表达和与表演相关的方面。

9. 弹奏不同的音乐，让儿童闭上眼静静地听，然后让儿童画出他们听了音乐后的感受。

表 7-8　音乐感知观察表

儿童＿＿＿＿＿＿＿＿＿＿　　　　　　　　　　观察者＿＿＿＿＿＿＿＿＿＿

年龄＿＿＿＿＿＿＿＿＿＿　　　　　　　　　　日　期＿＿＿＿＿＿＿＿＿＿

第一部分：歌曲识别

　　在儿童识别出歌曲的地方打勾。

　　在第一乐句中识别出计 4 分。

　　在第二乐句中识别出计 3 分。

　　前两个乐句听了两遍后才识别出计 2 分。

　　在听了所有四个乐句后才识别出计 1 分。

识别在	第一乐句	第二乐句	第一、二乐句听两遍后	第四个乐句
旋律 1				
旋律 2				
旋律 3				

　子项总分：☐

第二部分：错误识别	评注
在儿童识别出错误或正确的演奏曲边打勾(每个 3 分)。 ＿＿＿＿＿＿错误的演奏曲 1 （第一小节 E 降半调） ＿＿＿＿＿＿错误的演奏曲 2 （第三小节中三连音符改变了） ＿＿＿＿＿＿正确的演奏曲 ＿＿＿＿＿＿错误的演奏曲 3 （在第二小节出现错误——在 F 音开始，而不是 E 音） 　子项总分：☐	

续表

第三部分：敲击匹配	评注
如果儿童识别出相匹配的地方，打勾(每个3分)。 　　第一对 　　(C，C) 　　第二对 　　(F，F) 　　第三对 　　(D，D) 　　第四对 　　(A，A) 　　子项总分：□	

第四部分：听音匹配	评注
如果儿童识别出匹配的铃声，打勾(每个3分)。 　　(1)(G，G) 　　(2)(D，D) 　　(3)(E，E) 　　(4)(C，C) 　　子项总分：□ 　　总分：	

第五部分：自由敲击(不记分)	评注

表 7-9 划，划，划你的船

（正确版和错误版）

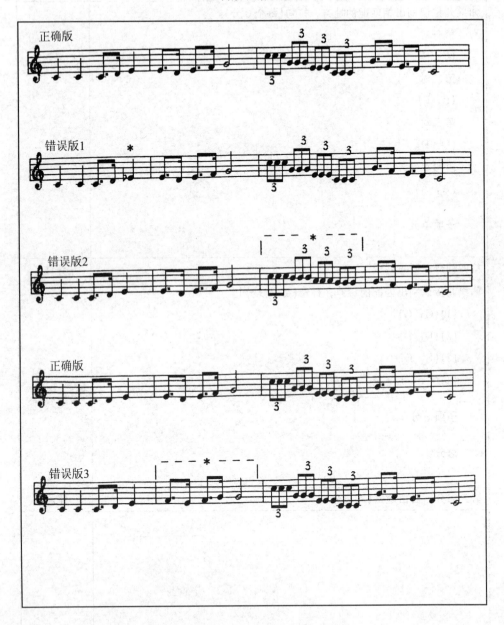

表 7-10　音乐感知活动汇总表

儿童（年龄）	第一部分 歌曲识别 0~4分/曲调			子项分	第二部分 错误识别 每个3分			子项分	第三部分 敲击匹配 每个3分				子项分	第四部分 听音匹配 每个3分				子项分	*	总分
	曲调1	曲调2	曲调3		错误部分 1	2	3		CC	FF	DD	AA		GG	DD	EE	CC			

注：“*”表示查看观察表的附加评注。

第八章　活动风格 HUODONG FENGGE

——引言

智能与表现之间的差异在认知发展研究领域中是颇有争论的一个问题（Kogan，1983）。一般认为，在成人世界中，一个人的成功不仅仅与其专业能力有关，还受一定的工作风格的影响，如专注、慎思、坚持力等。即使在学前阶段，儿童在完成一个任务时也表现出显著的差异。观察儿童的活动风格，有助于了解他们在不同领域和不同类型情境中所涉及的智能。

长期以来，研究者们一直相信，认知风格是跨领域的（Messick，1985）。我们想判断的却是儿童应付挑战的方式是否因领域而异，是否也像他们的强项和弱项一样因领域而异。我们对下面两个问题最感兴趣：

1. 儿童在解决不同领域的问题时，采用的活动风格有区别吗？如果有区别，儿童在其强项领域和弱项领域所采用的风格有何差异？

2. 有没有一些活动风格在某些特定领域中或在跨领域中比其他风格更有效？

在多彩光谱项目中，我们专门构建了活动风格来描述儿童在各种情境中与任务和材料的互动关系。活动风格是从过程维度，而不是从结果上来反映儿童的学习或游戏。同时，活动风格还反映出情感、动机与材料的互动，以及正式意义上所说的风格特征，如学习的速度、对信息线索的偏好（偏重于视觉、听觉还是美感方面）等。

表 8-1 列出了我们在对参加多彩光谱项目活动的儿童进行观察过程中所发现的 18 种明显的风格特征。这些风格特征反映的是儿童在某段时期对各种活动的处理方式，而不能被视为一套固定不变的个性特征。虽然我们尽量避免褒义或贬义的语气，但某些词可能还是评价多于陈述。表 8-2 陈列了对

各种活动风格的界定，这些界定是对参加多彩光谱项目活动的儿童进行两年观察的结果，但并不代表权威性的界定。

我们的目的在于为教师观察、记录儿童的风格倾向提供一个可行的直接的手段。教师对儿童的这些观察反过来又帮助教师进行个别化教学，比如，通过关注一些领域，就能了解在一些领域里儿童易于受挫，因此需要额外的帮助；在一些领域儿童很快会失去兴趣，因此需要提供短时的可完成的活动；在一些领域儿童喜欢实验并能发挥其创造性；在一些领域儿童最需要有效的组织和某些特定的指导。

一、 程序

虽然大多数教师对儿童的活动风格已经进行了非正式的观察，但"活动风格观察表"（表 8-1）为教师能准确而连续地做记录提供了一个简单易行的方法。使用此观察表可以大致掌握儿童在各种活动中的活动风格。在观察表的第一部分，并不要求教师在每一对风格特征中都必须勾出一个来，而只需要勾出那些能描述儿童在活动中所表现出的典型活动风格。

在现实中，教师不可能一直很详细地记录儿童的活动风格，但如果在必要时，能在观察表中附注上一些评注和轶事，观察表所提供的资料就会更加丰富了。这些评注应该描述的是那些引起教师注意到某种风格的行为。比如，在故事板活动中，可能因为这样的评注而注意到儿童"易于参加"的活动风格——"在我还没有介绍完活动时，玛丽就立即开始讲述她自己编的故事。"一段总体的描述性的短句，如"在装配活动中，吉米有方法地、认真地进行着每一步"常常比观察表上所列的特征词汇更能充分反映儿童的学习方式。

出于研究的目的，我们用观察表来记录每个儿童在每项活动中的表现。当然，教师也可以有选择地使用观察表，可以使用观察表来检验自己对某个儿童的假设，也可以用此来收集更多的反映儿童在不同领域表现的信息。表8-3 可帮助教师对儿童在不同活动中所表现的活动风格进行汇总，以获得一个整体概念。在表的底端"合计"处记下在所有活动中每一种活动风格被勾的次数。研究者们同样可以在指定的框中记下所有儿童所展示的每一种活动风格的总次数，从而从这个表中察觉到活动风格是怎样因特定领域而异的。

在教室里使用这个评价工具之前，教师最好先用录像机录下儿童在各种活动中的表现，然后和同事们一起观看。教师也可以先一个人填写观察表，然后与自己的观察进行比较，并与同事讨论描述中或对儿童行为理解中出现的任何不同。

二、 初步结果

根据 1986—1987 年实验班级和 1987—1988 年实验班级的实例，能够初步回答我们的两个主要问题(Krechevsky & Gardner，1990)。关于儿童的活动风格有没有区域特定性的问题，我们认为，对于大多数儿童来说，有一两种活动风格是横跨不同领域的，但是其他的活动风格更多地取决于被评价的领域内容。我们分析的 33 个儿童中大约有四分之三表现出一般的活动风格，而且这些一般的活动风格也受活动性质的影响。例如，一名儿童能轻松地、充满自信地投身于各种涉及表演的活动，即使是在自己不擅长的领域也是如此。

儿童在强项领域的表现常常带有"易参加的""自信"和"专注"等活动风格的特征，这点并不令人惊奇。与此相反，在弱项领域的表现被标以"注意力分散""冲动"和"勉强参与"等特征。"游戏性"则是在强项和弱项领域内都出现的特征。另外，很多儿童在其强项领域表现出认真思考和关注细节的特点。在 5 名与同伴相比没有表现出强项的儿童中，有 3 名从不思考其从事的活动，另外 8 名仅仅在其强项领域表现出思考的特征。

5 名儿童的活动风格因领域的转移而出现戏剧性的变化。其中一名儿童在多彩光谱项目和教室里的大多数活动中很难保持专注，然而在装配活动中，她却表现出专注而坚持的活动风格，直到她完全把物体拆卸和重新装配起来。还有一名男孩只有在其强项领域——视觉艺术和数学领域中，才表现出自信、对细节的关注、认真、规划技能和认真思考等特征。

关于活动风格跨领域的有效性问题，我们发现确实有些活动风格以各种方式帮助着儿童的表现。例如，一个儿童在各个领域中都表现出认真、专注的行为方式，这两种活动风格使他不管是在表现杰出的领域中，还是在感到困难的领域中都能完成任务。还有一些活动风格似乎只在某些特定的领域（如儿童的强项领域），或者只在某种类型的情境中（如开放式的或结构性的活动）才对儿童有帮助，而在其他领域或情景中与儿童的表现几乎无关。使人惊奇的是，"自信"和"成就感"的活动风格未必与成功的表现有必然的联系。每个儿童至少在一个活动中表现出自信，尤其是在其强项领域。然而，有个女孩与同伴相比没有什么强项，却比别人在更多领域表现出"成就感"。另外一个与同伴相比没有强项的儿童也从未表现过踌躇，而另外 3 名儿童在寻找方法时却无一例外都至少表现出一次踌躇。当然，前一儿童的过分自信可能会阻碍她尽力克服活动中的挑战。

有些活动风格与特定情境中的成功表现有关，而不是与特定领域的成功表现有关。例如，一个在教室里进行探索的男孩表现出了出色的实验能力，为了更多地了解他周围的世界，他不断地做出假设并加以验证。他渴望在任务中实现自己的想法，但是这种渴望抑制了他在结构性较强的多彩光谱项目活动中的表现。虽然他的主意很不错，但由于他不太愿意参加这些活动，所以表现并不理想。如在音乐感知活动中，他最感兴趣的是为什么看似相同的金属铃铛，却发出不同的声音。为了弄清这一原因，他不是如组织好的那样进行铃铛音调的匹配，而是用木槌敲击铃铛然后观察铃铛振动的变化。另外他还为恐龙游戏发明了新的规则，在装配活动中用两个食品研磨机的零件制造工具。因为他对自己的想法过分地感兴趣，所以常常拒绝别人的想法。当他在活动中遇到困难时，就变得困惑，继而用小幽默吸引正在工作的成人来帮助自己。

有益于多彩光谱项目活动的活动风格未必能有助于儿童在其他情境中的表现。一个男孩沉浸在材料中，几乎不需要什么引导就能完成任务。但他过分注意材料，不理会任何其他的成人和儿童，这可能会给他将来的学业带来问题。

表 8-1 活动风格观察表

儿童_____　　　　　　　　　日　期_____

活动_____　　　　　　　　　观察者_____

请标注出你所观察到的儿童的特殊活动风格。注意，只标注那些表现明显的，每一对中有一个不必勾出。必要时写下评注和轶事，并用概括性的、总体性的词描述儿童进行活动的方式。用"＊"号表示其突出的活动风格。

儿童是	评注
容易参加活动的　　　_____	
不愿参加活动的　　　_____	
自信的　　　　　　　_____	
试探性的　　　　　　_____	
嬉戏的　　　　　　　_____	
认真的　　　　　　　_____	
专注的　　　　　　　_____	
注意力易分散的　　　_____	
坚持的　　　　　　　_____	
容易受挫的　　　　　_____	
冲动的　　　　　　　_____	
反思的　　　　　　　_____	
倾向于慢性的　　　　_____	
倾向于快速的　　　　_____	
健谈的　　　　　　　_____	
安静的　　　　　　　_____	
对视觉_____听觉_____美感_____线索做出反应	

续表

儿童是	评注
显示出计划性的方法 _____	
活动中带有个人的力量 _____	
发现内容的幽默 _____	
创新地使用材料 _____	
表现出实现的成就感 _____	
注意细节，敏于观察 _____	
对材料好奇 _____	
关心"正确"的答案 _____	
重视与成人的互动 _____	

表 8-2　活动风格的界定

以下活动风格列表用来描述儿童处理和进行多彩光谱活动的过程。这些描述不带有任何褒义或贬义。活动风格是指儿童与材料和活动作用的关系。

容易参加活动的：

儿童热切地、急于响应地参加活动；儿童关心并适应活动的形式和内容。需注意的是，儿童是否是自己参加活动的(即使是在成人对活动做出解释之前)。

不愿参加活动的：

儿童拒绝参加活动；可能需要成人的哄诱或对活动形式进行重组；儿童可能实施自己的计划以改变活动目标。

续表

自信的：

儿童自由轻松地使用材料，展示自己的能力；乐意并以自信的方式提供答案和观点。注意，不管在领域中实际成功与否或能力如何，儿童表现的自信心有时过高。

试探性的：

儿童在进入活动时有些迟疑；即使在听了教师的解释后，也似乎对怎样使用材料没有把握，拒绝回答，或一直寻求成人的赞同和确认；警惕"错误"行径。如，在恐龙游戏中，儿童每做一个动作都看看成人，以寻求确认。

嬉戏的：

儿童从材料和活动中得到乐趣；使用材料没有困难，经常自发地发表议论，或把活动游戏化。如，儿童对磨具谈话，告诉它们是停留还是动。

认真的：

儿童进行活动的方式是直截了当的、高效率的；儿童参加活动的态度不是随便的，而是一种"总是工作，没有游戏"的态度；儿童是认真的并享受着任务和材料的乐趣。

专注的：

儿童在活动过程中或使用材料时很专注；专注于自己的工作，不为周围分心。超过直接的兴趣；专注表现了儿童不同寻常的关注和目标的单一。

注意力易分散的：

儿童不容易受周围活动的影响；对待任务似乎淡入淡出。如，在故事板活动中，儿童总是张望自己朋友所在的其他活动区。

坚持的：

儿童顽强地坚持活动，镇定地迎接挑战，不怕困难地继续进行活动；没有困难时也能坚持活动。如，在装配活动中，儿童总是尝试用各种方法组配，包括进行重复性的试误。

因活动而受挫的：

儿童在活动中遇到挑战或挫折时，难以战胜；儿童很快地向成人寻求解决问题的方法；儿童表现出不愿再继续进行活动。如，在公共汽车游戏中，当儿童不能计算出上、下车的人数时，会要求离开。

续表

冲动的：

儿童的工作缺少连续性，快而粗心。如，在寻宝游戏中，儿童在做出预测之前就揭开杯盖寻看里面的珠宝。

反思的：

儿童评议或评价自己的工作，或肯定或否定；儿童从实际工作或游戏过程中退回一步，评价自己的实际表现在多大程度上与其预测或期望相符合。如，在唱了一首歌后，儿童说："都混淆了，我不能马上想起来。"或"唱得不太好，让我再试一次。"

工作慢的：

儿童需要很多的时间准备、完成他的工作；活动中进行的速度慢但有条不紊。

工作快的：

速度比大多数儿童快；立即进入活动并很快完成它。

多话的：

在活动中与成人交谈；常挑起话题，这些话题可能与活动有关，也可能无关，但不是逃避活动的话题。

安静的：

工作时很少讲话，只在活动需要时才讲话(话语少未必是因为不适应或犹疑不定)。

对视觉、听觉或运动线索的偏好：

儿童需要或喜欢通过视觉刺激(仔细地盯着材料)、听觉刺激(听方向、音乐)或运动刺激(触摸材料或通过动作帮助理解)进入活动。

表现出计划性的方法：

儿童策略地使用材料和信息；儿童陈述自己的目的然后力图实现，经常描述自己的进步。如，在公共汽车游戏中，儿童把木棒分成两排，并把它们隔开；在音乐感知活动中，儿童有计划地实验铃铛；或者在支起故事板时，讲述自己将准备讲什么故事等。

用自己的强项攻克任务：

在参加或理解某个任务时，儿童能运用自己的强项。如，儿童利用自己的手灵活地操动骰子，通过数字计算来唱歌，或者把公共汽车游戏变为讲述人们乘车的故事等。

发现内容的幽默：

儿童能在内容或活动中发现幽默因素；儿童在活动中发现傻气、讽刺或幽默的方面时能够从活动中退回一步。如，在故事板活动中，儿童讲述有趣的故事；在教室模型游戏中，儿童笑着议论："和这些比起来，我们像个巨人。"

创新地使用材料：

儿童用一种离奇的、新奇的、富有想象力的方式处理材料和活动。教师需注意，创新地使用材料对儿童活动的过程或产品是否有影响。如，在装配活动中，儿童把碾磨机的各部分均衡地放在桌子上，或对各部分进行隐喻性的描述，如把螺钉比作一条短裤在行走；在故事板活动中，把道具盒当作船。

实现的成就感：

儿童享受着成功的快乐。如，在儿童能正确地计算出公共汽车游戏中的人数后，她笑着跑去告诉同学或教师她做得有多棒；在寻宝游戏中，当儿童"破译密码"后，非常兴奋，在每次找到的宝物与自己想的一样时，都要高兴地拍一次手。

注意细节，敏于观察：

儿童注意到材料或活动的细微之处。如，儿童议论铃铛下面的小片片；儿童注意到通往戏剧阁楼的木梯在教室模型中没有了。

对材料好奇：

儿童问很多问题，有关于事物是什么，怎么样，为什么是那样的，等等。如，在故事板活动中，儿童问山洞是怎么做的，树是从哪里来的，拱洞是如何形成的。

关心"正确"答案：

儿童常常问成人自己做得是否正确；儿童可能询问其他儿童是否能够做得正确；"正确"时儿童露出高兴的样子，"不正确"时就不高兴。

注意与成人的互动：

儿童更喜欢与成人而不是材料在一起；他们不断地通过交谈、眼睛接触、坐在成人的腿上等方式寻求与成人的接触。即使在活动中，儿童也设法与成人保持某种互动。

表 8-3　活动风格汇总表

儿童 _____　年龄 _____　日期 _____

多彩光谱活动	容易参加活动	不愿参加活动	自信的	试探的	嬉戏的	认真的	专注的	易分散注意力	坚持的	易受挫折	冲动的	沉思的	稳健的	快速的	健谈的	安静的	偏好视觉线索	偏好听觉线索	偏好运动线索	有计划性的	以强项对付任务	幽默的	创新地使用材料	实现的成就感	注意细节	对材料好奇	关心正确答案	与成人互动
创造性运动																												
障碍课程																												
故事板活动																												
报告活动																												
恐龙游戏																												
公共汽车																												
发现区																												
寻宝活动																												
沉浮活动																												
装配活动																												
教室模型活动																												
同伴互动																												
艺术																												
歌唱																												
音乐感知																												
总分																												

（以上各列归于"活动风格"）

Adams，M. L. (1993). *Empirical investigation of domain-specifictheories of preschool children's cognitive abilities*. Unpublished doctoral dissertation. Tufts University，Medford，MA.

Bamberger，J. (1991). *The mind behind the musical ear*. Cambridge：Harvard University Press.

Blacking，J. (1974). *How musical is man?* Seattle：University of Washington Press.

Britton，J. (1982). Spectator role and the beginnings of writing. In M. Nystrand (Ed.)，*What writers know*(149-169). New York：Academic Press.

Case，R. (1985). *Intellectual development：Birth to adulthood*. Orlando：Academic Press.

Chen，J. Q. & Feinburg，S. (1990). *Spectrum field inventory：Visual arts scoring criteria*. Unpublished scoring system.

Chick，Chick，Chick. (1975). Los Angeles：Churchill Films.

Consuegra，G. (1986). Identifying the gifted in science and mathematics. *School Science and Mathematics*，82，183-188.

Davidson，L.，McKernon，K. & Gardner，H. (1981). The acquisition of song：A developmental approach. *Documentary report of the Ann Arbor symposium：Application of psychology to the teaching and learning of music*. Reston，VA：Music Educators National Conference.

Davidson，L. & Scripp，L. (1991). Sureying the coordinates of cognitive skills in music. In R. Colwell (Ed.)，*Handbook of research on music teaching and learning*(392～413). New York：Schirmer.

Davidson, L. & Scripp, L. (1994). Conditions of musical giftedness in the pre- and elementary school years. In R. F. Subotnik & K. D. Arnold (Eds.), *Beyond Terman: Longitudinal studies in contemporary gified education* (155-185). Norwood, NJ: Ablex.

Davidson, L. & Torff, B. (1993). Situated cognition in music. *World of Music*, 34 (3), 120-139.

Deutsch, D. (Ed.). (1983). *Psychology of music*. New York: Academic Press.

Dowling, W. & Harwood, D. (1986). *Music cognition*. New York: Academic Press.

Elementary Science Study Unit. (1986). *Sink or float*. Hudson, NH: Delta Education.

Erikson, E. H. (1963). *Childhood and society*. New York: Norton.

Feinburg, S. G. (1987, Fall). Children's awareness of two aspects of competence in drawing: Level of representation and level of spatia lintegration. *Visual Arts Research*, 13, 80-93.

Feinburg, S. G. (1988). *Criteria for scoring in the visual arts*. Unpublished writing consultation for Project Spectrum.

Feldman, D. H. (1980). *Beyond universals in cognitive development*. Norwood, NJ: Ablex.

Feldman, D. H. (1985). The concept of nonuniversal developmental domains: Implications for artistic development. *Visual Arts Research*, 11, 82-89.

Feldman, D. H. (1986). How development works. In I. Levin (Ed.), *Stage and structure: Reopening the debate* (284-306). Norwood, NJ: Ablex.

Feldman, D. H. (1987). Developmental psychology and art education: Two fields at the crossroads. *Journal of Aesthetic Education*, 21, 243-259.

Feldman, D. H. (1994). *Beyrnd universals in cognitive development* (2nd ed.). Norwood, NJ: Ablex.

Flowers, P. J. (1985). Which note is lighter? *Music Education Journal*, 71 (8), 44-76.

Folio, M. & Fewell, R. (1974). *Peabody developmental motorscales and activity cards*. Allen, TX: DLM Teaching Resources.

Gallahue, D. L. (1982). *Developmental movement experiences for children*. New York: Wiley.

Gardner, H. (1980). *Artful scribbles: The significance of children's drawings*. New York: Basic Books.

Gardner, H. (1983). *Frames of mind: The theory of multiple intelligences*. New York: Basic Books.

Gardner, H. (1987a). Symposium on the theory of multiple intelligences. In D. M. Perkins, J. Lochhead, & J. C. Bishop (Eds.), *Thinking: The second international conference* (77-101). Hillsdale, Nj: Erlbaum.

Gardner, H. (1987b). Beyond the IQ: Education and human development. *Harvard Educational Review*, 57 (2), 187-193.

Gardner, H. (1990). *Art education and human development*. LosAngeles: Getty Center for Education in the Arts.

Gardner, H. (1993). *Multiple intelligences: The theory in practice*. New York: Basic Books.

Gardner, H. (1998). Are there additional intelligences? In Jeff Kane (Ed.), *Education, information and transformation*. Englewood, NJ: Prentice Hall.

Gardner, H. & Hatch, T. (1989). Multiple intelligences go to school: Educational implications of the theory of multiple intelligences. *Educational Researcher*, 18 (8), 4-10.

Gelman, R. & Gallistel, C. R. (1986). *The child's understanding of number*. Cambridge: Harvard University Press.

Ginsburg, H. & Opper, S. (1979). *Piaget's theory of intellectual devel-opment : An introduction* (2nd ed.). Englewood Cliffs, NJ : Prentice Hall.

Glazer, T. (1983). *Music for ones and twos : Songs and games forthe very young child.* New York : Doubleday.

Goodman, N. (1968). *Languages of art.* Indianapolis : BobbsMerrill.

Goodman, N. (1988). *Reconceptions in philosophy and other arts and sciences* (2nd ed.). London : Routledge.

Haines, J. , Ames, L. B. , & Gillespie, C. (1980). *Gesell preschool test.* Flemmgton, NJ : Programs for Education.

Hargreaves, D. (1986). *The developmental psychology of music.* Cam-bridge : Cambridge University Press.

Harris, D. B. (1963). *Children's drawings as measures of intellectual maturity : A revision and extension of the Goodenough Draw-a-Man Test.* New York : Harcourt, Brace & World.

Heath, S. B. (1982). What no bedtime story means : Narrative skills at home and school. *Language in Society*, Ⅱ , 49-76.

Hughes, M. (1981). Can preschool children add and subtract? *Educa-tional Psychology*, 3, 207-219.

Kellogg, R. (1969). *Analyzing children's art.* Palo Alto, CA : National Press Books.

Kogan, N. (1983). Stylistic variation in childhood and adolescence : Crea-tivity, metaphor, and cognitive style. In P. H. Mussen (Ed.), *Handbook of child psychology* (4th ed.) (630-706). New York : JohnWiley.

Krechevsky, M. F& Gardner, H. (1990). The emergence and nurturance of multiple intelligences : The Project Spectrum approach. In M. J. A. Howe (Ed.), *Encouraging the development of exceptional skills and talents* (222-245). Leicester, UK : British Psychological Society.

Laban, R. (1960). *The mastery of movement* (2nd ed.). London : Mac-

Donald & Evans.

Lowenfeld, V. & Brittain, W. (1982). *Creative and mental growth* (7th ed.). New York: Macmillan.

McCarthy, D. A. (1972). *McCarthy's scales of children's abilities*. New York: Psychological Corporation.

McGraw-Hill. (1968). *Elementary science study: Light and shadows*. St. Louis: Author.

Messick, S. (1985). Structural relationships across cognition, personality, and style. In R. E. Snow & M. J. Farr (Eds.), *Aptitude, learning and instruction: Cognitive and affective process analysis* (35-75). Hillsdale, NJ: Erlbaum.

Mukarovsky, J. (1964). Standard language and poetic language. In P. L. Garvin (Ed.), *A Prague school reader on esthetics, literary structure, and style* (19-35). Washington, DC: Georgetown University Press.

Nelson, K. E. (1973). Structure and strategy in learning to talk. *Monographs of the Society for Research in Child Development*, 38(2, Set. No. 149).

Nelson, K. E. (1975). Individual differences in early semantic and syntax development. In D. Aaronson & R. W. Rieber (Eds.), *Annals of the New York Academy of Science*, 263, 132-139.

Olson, D. (1977). From utterance to text: The basis of language in speech and writing. *Harvard Educational Review*, 47, 257-82.

Piaget, J. (1952). *The child's conception of number*. New York: Humanities Press.

Pitcher, E. V., Feinburg, S. G., & Alexander, D. A. (1989). *Helping young children learn* (5th ed.). Columbus, OH: Merrill.

Serafine, M. (1988). *Music as cognition*. New York: Columbia University Press.

Shatz, M. & Gelman, R. (1973). The development of communi cation skills: Modifications in the speech of young children as a function of listener. *Monographs of the Society for Research in Child Development*, 38 (5, Ser. No. 152).

Shuter-Dyson, R. & Gabriel, C. (1981). *The psychology of musical ability* (2nd ed.). London & New York: Methuen.

Sloboda, J. (1985). *The musical mind*. Oxford: Clarendon Press.

Sloboda, J. (Ed.) (1988). *Generative processes in music*. Oxford: Clarendon Press.

Snow, C. (1991). The theoretical basis of the home-school study of language and literacy development. *Journal of Research in Childhood Education*, 6, 5-10.

Strauss, M. (1978). *Understanding children's drawings: The path to manhood*. (ERIC Document Reproduction Service No. ED 250061).

Vygotsky, L. S. (1978). *Mind in society*. Cambridge: Harvard University Press.

Walters, J. (1982). *The origins of counting in children*. Unpublished doctoral dissertation. Harvard Graduate School of Education, Cambridge, MA.

Webster, P. R. & Schlentrich, K. (1982). Discrimination of pitch direction by preschool children with verbal and nonverbal tasks. *Journal of Research in Music Education*, 30, 151-161.

Wechsler, D. (1967). *Wechsler Preschool and Primary Scale of Intelligence*. New York: Psychological Corporation.

Wertsch, J. V. (1985). *Vygotsky and the social formation of mind*. Cambridge: Harvard University Press.

Williams, R. A. , Rockwell, R. E. , & Sherwood, E. A. (1987). *Mudpies to magnets: A preschool science curriculum*. Mt. Rainier, MD: Gryphon

House.

Winner, E. (1982). *Invented worms: The psychology of the arts*. Cambridge: Harvard University Press.

Winner, E., & Pariser, D. (1985, December). Giftedness in the visual arts. Social Science Research Council, *Items*, 39, 4, 65-69.

Wolf, D. (1985). Ways of telling: Text repertoires in elementary school children. *Journal of Education*, 167 (1), 71-87.

Wolf, D. & Hicks, D. (1989). The voices within narratives: The development of intertextuality in young children's stories. *Discourse Processes*, 12 (3), 329-351.

附录 A　多彩光谱项目家长问卷

儿童姓名：＿＿＿＿＿＿＿＿＿＿　　　　日期：＿＿＿＿＿＿＿

完成此表的家长姓名：＿＿＿＿＿＿＿＿＿＿＿＿＿＿＿＿＿＿

　　我们非常想了解您的孩子在家里表现出的智能和兴趣，因为他们的智能和兴趣可能在学校或多彩光谱项目中没有显露出来。请花点时间回答下面的问题。

1. 您的孩子在哪两个领域中能力似乎最强，请从中选出：

(1)语言　　(2)逻辑和数学

(3)空间理解(包括视觉艺术、建构和地理)　　(4)音乐

(5)人际关系理解(包括与他人的互动和对他人的了解)

(6)自我理解(包括对自我能力的了解及强烈的个人兴趣、好恶意识)

您为什么选择这两项？

如果可能的话，请举一个您的孩子运用这些智能的实例。

2. 同样请从以上选项中列举出一两个您的孩子最薄弱的领域。

您为什么选择这两项？请举例说明。

3. 列举三个以上您孩子最感兴趣的活动。如果兴趣差异明显的话，请标上数字以表示顺序。这些活动既可以是您孩子所擅长的，也可以是其所不擅长的。

4. 有没有什么活动或话题是您孩子在课外常常谈论到的？他（她）说了些什么？

5. 有没有什么事件或活动主题让您孩子特别兴奋？

6. 有没有什么活动或主题是您孩子特别不喜欢或尽量逃避的？

7. 有没有什么发生在校外的事件影响到您孩子在学校的体验？

8. 关于您的孩子，有没有什么是您所了解而在学校可能一直看不出来的？

9. 您最希望看到您的孩子在哪个领域里进步最快？

附录 B　多彩光谱项目班级日程表

月份	领域	评价	有关活动	附加信息
九月	艺术 科学		开始给每个儿童准备艺术夹 逐步介绍科学领域(持续)	
十月	数学 运动 科学	恐龙游戏(7～8 天) 装配活动(7～8 天)	在教室里放置恐龙游戏棋板 每周介绍创造性运动课程(持续)	
十一月	艺术 语言 音乐	艺术活动 1(动物) 故事板活动(7～8 天) 教"飞上天"(3 周)	介绍故事板活动 在教室里放置故事板 开始周末新闻(持续)	邮寄家长问卷
十二月	艺术 音乐 社会	艺术活动 2(人) 唱歌活动		填写同伴互动 观察表
一月	语言 艺术	报告活动(电影，8 天) 艺术活动 3(想象动物)	讨论"报告者"角色	回顾艺术夹
二月	科学 音乐 社会	寻宝游戏(5～6 天) 教室模型(7～8 天)	介绍蒙台梭利铃铛 介绍教室模型	为教室模型拍照， 完成社会图谱
三月	音乐 社会 艺术 数学	音乐感知活动(7～8 天) 艺术活动 4(雕塑) 公共汽车游戏(第一期， 5～6 天)	在教室里放置教室模型	

续表

月份	领域	评价	有关活动	附加信息
四月	数学	公共汽车游戏（第二期，7～8天）	在教室里放置汽车游戏板	
	科学	沉浮活动(7～8天)		
	运动	障碍活动课程（室外，5～6天）		
	社会			填写同伴互动观察表
五月	艺术			回顾艺术夹多彩光谱文件夹：为每个儿童写小结

附录 C　多彩光谱项目"文件夹"

儿童的多元智能侧面图：凯茜的例子

这个春季标志着凯茜第二年参与多彩光谱项目的结束。她已经展示出不同寻常的成就和对机械物体的理解，并逐渐显示出视觉艺术方面的才华。

在拆卸和组装两个食品碾磨机的活动中，凯茜采取了特别有计划的方法，而且很专注。去年和今年，在这个领域中凯茜都显示出非常明显的兴趣和能力。她表现出非常优秀的运动技巧，而且采用试误的方法完成任务。她能够对正在做的事情进行反思，并在许多情况下不依靠任何帮助或成人的建议纠正所犯的错误。除此之外，凯茜对解决问题以及使用各种各样的操作机械也有极其浓厚的兴趣和较强的能力。

凯茜在视觉艺术领域的作品从今年开始有了相当大的变化。最显著的就是画具象画的能力有了提高。她画了许多物体，包括人物和风景——所有的这些画比以前要细腻和协调得多。她的素描和油画也体现了很强的构图意识。画的各部分相互联系，整个画面浑然一体。凯茜的作品还表现出了极强的色感。她能根据构思和表现的需要巧妙地运用色彩，而且经常为了特殊的效果自己调色。年底再看凯茜的文件夹并回顾她参与艺术活动的情况时，我们感觉到凯茜可能喜欢探索不同的视觉艺术材料，于是我们就在家长活动手册里推荐了一些材料。

凯茜也表现出一些与数字活动有关的技能。比如，在下恐龙棋的时候，凯茜表现出较强的数数技能。她理解骰子上的点数和游戏块可以移动的格数之间的一一对应。她这个领域的能力从去年起有了很明显的长进。在玩公共汽车游戏的时候，一系列的活动都与计算有关。当问凯茜，"如果车上有 4 个人，那么车上有多少只手呢？"她正确答出："8 只。"当问"如果又上来一个人，那么车上有几只手？"她迅速答道："10 只。"她是小组中唯一一个会心算的儿童。

凯茜在今年和去年都很喜欢讲故事。她积极地操纵故事板上的东西，讲了一个非常生动的关于国王和珠宝的故事。在教室里对凯茜的非正式观察也表明她有创编故事的兴趣。她经常在表演区玩，假装许多不同的人物角色，并且创设不同的情景使她和别的儿童可以在其中扮演一个角色。凯茜可能更喜欢编故事和参与表演，对儿童剧、戏剧也比较感兴趣。

凯茜不大愿意参与多彩光谱项目的其他活动，对任务也不大专注。比如，尽管去年她对创造性运动很感兴趣，但现在却拒绝参与这项活动。通常，凯茜能够认真而高效地参与她感兴趣的活动，但不大愿意参与她不感兴趣的活动。因此，她在某些领域的能力水平很难确定。

凯茜轻松而又努力地对待她参与的多彩光谱活动。她十分喜欢和多彩光谱的工作人员之间一对一的交往。对我们而言，过去两年里和凯茜的交往是一件很开心的事。

儿童的多元智能侧面图：乔的例子

乔对今年出现在教室里的多彩光谱的许多活动都有较强的能力和浓厚的兴趣。他已经成了视觉艺术领域和数学领域的佼佼者。

相对乔这个年龄段的儿童来说，他在视觉艺术领域的努力给人留下了深刻的印象。最引人注目的是他使用一系列工具时的从容和高效性。这些工具包括颜料、记号笔、拼贴、木板以及泡沫塑料等。在作画的过程中，乔对色彩、构图和细节表现出非同寻常的敏感性。他的画图和构思都很复杂。在一幅画里，他画了一幅非常精细的水下景观：六条各具神态的鱼，一个水下交通工具，一条正在喷水的鲸鱼以及许多"特大金鱼食品"的碎片。在另一幅画里画了一个拉着驴子的美国人，这是他看了挂在教室墙上的一幅类似的画之后再画的。他在人物的脸上加了交替的色带，还加了一个大的、有许多羽毛的头饰。乔还会有效地利用空间，他利用整张纸进行构思，每一部分都互相联系形成一个整体。乔的立体雕塑也很出色，在他的作品的每一处都体现着对设计与构思的理解和清晰的意识。我们对乔在教室里的非正式观察也表明他能够长时间地专注地画一幅水彩画或素描，而且喜欢一遍遍不厌其烦地对好多画重新进行处理。

乔在数和数概念方面也显示出较强的能力。在多彩光谱活动中，恐龙棋这项活动以数和数概念为核心。在这项活动中，乔数数时稍微有一点不连贯，但他能够理解游戏的策略。当要求在标有"5＋/1－"标记和"5－/1＋"标记的骰子中选一个的时候，他选了能够帮助他获胜的那一个，而且能很清楚地说明他选择的原因。他也能正确选择对他最有利的移动方法和对成人——游戏中的对手最不利的移动方法。

在早些时候，乔要正确数数还有些困难，然而在春季的公共汽车游戏中，相比这个年龄段的儿童，乔显现出惊人的记数能力。他成功地使用不同颜色的木棒帮助他记住每一站上下车的人数。在活动的后期，他能够心算不同站点上下车的人数。

乔对教室里的发现区也表现出强烈的兴趣。今年一开始，乔花了许多时间观察动物的骨骼，并且想弄明白它们是怎么组合在一起的，这一兴趣持续了一年。乔经常把各种宠物从家里带到教室的发现区，并在展示和讲述的时间为儿童们进行讲解。除此之外，他还用黏土做了一个相当精致的骨头的雕塑。基于这些观察，我们认为乔可能喜欢更多地探索大自然。当地的儿童博物馆和科学博物馆都有很好的展示品和资源。

在拆卸和组装两台食物碾磨机的时候，乔表现出了对机械物体的理解和操作的能力。他简洁、认真而又专注地完成了任务，而且几乎不需要成人的帮助。乔注意细节并表现出对物体不同部分之间因果关系的理解。

乔在多彩光谱的许多活动中都是热情而又积极的，能非常专注于他特别感兴趣的活动，比如，在视觉艺术领域和自然科学领域。然而，也有一些乔不愿意参加的活动。比如，他不愿意参加音乐活动和讲故事的活动。他经常表现出对材料的兴趣，经常问一些东西是怎么做的，从哪里弄来的，但是对教师组织的与材料有关的活动，他却并不十分感兴趣。

起初，乔不愿意参加创造性运动，因为在活动进行的初期他碰到了一些困难。他总是选择做观众而不愿意参与，有时候还会站出来表达他对这项活动的不屑。但随着时间的推移，乔成了创造性运动积极的成员。他会为小组出一些很有创意的点子，而且乐意参加小组的大多数活动。

经过这么长时间，乔对多彩光谱项目一对一的活动模式变得更加从容。这使他能够更加自如地表达他的看法，以更大的动力和兴趣参加不同领域的活动。

附录 D 给实验班儿童家长的一封信

亲爱的家长：

感谢您和您的孩子在今年参与了多彩光谱项目的活动，每次下午四点和孩子们一起度过的时光是非常宝贵而且意义重大的。

我们的工作人员有许多单独的机会和您的孩子一起工作并了解他们。正如您所知道的，这些活动是为评价儿童在不同智能领域(艺术、语言、数学、运动、音乐、科学以及社会理解)的能力而设计的。在一年的活动中，您的孩子在我们提供的活动中选择了他(她)愿意参加的活动。根据儿童参与活动的情况，我们整理了多彩光谱的侧面图放在了这个袋子里。希望您能够阅读一下另外的附件，包括对多彩光谱活动的描述，以更好地理解每一项活动所包含的内容以及您孩子的反应。

在多彩光谱侧面图里，我们描述了您的孩子在多彩光谱的活动中感兴趣的、擅长的活动以及相对有困难的活动。在这些领域中您的孩子和他(她)的同伴们相比表现怎样，我们不作具体的评论。您可以假定您的孩子以他(她)与这个年龄阶段相适宜的水平从事了这些活动。因为这些活动在教室里运用才是第二年，因此没有必要把您的孩子和实验区的其他孩子进行比较。相反，我们的文件夹努力反映每一个儿童就自身而言相对较强的能力和兴趣，以及在整个班级中相对独特的能力。

我们希望您能从中获益，同时也能认识到这些评价的不足之处。因为影响儿童在这些活动中的因素有很多，任何评价都会遗漏某些特征，没有一种评价可以宣称自己是最可靠的。看待孩子时不妨多考虑一下这些因素，这个视角可以与您自己看待孩子的视角相结合。

我们在有的侧面图里给出了一些活动建议，家长可以与孩子一起完成。为提高儿童某一领域的能力，我们提出了一些建议，并在他们较弱的领域提供帮助，或者在那些他们表现出极大兴趣的领域提供机会。不过，我们绝不是建议您引导孩子参与那些他(她)不愿意参加的活动。

袋子里还有多彩光谱项目的家长活动手册，其中对各领域的每一项多彩光谱活动都提出了一些建议。这些活动不需要特殊的材料，对于大多数家长而言都很好开展。手册的封面有社区资源表，列出了社区可以为学前儿童提供的项目和活动。

我们热情欢迎您的回复、质疑、关注以及与您孩子的侧面图有关的任何批评意见。我们希望您在 9:00～17:00 之间拨打我们的电话：495-4342，或者请您将家长反馈表填好，写上您的地址后寄给我们。我们已经在袋子里放了贴好邮票的信封。

再一次真诚地感谢您和您的孩子对多彩光谱项目活动的参与。

致礼！

多彩光谱项目全体工作人员

附录 E　多彩光谱项目"文件夹"家长反馈表

儿童名＿＿＿＿＿＿＿＿＿　　　　家长名＿＿＿＿＿＿＿＿＿

日　期＿＿＿＿＿＿＿＿＿

对多彩光谱文件夹所呈现的有关您孩子的信息，您的总体印象如何？

文件夹中最让您感到吃惊的是什么？

有没有什么方面是您认为重要的而文件夹中没有的？

基于文件夹提供的信息，您准备如何做及做什么？

评注：

附录 F　多彩光谱项目活动简述

运动活动

创造性运动：创造性运动课程每两个星期开展一次，持续整个学年。主要关注儿童在舞蹈和创造性运动的五个方面的能力，这五个方面是：节奏感、表现力、身体控制、动作创意、配合音乐动作。教师结合采用半结构化的活动(如"请你跟我这样做")和更开放式的活动(如用舞蹈自由表现音乐)组织课程。课程持续大约为 20 分钟。

障碍活动课程：春天，户外障碍活动课程的设置使儿童有机会参加一些复杂和综合性的运动。课程包括长跑、平衡木、障碍跑、跨栏等，涉及许多运动技能，如协调、计算时间、平衡和力量等。

语言活动

故事板活动：此活动为儿童创造故事提供了一个具体的可以充分发挥想象力的空间。儿童借助故事板来讲故事，故事板上设有模糊的景观、树叶、住宅、分类立体形象、动物、道具(如国王、龙、珠宝盒)。此活动可测评语言技能的很多方面，包括词汇和句子结构的复杂性、叙述语气和对话的使用、主题紧凑性以及表达力等。

报告者活动：此活动评价儿童叙述其某个经历的能力。在第一个活动中，儿童先看一部影片，然后回答有关的问题。根据内容的准确性、词汇的复杂性、详细程度和句子结构对其回答进行评分。周末新闻活动评价目标与此类似，但持续整个学年。每个星期或每两个星期，儿童假扮"记者"报道他们周末所做的事。他们的讲述常常既有现实成分，又有虚构想象，成人对他们的讲述进行录音并记录在一个专门的本子上，这样就可以考察儿童在整个学年的报告技能，而且还可以看出儿童的兴趣所在。

数学活动

恐龙游戏：恐龙游戏旨在测评儿童对数概念的理解、数数技能、遵从规则的能力以及运用策略的能力。游戏材料包括一块游戏棋板(上面有一只大恐龙的画像)、2个木头骰子、用作棋子的塑料小恐龙2只。游戏的目标是小恐龙尽量逃离大恐龙的饥口以免被吃。游戏的两个人通过轮流掷骰子来决定其恐龙移动的方向和格数。最后,让儿童根据对自己最有利的原则安排骰子,从中我们可看出儿童对规则的理解程度。

公共汽车游戏:公共汽车游戏旨在评价儿童创造有用符号系统、进行心算和组织有一个以上变量的数目信息的能力。材料包括:1辆纸板汽车、1块游戏板(上面标有4个停靠站)、一些上下车的人、2套色棒。游戏中,儿童要一直记住汽车停靠各站时有多少乘客。难度随行程次数增加而逐渐增加。儿童在一些行程中可以把乘客数记在脑中,而在一些行程中,则需要借助于色棒来记住人数。

科学活动

发现区:一年四季都设置在教室里的发现区主要用来引发儿童的自然科学活动。活动可以是照料小动物、栽培植物、考察一些自然物体(如石头、贝壳)等。发现区的活动不做正式评分,教师可以使用观察表来记录儿童对自然现象的观察、运用和理解情况。例如,有些儿童注意到物体之间的异同以及随时间而发生的变化;而有些儿童可能在观察的基础上提出一些问题,做进一步地探究。

寻宝游戏:寻宝游戏旨在评价儿童进行逻辑推理的能力。游戏开始前,把不同类型的"宝物"藏在不同的棋子下。游戏的目标是让儿童尽量发现宝物藏处的规则,并运用规则预测某种宝物所藏之处。给每个儿童一个用颜色编码的盒子,让他用此来记录找到的宝物,但不要指导他如何使用盒子。儿童使用盒子对宝物进行分类的方式反映了他组织信息的能力,并且能帮助他识别规则。

沉浮活动:沉浮活动旨在评价儿童根据自己的观察产生假设并加以实验验证的能力。活动材料包括一盆水、一些下沉和上浮的材料。让儿童对物体是沉是浮做出预测并加以解释。还可鼓励儿童根据自己的想法对材料进行实验、探究。

装配活动：装配活动旨在评测儿童的机械能力。给儿童两个食物碾磨机进行拆卸、装配。成功地完成此项任务取决于儿童的精细动作技能、视觉空间能力以及一系列观察和解决问题的能力。此活动特别揭示了可能被传统课程所忽视但却非常重要的认知技能。

社会活动

教室模型活动：教室模型活动旨在评价儿童对教室里所发生的社会性事件和他在教室里的社会性经历进行观察和分析的能力。给儿童一个微型教室模型，配有各种装饰物以及贴着班级老师和儿童相片的立体木制象征物，儿童可以用此来玩扮家家。儿童把各个人物安排在教室模型中的方式反映了他对同伴、教师和社会经历的理解。问儿童一些有关他对活动和友谊的偏好以及他的同学所偏好的活动和友谊的问题。注意观察儿童所担任的社会角色，如是领导者还是促进者等。

同伴互动观察表：同伴互动观察表可帮助教师对儿童与同伴的交往互动进行密切的观察和评价。在完成观察表后，教师能看出儿童是否持续地扮演四种典型社会角色中的某一种：领导者、促进者、独立的游戏者、团队成员。每一种角色都和一系列的行为相关联。例如，扮演促进者的儿童常常喜欢和其他儿童分享信息并乐于帮助他人，扮演领导者的儿童常常试图组织他人。

视觉艺术活动

艺术夹：艺术夹用来收藏儿童一整年的艺术作品，包括图画、彩画、拼贴以及三维作品等。教师每年对儿童的艺术夹进行回顾和评阅，评价的标准包括儿童对线和形的运用、色彩、空间、细节、具象以及设计等方面。同时也要注意儿童对艺术创作媒介的偏好。

结构性活动：除艺术夹外，在一年的课程中另设有四个结构性的艺术活动，其评价标准类似于艺术夹。在活动中，儿童要完成三件绘画和一件三维作品，每个儿童需要完成的任务和接触的材料相同。

音乐活动

唱歌活动：唱歌活动旨在评价儿童在唱歌时保持准确的音高和节奏的能力，以及回忆歌曲音乐特质的能力。在活动中，要求儿童唱一首自己最喜欢的歌和一首流行的儿歌。另外儿童还要回忆起活动前教师教唱的一首歌。

音乐感知活动：音乐感知活动旨在评价儿童在不同情境中辨别音高的能力。在活动的第一部分，通过录音机播放三段儿童最熟悉的旋律中的头四个乐句，让儿童尽快地识别出旋律；在第二部分，让儿童倾听一首熟悉旋律的三个不同演奏曲，辨别出正确或错误的演奏；最后，儿童使用蒙台梭利铃铛做两个音高匹配的游戏，这些蒙台梭利铃铛看上去一样，但敲击时却发出不同的音调。

活动风格

活动风格观察表：运用活动风格观察表，教师可以考察儿童处理材料和完成任务的方式。教师在每次多彩光谱活动结束后为每个儿童填写"活动风格观察表"。活动风格包括：坚持性、嬉戏性、专注、勉强参加、渴望把任务转换为个人的兴趣需要等。观察表可帮助教师识别儿童是否在某个知识领域或情境中工作最有成效。例如，一些儿童也许在装配活动或视觉艺术活动中表现专注，但在其他领域却很容易分心；而有些儿童也许在高结构化的活动中很自信，但在编造故事或用材料做实验的活动中却表现出迟疑。

附录 G　多彩光谱项目家长活动指南

引　言

多彩光谱项目家长活动指南收集了一些供家长和儿童共娱的游戏和活动，并根据相对应的领域分为不同的几个部分。活动简单易行，且大部分材料唾手可得。在每一部分结尾，我们另提供一些适合于本领域的其他资源，如活动书、儿童用书、磁带或 CD，您的孩子可能会对其中一些感兴趣。

"活动指南"只是意欲把儿童引入丰富的教育资源、材料和活动中，家长还要积极地挖掘各种教育资源。注意不要只局限于儿童感兴趣或擅长的领域，而是要在广泛领域内与儿童共享经验。另外，尽可能地运用社区的资源，如图书馆、博物馆以及一些社区组织等。最后需要强调的是，活动着重于探索和乐趣，同时也提供了您和孩子在一起学习、玩乐的机会。因此无所谓正确的玩法或错误的玩法——也许您的孩子对活动的更改会引发更多的发现和体验！

一、 数字活动

制作日历

材料：16 英寸×20 英寸的海报板，透明的胶纸，记号笔，码尺或尺，构图纸，剪刀。

帮助孩子在海报板上横向、纵向均画 6 条线，线距均匀，这样就构成了一个日历的基本表格。在横头上，从星期日开始，依次写上一个星期的天数。然后用透明的胶纸覆盖在上面，这样您的孩子就可以在上面粘、揭东西，而不会损坏日历板了。

每个月，让孩子把构图纸标上的数字剪下来，贴在日历板上。儿童有时喜欢剪下一些特别的图案代表即将到来的那一个月，如用"心"代表二月，因为在二月有情人节；再如剪一把雨伞代表四月，因为这是一个多雨的月份。他们还可能用一些图案代表一些特殊的日子，如自己的生日或节日。在月初时，帮助孩子把第一个图案贴在相应的地方，然后让他（她）每天早晨把一个标着数字的图案贴到日历板上，并数一数这个月一共过了多少天。

棋板游戏

材料：大纸板或海报板，记号笔、蜡笔或彩色铅笔，骰子，标签，游戏棋子。

此游戏可以帮助儿童学习、练习数字技能。您可以帮助您的孩子自制一个数字游戏板。

游戏既可以设计为简单的数数游戏，也可以包含比较复杂的与数有关的概念。例如，用上面标有数字的骰子代表棋子移动的步数，另一枚骰子上标注的符号表示棋子移动的方向是前进还是后退（如用"＋"代表前进，用"－"代表后退）。

成长表

材料：5 英尺长的纸（宽约 6～12 英寸），码尺，记号笔、蜡笔等，装饰的标签。

把纸放在地板上或其他空地方，让儿童把码尺沿着纸的一边放置，并指出英寸的记号。然后在纸上对应于码尺英寸的地方画上细小的线，再和儿童一起数一数并在每一个英寸记号处标上数字，一共从 1 到 60，这样基本的表就完工了，儿童还可以按照自己的方式进行修饰。每隔几个星期，和儿童一起把标签贴在相应的身高处。每次贴标签的时候，鼓励儿童数一数自己比上次长高了多少，总共有多高。

估量游戏

此游戏所用的材料有很多，以下仅为一些例子。

材料：盒子、罐子、碗或不同大小的纸杯子，量杯，天平，各种小物品，如贝壳、石头、硬币、小玩具等。

鼓励儿童以不同的方式探索材料，您可以提一些问题启发儿童，如：这只小杯子能装多少贝壳呀？你能猜出这只大杯子能装多少贝壳？哪几只杯子可以装 10 个以上的坚果？哪几只又能装 5 个以下的呢？鼓励儿童也问你问题，然后一起寻找答案。

分类游戏

可用于此游戏的材料有很多，从棒球卡到贝壳，以下任何家常物品都可以进行活动。

材料：蛋品包装盒，松饼锅，冰块托盘，小盒子，婴儿食物瓶，各种小物品，如纽扣、干豆子、未剥壳的坚果等。

问题：你用这个蛋品包装盒怎么发现这一堆里每种彩色纽扣有多少？哪种颜色的最多？还有什么别的办法能把这些纽扣归为一类吗？用颜色可以吗？大小呢？洞眼数呢？

制作地图板

材料：12 平方英寸的木块（厚度为 1～2 英寸），36 枚钉子（同样大小），各式橡皮筋。

这是一个非常好的探索几何图形的娱乐性强的游戏，儿童只要把橡皮筋拉在板上不同的钉子上，就可以源源不断地创造出各种图案、图形。

$$* \quad * \quad * \quad * \quad *$$
$$* \quad * \quad * \quad * \quad *$$
$$* \quad * \quad * \quad * \quad *$$
$$* \quad * \quad * \quad * \quad *$$
$$* \quad * \quad * \quad * \quad *$$

玩手指，唱数数歌

以数数技能为中心的手指游戏和儿歌有很多，家长可以参阅一些有关书籍。

烹饪活动

与孩子一起烹饪是练习数字概念如数数、测量的一种有效的途径。选择一道容易做的食谱，让儿童帮忙做原料、配料的测量和计数等工作。

二、 科学活动

花园栽培

儿童可以通过多种方式了解植物的生长，以下是一些简单的建议。

——栽培种子

材料：任何种子或干豆子，花盆，栽培土，塑料托盘。

在花盆里装半盆土，用水弄潮后放置几个小时。在每个花盆里撒上几粒种子，松松地盖上土，浇点水。土壤理想的状况应是潮的，而不是湿的，但允许孩子自己探索照料的方法。因为几个盆里都栽种了种子，所以儿童可尝试不同的栽培方法，从中发现最佳的一种。例如，把一个盆放在强光下，而另一个放在阴暗处；一个盆始终保持有水，而另一个则是干的。通过实验，孩子会发现哪些因素对于种子的发育最为重要。在种子发育时可以在室内进行，当植株长大时可以搬到室外。

——根植

材料：透明的塑料容器，水，植物切片。

帮助儿童把植物的切片放在水里，装水的容器最好是透明的，这样儿童就可以清楚地看到植物的根系是如何发展的。当切片的根系发育到足够大时，可以把它栽种到土壤里，然后又可以从新长出的植株上切下几片，如此循环。

制作鸟食

制作鸟食的方法很多，以下列举一些简单的方法。

牛奶罐鸟食：在半加仑的牛奶罐的四面挖 4 个大"窗"，在罐顶挖两个洞眼，把线穿过洞眼并系紧。把鸟食放在罐子里，然后把它悬挂在窗外或者能看到鸟的地方。

松果鸟食：在松果上涂上一些花生油，然后在鸟食里滚一滚，把它悬挂在户外即可。

小杯子鸟食：在小塑料杯或小纸盒的相对的两边挖 4 个洞眼，把线穿过洞眼系紧，在杯子里装上鸟食，挂在户外即可。

拓印

通过此活动可以探索自然物体的质地和花纹，很多材料都可以用来拓印。

材料：树叶、木片、贝壳、石头、蜡笔或粉笔、纸。

让儿童在要拓印的物体上覆盖一张纸，教儿童如何使用蜡笔或粉笔的粗头在纸上来回地画，直到物体的线条和纹理清晰地显现在纸上。最后让孩子比较不同物体的拓印。

摸盒子

此游戏可以让儿童意识到触觉在探索世界中的作用。通过触觉，可以感知物体的大小、形状、质地、质量等特性。

材料：小塑料容器（如酸奶瓶），长袜。

需要摸的物体：棉球、石头、松果、干豆子、贝壳、羽毛、硬币、小玩具等。

把一种物品放在容器里，然后用袜子把容器完全蒙住。让儿童伸手进去摸，并猜所摸的物品是什么。鼓励儿童描述所摸的物体，如是软的还是硬的，是粗糙的还是光滑的，是重的还是轻的等。

分类拼贴

在此活动中，孩子将通过把物体或动物放在它们的所属地（在陆地上、水里还是空中）学习分类。

材料：3块8英寸×10英寸的海报板，自然杂志或其他杂志，剪刀，记号笔，蜡笔。

给儿童一些旧杂志，让儿童从中剪下各种人、动物、车等的图片。当儿童收集的图片到达一定量时，让儿童选用一块海报板当作天空，把属于天空的物体图片贴在上面。依同样方法进行水类和陆地类的分类。一些物体可能跨类，可与儿童就此进行讨论（如短吻鳄既属于陆地又属于水类）。

玩水

玩水活动可提供许多发现和实验的机会。在有水的地方，儿童可以实验各种物体的沉浮，可以用漏斗、筛子、虹吸管或其他什么容器、管子做各种实验。

可用的材料包括各种沉浮的物品，如弹珠、草秸、海绵、小石子、乒乓球等。

三、 装配活动

弹珠迷宫

材料：硬木或其他坚固的木块，纸巾筒，胶带，弹珠。

帮助儿童用家常物品自己制作一个弹珠跑道。用木块作基座，如果要使弹珠水平滚动，就把纸管剪成两半，这样你就可以看到弹珠滚过；如果要使弹珠垂直滚落，则保持纸巾筒不变。把纸巾筒剪成各种大小，帮助儿童把它们粘在木块上。您也可以先让儿童只用弹珠和木块，然后再引入纸巾筒。

拆卸机械

材料：任何易于拆卸的机械，如闪光灯、机械打字机、加法机、电话。

儿童往往喜欢把简单的机械和家用物品拆开来看看。与儿童谈谈各部件是如何组合在一起使机器正常工作的，谈谈怎样把它们重新装配起来。可以问一些问题，诸如，"如果我们换一种方式把部件组合起来，会怎样？"或者"如果我们漏掉一个部件会怎样？"

假机器和发明

给儿童各种建构玩具和材料，与儿童讨论要做的假机器、假车或其他的东西。例如，您可以帮助孩子为老鼠造一台洗衣机，或为癞蛤蟆做个小汽车，或做一个游乐园的交通工具。

材料：卷轴，细金属线，磁铁，结实的纸盘，小片构图纸，不同形状的小盒子，不同大小的纸巾筒，胶带，胶水，橡皮筋。

制作拼图

材料：大纸或大纸板，记号笔，杂志，纸板或海报板，剪刀，糨糊。

给儿童一些杂志，让儿童从中剪下一些图片。儿童把自己所喜欢的图片剪下来，然后粘贴在纸板或海报板上。等糨糊干后，把图片剪成几块，拼图就制作好了。

轮廓拼图

材料：大纸或大纸板，记号笔，各种熟悉的物品（如回形针、小玩具、积木等）。

把物品放在纸或纸板上，让儿童用神奇的记号笔勾勒出物品的轮廓，必要时给予帮助。然后把物品拿开，放在一个小盒子里或袋子里。您也可以让孩子把物品与纸上的轮廓图进行匹配。

附加活动

有很多商业性的游戏和器材可供儿童进行装配，并从中理解结构与功能之间的关系。

四、 音乐活动

制作打击乐器

材料：任何的小容器（胶卷筒、有盖的酸奶瓶），大米，回形针，珠子，其他小物品。

让儿童在小容器里装上不同的材料（如回形针、大米、干面团），然后当作简单的打击乐器摇晃，让儿童伴随自己喜欢的音乐挥动乐器。

还可以尝试其他的体验，可以让儿童摇晃容器并猜猜里面装的是什么。可以让儿童把同样一种材料分别装在两个容器里，然后摇晃听听，直到两个容器发出同样的声音。还可以用一些家常的物品，如空食物包装盒、橡皮绳、积木、罐子和小锅等做成各式乐器。

水瓶

材料：各式瓶子，水，小音槌。

儿童可以通过装有不同量的水的瓶子来探索声音的产生。让儿童用一音槌轻轻地敲击瓶子，然后加入或倒出一些水，再敲击。敲击的工具也可以是其他的东西(如茶匙、铅笔)，让儿童比较瓶子发出的声音。

辨音游戏

材料：录音机，家用物品。

和儿童一起把一些熟悉的声音录制下来(如电话铃的声音、关门的声音、淌水声、狗叫的声音)。然后放录音，让儿童辨识声音。还可以做些变化，把家人和朋友唱歌或讲话的声音录下来，让儿童辨识。

老歌新词

和儿童一起把他所熟悉并喜欢的歌词稍稍改编一下，例如，用儿童的名字来代替"老麦克唐纳"，问他农场里会有什么动物。依然用这首歌的旋律，但把歌词改编成唱另一个地方，如玩具店。

其他活动

和儿童一起看一本无字的书，根据图片您先编一首歌，然后请儿童编唱一首歌。或者您可以建议："我们不是读书，让我们来唱书，你觉得怎么样呢?"孩子可能喜欢玩猜歌的游戏，可以不唱出歌词，轮流哼调，让对方猜猜是什么歌。

音乐在节奏(快、慢)、力度(响、轻)和音高(高、低)方面有很多不同。为了加强儿童对这些要素的敏感，可以开展很多游戏。如比较跑和走，帮助儿童感觉运动快和慢时脉搏跳动的差异；比较老鼠吱吱叫的声音和大象的跺脚声；小声地唱与大声地唱；假装你在乘电梯，上去时声音变高，下来时声音变低。

五、 语言活动

讲述你的艺术作品

材料：儿童的一幅作品(可以是绘画、拼贴或雕塑)，构图纸，记号笔，胶水。

当儿童做出了一件艺术作品后，请他讲给你听听。例如，帮助儿童把他的某幅画放在比画稍大的构图纸上，然后提一些问题，可以说："给我讲讲你的这幅画，好吗？这幅图有什么故事吗？这个人、物对于你来说很特殊吗？"在构图纸上写下儿童所讲的话。如果孩子还想把这些画制成一本书，您可以帮他一起做。

制作故事板

材料：大纸板或海报板，各式立体形象和道具，记号笔或蜡笔。

故事板是儿童用来讲故事的一个非常有吸引力的工具。故事板中所用的道具可以是儿童想在故事中出现的任何东西。其他还包括立体形象（可以是人、动物、想象的小动物），树和小灌木，住宅（用盒子做成），提示故事发展的道具（如手提箱、珠宝盒、魔杖）。儿童可能还想自己去装饰故事板，在上面画上草、池塘等可能会出现在故事中的背景。

新闻报告

儿童可能会喜欢扮演一位新闻记者，他可以采访家人和朋友，问一些问题，如：你上周末做什么了？你最喜欢吃什么？你喜欢做什么事？在活动中，儿童通过和家人、朋友的交谈练习了口语技能。儿童可能喜欢用一些道具如笔记本或笔假装记录，或者让你在上面把话写下来。可以用录音机记录，这样儿童回头就可以重新播放他所提问的问题以及问题的答案。

制作偶人

为讲故事和进行想象性的游戏制作偶人对于儿童来说很容易。以下方法使用的都是家常材料，无须家长监督，儿童就可以创造出各种各样的偶人。

——纸袋偶

可用材料：小纸袋、建构纸剪下的图案、标签、棉线、胶水、闪光片、记号笔和蜡笔。

——袜偶

可用材料：旧袜子、棉线、毛毡或织物片、胶水、纽扣。

故事接龙

故事接龙即由一个人给故事开头，然后另一个人接续。例如，您可以讲个故事的开头，"在森林里曾经有个大城堡，属于……"让儿童接着讲下去。轮流讲一直到把故事讲完。这个游戏允许多人参加，可以让老人和小弟妹都参加。您也可以用一些道具或立体形象来帮助儿童把握住故事的线索。对于一些儿童来说，以一个熟悉的故事线索或熟悉的人物作为活动的开始可能会容易些。例如，您可以这样开始："一天，当_____（孩子名）在森林里行走的时候，她发现了三只熊的家。她打开门看看谁在里面……"

进一步的建议

孩子也许想给故事配上插图，然后制成书，这样以后就可以翻看或者与其他人分享了。

如果有录音机的话，儿童可能想自己一人先偷偷地录下来，日后才与其他人分享。

在儿童编完故事以后，请他用动作表现出来。可以为表演增添一些服装、偶人、音乐、创造性动作等。

六、 视觉艺术活动

如果您给孩子提供种种材料，儿童自己会想出许多活动。以下材料操作起来会很有趣，可提供给儿童。

材料：蜡笔、记号笔、粉笔、彩色铅笔，水彩，蛋彩，儿童用剪刀，胶水，海绵，各种画笔和滚筒，各种纸（构图纸、摹图纸、计算机纸），带子和棉线，小片织物，三维的材料（黏土、橡皮泥、泡沫塑料、木头），面泥，罩衫（旧 T 恤、油布）。

制作艺术夹

材料：大张的橡木标签或海报板（20 英寸×24 英寸），订书机，带子或棉线，装饰用的标签、闪光片等。

许多儿童对自己的艺术作品甚感自豪。通过制作一个文件夹，您的孩子就可以用它来收藏一些特别的绘画、拼贴了。首先帮助儿童把橡木标签或海报板对折，每一边打 3 个孔，一个打在开口之下几英寸的地方，一个打在对折处向上几英寸的地方，还有一个打在这两个孔的中间。把带子或棉线松松地穿过这 6 个孔，这样就把整个文件夹缚在一起了。然后可以让儿童装饰文件夹，并开始收集自己特别的艺术作品。您还可以写几句话对作品进行描述，并且在作品的背面标上日期。

使用颜料的活动

使用画笔是儿童探索用颜料的一种方式，即使他们的精细动作已经发展到能够用画笔，许多儿童还是喜欢用手玩弄颜料。探索用颜料的方式还有很多，诸如用带子、海绵、滚筒、玩具车甚至弹珠。

"蝴蝶"画

材料：2～3 种蛋彩颜料，构图纸。

帮助孩子把一张纸沿中心折起来，在折处弄出一条折缝。打开纸并把它平摊，让儿童在折缝的一边滴几滴不同颜色的蛋彩，然后把有蛋彩的一边和干的一边对折并摩擦，这样蛋彩就扩散开来并映在干的那一边。慢慢打开纸，一个蝴蝶形状的图案就出现在眼前。

蘸色

材料：纸巾、食用色、装颜料的小容器。

让孩子把纸巾的一角或弄皱的纸巾蘸进不同的食用色。这是一个很好的途径，可以让孩子尝试混色，了解吸收的概念。

制作印画

儿童可以用各种材料压印图案：表面有花样的积木、海绵、饼干成型切割刀、塑料玩具、贝壳、石头等。让儿童把这些"压模"在稀释的蛋彩颜料中蘸一蘸，或者在印台上擦一下，然后在构图纸上压印出图案。虽然儿童常常知道该选择什么颜色，但有时在深色的纸上压印浅色的图案，或者在浅色的纸上压印深色的图案，总会出现很多有趣的效果。

雕塑

材料：泡沫塑料、黏土、面泥、蜜蜡，塑料管子，冰棍棒，木片，各种装饰用的材料，如珠子、干豆子、纽扣等。

有很多模型和废旧的材料可供您的孩子创造三维作品。例如，可以把不同形状和大小的木片粘在一起，可以在黏土或面泥捏成的造型中插入各种材料（如管形清洁器或冰棍棒）。

面泥的做法

原料：2 杯冷水，1 杯盐，2 杯面粉，4 茶匙牙粉，食用色素或 1 小包粉状调饮品。

制作面泥是个有趣的活动，活动中包含一些简单的数字概念，如数数、测量。把上述原料放在中火上煮并搅拌几分钟，等浓度稠至马铃薯泥状后拿下来放在蜡纸上冷却，上面盖上湿布。面泥被放在塑料袋中或密封的容器里会保持松软达几个星期。把雕塑放在通风的地方隔夜就会变硬。

与面泥同用的材料包括：雪糕棍，小塑料人，饼干成型切割刀及面棍等。

拼贴材料

通过拼贴，儿童可以探索空间的使用以及不同材料如何组织在一起。用于拼贴的都是一些零星的小物品，花样越多越好。以下提供一些建议。

任何彩纸都要有各种大小和颜色的各式各样的几何形状。

采用三角形的背景，然后在上面粘上更小的三角形。

采用深色的背景，然后在上面粘上各种形状的同色系的浅色纸片。

用各式白色的纸巾做背景，用一把软刷蘸上液状淀粉（不是糊糊）刷在纸巾上，纸巾湿后会变得透明，这时把一种颜色覆盖在另一种颜色上就会产生新的颜色。

在纸上或纸板上进行三维拼贴。用一些家常的物品进行拼贴,如干豆子、面团、米、珠子、织物片、线、带子、草秸、泡沫塑料等。

在不同大小的纸盒上、纸巾筒或其他物体上用材料进行拼贴。

(注:以上活动选编于《发展中儿童的创造性艺术》,Clare Cherry,1972,1990。)

七、 运动活动

"请你跟我这样做"

这个传统的活动可以有不同的玩法。您可以从简单的开始,先动身体的主要部位,如扮演西蒙的人说:"西蒙说,'转动你的头'"等。稍难一点的包括一些综合性的动作,如"把你的手放在头上,然后单脚跳""摆动双臂,迈脚向前"。还可提议一些创造性动作,如"模仿猫跳舞""做出冰块在阳光下融化的动作"。成人与儿童可轮流扮演西蒙。

猜谜

有很多简单的猜谜形式儿童可以玩。此游戏可以帮助儿童动脑思考并把他们想象的东西用动作表现出来。

向儿童介绍游戏:"我们将玩一个猜谜的游戏,你要帮助我猜出某件东西,但不能讲话。"您可以让他想出某一东西然后用动作表现出来。每次游戏所猜的东西最好能有个顺序。例如,首先是动物:"想出一个动物,现在不要讲话,用动作表现出来,让我来猜猜你扮演的是什么动物。"你们可以表演东西,如各种自然界的物体:风中的树、雪花、叶子飘落下来;熟悉的物体:球、自行车、秋千、汽车、船;形状:方形、三角形、字母;情感和情绪:高兴、生气、恼怒、惊奇、害怕。

伴随不同音乐跳舞

许多儿童喜欢听各种音乐并跟着音乐动作。帮助儿童收集他所喜欢的音乐用来跳舞,向他介绍不同风格、不同节奏的音乐,鼓励他根据音乐做出不同的动作。儿童可能还喜欢在舞蹈中用到一些道具，如丝巾、缎带、球、呼啦圈等。

气球游戏

让儿童使气球尽可能长时间地飘浮在空中。当气球下落时，用手轻点气球，把它重新送入空中，但注意不是用抓或扔的动作。也可以让儿童使气球在音乐响起时飘浮在空中，而在音乐声停止时抓住气球；用身体的其他部位如脚、肘、头顶，而不是手，让气球保持飘浮状态。

接力赛

接力赛是发展儿童平衡感、敏捷和整体协调性的一个非常好的活动，儿童在活动中还体验着轮流和合作。您所需要的唯一的材料是起跑线(可以用绳索、粉笔)以及一些简单的道具如球或气球来变花样。如果有多个儿童参加，可以建议他们一起来"敲钟"，而不是让他们彼此竞争。可参考如下建议：

竞走接力：向后、向前、向旁边走。

跳接力：双脚跳、单脚跳、跳跃。

动物接力：模仿螃蟹、青蛙、猫等。

持匙接力：把珠子或一个小球放在一个大的匙子上，然后尽可能快地走。

镜像游戏

让儿童扮演一面镜子，向他解释当你照镜子时，镜子会映出你的动作。大家轮流扮演镜子，当儿童扮演镜子时，他必须尽可能准确地做出别人所做的动作。然后，他可以指挥游戏，让其他人复制他的动作。

相反先生和相反小姐

每次选出一个人做主角。游戏之所以被称为"相反先生和相反小姐"，是因为担任配角的人必须做出与主角相反的动作。例如，主角坐下，相反先生或相反小姐就得站起来。如果主角跑，另一个人就得走。刚开始时想一些动作的反动作可能比较难，可以事先与儿童讨论一下，或者剪出几张人们做不同事情的图片来启发思考。您可以与儿童轮流做主角。

八、 社会活动

一本关于自己的书

帮助儿童制作一本关于他自己的书。在书中，儿童能看到自己的喜恶、他的朋友以及他最近所获得的技能。您帮儿童把有关自己的话写下来，并用图画或照片作为书的插图，然后把书装订起来，在儿童有兴趣时再做增补。与儿童进行交流，让他知道自己是个重要的人，同时也给儿童反思自己的机会。

个人影集

让儿童拥有个人影集有助于儿童与家人、朋友一起回忆过去的经历。帮助儿童挑选一些特别的、有意义的照片放入影集中，然后与儿童一起定期地回顾并讲述照片中的人和景。

写信

帮助儿童给祖母或一位朋友写信，给他们开启一种新的与他人交流的方式。务必鼓励儿童表达、承认自己的感觉。可询问儿童是否想给某个特别的人寄一封信。儿童也许会只是简单地画幅画或者让您代笔。

探索情感

当儿童放学回家或从朋友家回来时，请他对你讲讲他的经历。如果儿童过得不快乐，与您的交谈也许会让他更好地理解所发生的事。如果儿童过得很开心，与您的分享也有助于扩展他积极的体验。

给孩子读故事或者与他一起看图画时，应花一点时间讨论故事中人物的心理活动。如，沙莉为什么哭了？辛西娅做了什么安慰她？是什么让你生气？这些对话可以帮助儿童理解自己的情感、他人的情感以及与他人的关系。同时与儿童交谈也有助于您理解儿童的情感和行为。

其他活动

儿童会为自己对集体所做的贡献而骄傲。在参加集体活动时，引导儿童注意自己所做的贡献。烤松饼、洗车、用积木堆城堡都可以为儿童提供合作的机会。

为他人做好事也是一种积极体验社会的方法。与儿童讨论可以为某些特殊的人（如兄弟姐妹、祖父母、教师、邻居甚至是一个需要帮助的陌生人）做些什么有意义的事。

附录 H　多彩光谱项目的有关参考文献

Adams，M. L. & Feldman，D. H. (1993). Project Spectrum：A theory-based approach to early education. In R. Pasnak & M. L. Howe (Eds.)，*E-merging themes in cognitive development* (Vol. 2，53-76). New York：Spring-er-Verlag.

Chen，J. Q. (1993). *Building on children's strengths：Examination of a Project Spectrum intervention program for students at risk for school fail-ure*. Biennial meeting of the Society for Research in Child Development，New Orleans，LA.

Gardner，H. & Hatch，T. (1989). Multiple intelligences go to school. *Educational Researcher*，18 (8)，4-10.

Gardner，H. & Viens，J. (1990). Multiple intelligences and styles：Partners in effective education. *The Clearinghouse Bulletin：Learning/ Teaching Styles and Brain Behavior*，4(2)，4-5.

Gray，J. & Viens，J. (1994). The theory of multiple intelligences：Understanding cognitive diversity in schools. *National Forum*，74 (1)，22-26

Hatch，T. & Gardner，H. (1986). From testing intelligence to assessing competences：A pluralistic view of intellect. *The Roeper Review*，8，147-150.

Hatch，T. & Cardner，H. (1990). If Binet had looked beyond the class-room：The assessment of multiple intelligences：*International Journal of Educational Research*，415-429.

Krechevsky，M. (1991). Project Spectrum：An innovative assessment al-ternative. *Educational Leadership*，48(5)，43-49.

Krechevsky，M.，Hoerr，T.，& Gardner，H. (1995). Complementary energies：Multiple Intelligences in the lab and in the field. Paper prepared for J. Oakes & K. H. Quartz (Eds.)，*Creating new educational communities*：

Schools and classrooms where all children can be smart (166-186). Chicago: National Society for the Study of Education.

Krechevsky, M. & Gardner, H. (1990). The emergence and nurturance of multiple intelligences. In M. J. A. Howe (Ed.), *Encouraging the development of exceptional abilities and talents* (222-245). Leicester, UK: The British Psychological Society.

Krechevsky, M. & Malkus, U. (1997). Telling their stories, singing their songs. In J. Flood, S. Brice Heath and D. Lapp (Eds.), *A handbook for literacy educators: Research on teaching the communicative and visual arts* (305-313). New York: Macmillian.

Malkus, U., Feldman, D. H., & Gardner, H. (1988). Dimensions of mind in early childhood. In A. D. Pelligrini (Ed.), *Psychological bases of early education* (26-38). Chichester, UK: Wiley.

Ramos-Ford, V., Feldman, D. H., & Gardner, H. (1988). A new look at intelligence through Project Spectrum. *New Horizons for Learning: On the Beam*, 8 (3), 6-7, 15.

Ramos-Ford, V. & Gardner, H. (1991). Giftedness from a multiple intelligences perspective. In N. Colangelo & G. Davis (Eds.), *The handbook of gifted education* (55-64). Boston: Allyn & Bacon.

Viens, J. (1990). Project Spectrum: A pluralistic approach to intelligence and assessment in early education, Part I. *Teaching Thinking and Problem Solving*, 12(2), 1-4.

Viens, J. (1990). Project Spectrum: A pluralistic approach to intelligence and assessment in early education, Part II. *Teaching Thinking and Problem Solving*, 12(3), 6-12.

Wexler-Sherman, C., Gardner, H., & Feldman, D. (1988). A pluralistic view of early assessment: The Project Spectrum approach. *Theory into Practive*, 27 (1), 77-83.

多元智能理论与
学前儿童能力评价 | PROJECT SPECTRUM：
PRESCHOOL ASSESSMENT HANDBOOK

附录Ⅰ　从多彩光谱项目能得到的其他材料

1.《多元智能理论与儿童的学习活动》

《多元智能理论与儿童的学习活动》包含了八个领域的知识（语言、数学、运动、音乐、科学、机械和构建、社会理解、视觉艺术），近 400 个活动。这些活动可用于幼儿园和小学一年级的课程中。活动的设计有助于儿童在每个领域发展其关键能力。

2. 多彩光谱项目讲座

来自多彩光谱项目的研究者已经准备了一套针对多彩光谱项目研究方法的介绍和从 1 小时至 3 天的时间长度不等的讲座。讲座将提供多元智能理论的介绍和一个有深度的评价及课程活动方面的探索。

3.《多元智能的理论与实践：让每个儿童在自己强项的基础上发展》

《多元智能的理论与实践：让每个儿童在自己强项的基础上发展》一书详细介绍了加德纳和费尔德曼的理论，语句深入浅出，容易理解。它反映了多彩光谱项目组怎样把多元智能理论用于学前教育和小学课堂，以及其他教育工作者怎样在自己学校中运用这些理论和方法。

附录 J 关于本手册的评价表

1. 手册的哪部分对您最有帮助?

2. 您有什么要求或关心的问题而手册中没有突出出来?

3. 今后如果再版的话,有需要修改的章节或段落吗?

4. 读了本手册后,通过练习,您班里的儿童在行为、方法、兴趣方面有什么变化? 请记录哪些活动引起了什么变化,哪些活动没有什么影响。

5. 请写下您的问题和评议。

请将该表寄到:

Project Spectrum,Project Zero

Harvard Graduate School of Education

323 Longfellow Hall

Cambridge,MA 02138

谢谢!